中国术语学建设书系

总主编　路甬祥

术语学、知识论和知识技术

〔奥地利〕赫尔穆特·费尔伯 著

邱碧华 译　冯志伟 审校

2011年·北京

图书在版编目(CIP)数据

术语学、知识论和知识技术/(奥地利)费尔伯著;邱碧华译.—北京:商务印书馆,2011
(中国术语学建设书系)
ISBN 978-7-100-08386-7

I.①术… II.①费… ②邱… III.①术语学 ②知识学 IV.①H083 ②G302

中国版本图书馆 CIP 数据核字(2011)第 097848 号

所有权利保留。
未经许可,不得以任何方式使用。

术语学、知识论和知识技术
〔奥地利〕赫尔穆特·费尔伯 著
邱碧华 译　冯志伟 审校

商 务 印 书 馆 出 版
(北京王府井大街36号　邮政编码 100710)
商 务 印 书 馆 发 行
北京瑞古冠中印刷厂印刷
ISBN 978-7-100-08386-7

2011年11月第1版　　开本 850×1168　1/32
2011年11月北京第1次印刷　印张 11⅜
定价:25.00元

中国术语学建设书系

总 主 编 路甬祥
执行主编 刘 青

编辑出版委员会
主任 郑述谱
委员(按姓氏音序排序)
　　董 琨　冯志伟　龚 益　黄忠廉
　　梁爱林　刘 青　温昌斌　吴丽坤
　　郑述谱　周洪波　朱建华

总　序

审定科技术语,搞好术语学建设,实现科技术语规范化,对于一个国家的科技发展和文化传承是一项重要的基础工作,是实现科技现代化的一项支撑性的系统工程。

这项工作包括两个方面:术语统一工作实践和术语学理论研究。两者紧密结合,为我国科技术语规范工作的持续发展提供了重要的保证。术语学理论研究为实践工作提供理论上的支持和方向上的保障。特别是在当今术语规范工作越来越紧迫和重要的形势下,术语学理论对实践工作的指导作用越来越明显。可以这样说,理论研究和实践工作对术语规范工作同等重要。

我国古代的科学技术高度发达,伴随科技发展产生的科技术语,自古以来就是中华文化的重要组成部分。尽管当时没有成立专门机构开展术语规范工作,但我们的祖先在科学技术活动中,重视并从事着对科技概念的解释与命名。因此,我们能在我国悠久而浩瀚的文化宝库中找到许多堪称术语实践与理论的光辉典范。战国时期的《墨经》,是我国古代重要的科学著作,书中对一批科学概念进行了解释,如:"力,刑之所以奋也","圆,一中同长也"。2000多年前的《尔雅》是我国第一种辞书性质的著作,它整理了一大批百科术语。在我国古代哲学思想史上也早已有关于术语问题的论述。春秋末年,孔子提出了"名不正则言不顺,言不顺则事不成"的观点;战国末年荀子的《正名篇》是有关语言理论的著作,其中很多观点都与术语问题有关。在近代"西学东渐"过程中,为解决汉语译名统一问题,很多专家学者为此进行了讨论。特别是进入民国后,不少报纸杂志组织专家讨论术语规范问题,如《科学》杂志于1916年发起了名词论坛,至新中国成立前夕,参与讨论的文章达六七十篇之多。

1985年,经国务院批准成立了全国自然科学名词审定委员会(现更名为全国科学技术名词审定委员会,简称全国科技名词委),我国科技术语规范工作进入了快速发展时期。自成立至今,全国科技名词委已经成立了70个学科的名词审定分委员会,审定公布了近80部名词书,初步建立了我国现代科技术语体系。同期,我国术语学研究也得到快速发展。一方面,国内学者走出国门,和西方术语学家对话,并不断引进、研究国外术语学理论。另一方面,国内学者对我国术语实践工作进行理论上的探讨。目前,我国的术语学研究已经取得了不少可喜的成绩,仅《中国科技术语》等专业刊物就刊载了大量相关论文,特别是已有术语学专著和译著问世。但是从我国的术语学研究工作来看,与我国术语规范实践工作所取得的成果相比还相对滞后,且落后于国际先进水平。因此,中国迫切需要加强术语学研究,很多问题需要进行学术上的系统探讨并得到学理上的解决。比如,《科学技术名词审定的原则与方法》的修订,规范术语的推广,科技新词工作的开展,术语规范工作的协调,术语的自动识别,术语规范工作中的法律问题等等。这些问题的解决,不但能直接推进术语学研究,还能直接促进术语规范实践工作。要解决这些问题,应从多方面入手,比如:引进国外成熟的术语学成果、发掘我国已有的术语学成果、从我国术语规范实践工作历史与现实中总结规律、借鉴语言学研究成果,等等。

为了加强我国术语学理论研究和学科建设,全国科技名词委与商务印书馆联合推出中国术语学建设书系,计划陆续出版一系列的术语学专著和译著。希望这一系列的术语学著作的出版,不但能给那些有志于术语学研究的人士提供丰富的学术食粮,同时也能引起更多的人来关注、参与和推进我国的术语学研究。

值此书系出版之际,特作此序。谨祝中国的术语学建设事业取得更大的发展并获得越来越多的成就。

2008年10月28日

目 录

前言 ………………………………………………………… （1）
审校者的话 ………………………………………………… （5）

第一部分 理论基础

1. 概论 ……………………………………………………… （3）
2. 普通术语学和基本学科知识理论之间的关系 ……… （21）
   2.1 本体论 …………………………………………… （21）
      2.1.1 对象客体学 ……………………………… （23）
   2.2 逻辑学 …………………………………………… （24）
      2.2.1 逻辑法则 ………………………………… （26）
      2.2.2 思维构成物 ……………………………… （26）
      2.2.3 两种思维出发点 ………………………… （27）
      2.2.4 方法论(思维方法) ……………………… （29）
   2.3 认识理论 ………………………………………… （30）
      2.3.1 逻辑句子的种类 ………………………… （32）
      2.3.2 定义或者概念内涵的描述 ……………… （33）
   2.4 形而上学 ………………………………………… （36）
   2.5 符号学 …………………………………………… （38）
      2.5.1 概论 ……………………………………… （38）

1

2.5.2　符号的本质 …………………………………………（39）
　　2.5.3　符号的关系功能和含义功能……………………………（40）
　　2.5.4　符号的种类 …………………………………………（41）
　　2.5.5　符号句子 ……………………………………………（42）
　2.6　信息科学……………………………………………………（42）
3. 普通术语学 ………………………………………………………（44）
　3.1　对象客体学…………………………………………………（47）
　　3.1.1　对象客体 ……………………………………………（47）
　　　3.1.1.1　特性 ……………………………………………（48）
　　　3.1.1.2　物质对象客体——形式对象客体………………（49）
　　　3.1.1.3　对象客体的划分………………………………（50）
　　3.1.2　对象客体的构成物 …………………………………（52）
　　3.1.3　对象客体自然的或者观念的组成…………………（53）
　　3.1.4　对象客体关系 ………………………………………（54）
　　3.1.5　对象客体系统（组成部分系统）……………………（55）
　　　3.1.5.1　对象客体分类…………………………………（56）
　　3.1.6　对象客体连接（一体化）……………………………（56）
　　3.1.7　组成部分的描述或者对象客体关联体的
　　　　　描述及其无语词的描述……………………………（57）
　　　3.1.7.1　组成部分的描述及其限定……………………（58）
　3.2　概念理论……………………………………………………（59）
　　3.2.1　概论 …………………………………………………（59）
　　3.2.2　概念 …………………………………………………（62）
　　　3.2.2.1　概念的本质………………………………………（63）
　　　　3.2.2.1.1　围绕概念描述所作过的努力 ……………（63）

3.2.2.2 概念和对象客体 …………………………… (64)
3.2.2.3 概念的描述和分叉链 ………………………… (65)
 3.2.2.3.1 概念的分叉链 ………………………… (65)
 3.2.2.3.2 概念及其相关联概念的内涵、功能和组成部分的描述 ……………………………………… (66)
3.2.2.4 特征 …………………………………………… (66)
 3.2.2.4.1 特征的划分(分叉链) ………………… (67)
 3.2.2.4.2 性质特征 ………………………………… (67)
 3.2.2.4.3 关系特征 ………………………………… (68)
 3.2.2.4.4 基本特征 ………………………………… (68)
 3.2.2.4.5 相继特征 ………………………………… (69)
 3.2.2.4.6 简单特征 ………………………………… (69)
 3.2.2.4.7 复合特征 ………………………………… (69)
 3.2.2.4.8 依赖性特征 ……………………………… (69)
 3.2.2.4.9 独立特征 ………………………………… (69)
 3.2.2.4.10 本质特征 ………………………………… (70)
 3.2.2.4.11 非本质特征 ……………………………… (71)
 3.2.2.4.12 顺序特征 ………………………………… (72)
 3.2.2.4.13 区别性特征 ……………………………… (72)
 3.2.2.4.14 作为知识要素的特征 …………………… (72)
3.2.2.5 概念的内涵和外延 …………………………… (73)
 3.2.2.5.1 概念的内涵 ……………………………… (73)
 3.2.2.5.2 概念的外延 ……………………………… (73)
 3.2.2.5.3 对概念内涵或者外延的描述 …………… (73)
 3.2.2.5.4 概念内涵的描述 ………………………… (73)

3

3.2.2.5.5　概念的限定(概念的确定) ……………………(74)
　　　3.2.2.5.6　概念的解释 ……………………………………(76)
　　　3.2.2.5.7　概念外延的描述 ………………………………(76)
　　　3.2.2.5.8　概念内涵和含义之间的区别 …………………(77)
　　　3.2.2.5.9　概念比较和相互适应 …………………………(78)
　　3.2.2.6　概念动力学 ……………………………………………(79)
　　3.2.2.7　概念关系 ………………………………………………(80)
　　　3.2.2.7.1　逻辑内涵关系 …………………………………(80)
　　　3.2.2.7.2　两个或者若干个概念外延之间的关系 ………(81)
　　　3.2.2.7.3　两个概念内涵之间的关系 ……………………(83)
　　　3.2.2.7.4　逻辑主题关系 …………………………………(84)
　　3.2.2.8　概念系统 ………………………………………………(84)
　　　3.2.2.8.1　概念分类 ………………………………………(88)
　　3.2.2.9　概念连接 ………………………………………………(88)
　　　3.2.2.9.1　逻辑概念连接 …………………………………(89)
　　　3.2.2.9.2　认识理论上的概念连接 ………………………(90)
　　　3.2.2.9.3　主题连接 ………………………………………(91)
3.3　符号学 …………………………………………………………………(91)
　3.3.1　概论 ………………………………………………………………(91)
　3.3.2　符号概况 …………………………………………………………(92)
　3.3.3　概念或者对象客体符号 …………………………………………(93)
　　3.3.3.1　名称 ……………………………………………………(94)
　　3.3.3.2　所有类型的图示符号 …………………………………(95)
　3.3.4　符号关连体 ………………………………………………………(95)
　3.3.5　图形符号及其在符号学意义上的、思想的

4

或者具体的对应关系……………………………………(95)
　3.3.5.1　概论………………………………………………(95)
　3.3.5.2　作用………………………………………………(96)
　3.3.5.3　思想的或者具体的对应物…………………………(97)
3.4　有关对象客体—概念—符号对应的学说………………(98)
　3.4.1　维斯特的模型………………………………………(98)
　3.4.2　对象客体—概念—符号的对应……………………(99)
　3.4.2.1　概念—对象客体之间的对应……………………(100)
　　3.4.2.1.1　抽象性问题……………………………………(100)
　3.4.2.2　概念—符号的对应………………………………(101)
　3.4.2.3　对象客体—概念—符号对应的
　　　　　模型……………………………………………(102)
　第一组　(模型1—3)………………………………………(104)
　　模型1：一个对象客体，一个概念，一个符号…………(104)
　　模型2：一个对象客体，两个或者若干个等效概念，
　　　　　一个符号 …………………………………………(104)
　　模型3：一个对象客体，一个概念，两个或者若干个
　　　　　符号 …………………………………………………(106)
　第二组　(模型4—7)………………………………………(106)
　　模型4：一个对象客体(拆分为两个或者若干个形式对象客体)，
　　　　　每个形式对象客体对应一个概念，每个概念对应一个
　　　　　符号 …………………………………………………(106)
　　模型5：一个对象客体(拆分成两个或者若干个形式对象客
　　　　　体)，一个概念，每个概念由两个或者若干个符号代表
　　　　　…………………………………………………………(108)

5

模型 6:一个对象客体(划分成两个或者若干个形式对象客体),
　　　　每个形式对象客体对应一个概念,每个概念对应一个相
　　　　同的符号 ………………………………………………… (108)
　　　模型 7:一个对象客体(拆分成两个或者若干个形式对象客体),
　　　　每一个形式对象客体对应一个概念,每个概念对应一个
　　　　相同的符号或者每个概念对应若干个符号 … (109)
　　第三组 (模型 8) …………………………………………… (109)
　　　模型 8:两个或者若干个对象客体,对应一个共同的形式对象客
　　　　体,每一个形式对象客体对应于一个概念,一个或者若
　　　　干个符号 ………………………………………… (109)
　　第四组 (模型 9—13) ……………………………………… (111)
　　　模型 9:唯一单义 …………………………………… (111)
　　　模型 10:同义性 …………………………………… (112)
　　　模型 11:(同音/同形)异义现象 …………………… (112)
　　第五组 (模型 12—13) …………………………………… (113)
　　　模型 12:一个、两个或者若干个对象客体,每个对象客体或者
　　　　形式对象客体,每个相同的符号,对应一个不同的
　　　　概念 …………………………………………… (113)
　　　模型 13:模型 12 的特殊情况 …………………… (114)
　　3.4.2.4　对象客体、概念、符号概念和符号之间相互
　　　　对应关系的形象说明 ……………………………… (115)
　　3.4.2.5　对象客体系统、概念系统、符号系统和主题
　　　　系统之间的对应关系 ……………………………… (116)
3.5　术语编纂 ……………………………………………… (117)
　3.5.1　术语编纂的原则和方法 ……………………… (118)

3.5.2　计算机支持的术语编纂 …………………… (119)
　3.6　信息科学 ……………………………………………… (119)
　　3.6.1　应用信息科学 ………………………………… (120)
　　3.6.2　主题 …………………………………………… (120)
　　　3.6.2.1　主题关系 ………………………………… (121)
　　　3.6.2.2　主题系统 ………………………………… (122)
　　　　3.6.2.2.1　主题分类 …………………………… (122)
　　　3.6.2.3　主题内涵 ………………………………… (123)
　　　3.6.2.4　主题连接 ………………………………… (123)
　　　3.6.2.5　主题符号 ………………………………… (123)
　　　3.6.2.6　主题对象客体—主题内涵—主题符号
　　　　　　　之间的对应 ………………………………… (124)
　3.7　原则和方法论 ………………………………………… (125)
　3.8　专门科学和专业领域 ………………………………… (126)
4.　知识理论 …………………………………………………… (128)
　4.1　概论 …………………………………………………… (128)
　　4.1.1　知识 ……………………………………………… (128)
　　4.1.2　科学 ……………………………………………… (129)
　　4.1.3　知识理论的描述 ………………………………… (131)
　4.2　对象客体构成物 ……………………………………… (132)
　　4.2.1　事态 ……………………………………………… (133)
　　4.2.2　事态链 …………………………………………… (134)
　　4.2.3　事态系统 ………………………………………… (134)
　　4.2.4　对象客体构成物的模型 ………………………… (134)
　4.3　思维构成物 …………………………………………… (134)

7

4.3.1 逻辑句子 …………………………………………… (135)
4.3.1.1 基本句子 ………………………………………… (136)
4.3.1.2 逻辑句子学说 …………………………………… (136)
4.3.1.3 作为知识要素的特征 …………………………… (137)
4.3.1.4 定义 …………………………………………… (138)
4.3.1.4.1 逻辑定义 …………………………………… (140)
4.3.1.4.2 本体论定义 ………………………………… (140)
4.3.2 逻辑句子链 ………………………………………… (140)
4.3.3 逻辑句子系统 ……………………………………… (141)
4.3.4 思维构成物的模型 ………………………………… (141)

4.4 符号构成物 …………………………………………… (141)
4.4.1 符号句子 …………………………………………… (142)
4.4.2 符号句子链 ………………………………………… (143)
4.4.3 符号句子系统 ……………………………………… (143)
4.4.4 符号构成物的模型 ………………………………… (143)
4.4.5 专业文本 …………………………………………… (143)

4.5 对象客体复合体—概念复合体—符号复合体的对应 …………………………………………………………… (143)
4.5.1 概论 ………………………………………………… (143)
4.5.2 事态—逻辑句子—符号句子的对应 ……………… (144)
4.5.2.1 对应的模型 …………………………………… (145)

模型1：一种事态，一个逻辑句子，一个符号句子(单义的符号句子) ……………………………………… (145)

模型2：一种事态，两个或者若干个等效的逻辑句子，每一个符号句子对应于每一个逻辑句子。 …… (146)

8

模型 2.1 多语性 ·· (148)

　　模型 3：一个符号句子，两个或者若干个逻辑句子与这个
　　　　　　符号句子相对应，一种事态与每一个逻辑句子
　　　　　　或者两个或者若干个逻辑句子相对应。 ········· (148)

　4.5.2.2　等效的逻辑句子 ··································· (151)

　4.5.2.3　组合的对象客体、思想和符号构成物 ······ (152)

　　4.5.2.3.1　知识构成物 ···································· (152)

　　　4.5.2.3.1.1 陈述 ··· (153)

　　　4.5.2.3.1.2 知识链 ······································ (153)

　　　4.5.2.3.1.3 知识系统 ··································· (153)

　　　4.5.2.3.1.4 知识模型 ··································· (153)

　　　4.5.2.3.1.5 知识构成物 ································ (154)

　4.5.3　陈述的现实性和正确性 ······························ (154)

　　4.5.3.1　球体逻辑(Sphärenlogik) ··················· (156)

5. 知识技术 ··· (159)

　5.1　概论 ·· (159)

　5.2　知识技术的对象客体 ······································ (159)

　5.3　科学分析 ··· (160)

　5.4　知识描述 ··· (161)

　　5.4.1　知识领会、知识储存和发布 ······················ (162)

　　5.4.2　知识系统 ··· (162)

6. 附录 ··· (164)

　附录 1　概念内涵组成部分与陈述内涵之间的
　　　　　对照 ··· (164)

　附录 2　术语编纂资料汇编的特征图 ················· (168)

9

第二部分 术语学和专业语言的交接点

0. 概论 ·· (173)

1. 对象客体——事态 ·· (174)

  1.1 对象客体(术语) ·· (174)

  1.2 事态(专业语言) ·· (174)

2. 概念——逻辑句子 ·· (175)

  2.1 概念(术语) ·· (175)

  2.2 基本逻辑句子(专业语言) ·· (175)

3. 概念系统——专业语言句子系统 ································· (178)

  3.1 概念系统(术语) ·· (179)

    3.1.1 名称是一个名词 ··· (179)

    3.1.2 名称是一个名词+动词 ····································· (179)

    3.1.3 名称是一个名词+动词+副词 ··························· (180)

  3.2 专业语言句子系统或者习语(专业语言) ··················· (181)

    3.2.1 由至少是主语概念+谓语概念组成的

         逻辑句子 ··· (181)

    3.2.2 由主语概念+谓语概念+状语概念组成的

         逻辑句子 ··· (181)

    3.2.3 由主语概念+谓语概念+状语名称概念组成的

         逻辑句子 ··· (182)

4. 概念描述或者组成部分描述——逻辑定义或者
本体论定义 ··· (183)

  4.1 概念描述(术语) ·· (183)

  4.2 组成部分描述(术语) ··· (183)

4.3　逻辑定义(专业语言) ……………………………(183)

　4.4　本体论定义 ……………………………………(184)

5. 符号—符号句子 ……………………………………(185)

　5.1　符号(术语) ……………………………………(185)

　5.2　符号句子(专业语言) …………………………(185)

6. 对象客体构成物—思想构成物—符号构成物 ……(186)

　6.1　对象客体—概念—符号的对应(术语) ………(186)

　6.2　事态—逻辑句子—符号句子(专业语言) ……(186)

第三部分　知识和智慧——对术语学、知识理论和知识技术的哲学思考

1. 概论 …………………………………………………(189)

2. 知识 …………………………………………………(194)

　2.1　概论 ……………………………………………(194)

　2.2　知识和对象客体 ………………………………(195)

　　2.2.1　知识和现实(可感知的)世界 ……………(206)

　　2.2.2　知识和理想(设想的)世界 ………………(210)

　2.3　知识和思维 ……………………………………(211)

　2.4　知识和语言 ……………………………………(220)

3. 知识和内心体验 ……………………………………(223)

4. 智慧 …………………………………………………(228)

　4.1　概论 ……………………………………………(228)

　4.2　印度教(NIKHILANANDA 1958) ………………(230)

　4.3　佛教(西藏的安魂书 EVANZ-WENTZ,1971) ……(232)

　　4.3.1　有关现实的学说(西藏的安魂书,ASVAGHOSA

　　　　1971,307)⋯⋯⋯⋯⋯⋯⋯⋯⋯⋯⋯⋯⋯⋯⋯⋯(233)
　4.4　水晶路——有关佛经(SUTRA,TANTRA 和
　　　　DZOGCHEN)的学说(NORBU,1989)⋯⋯⋯⋯⋯(234)
　4.5　宇宙意识(HILARION 1962)　⋯⋯⋯⋯⋯⋯⋯⋯(239)
　4.6　道教(道德经)⋯⋯⋯⋯⋯⋯⋯⋯⋯⋯⋯⋯⋯⋯⋯(244)
　4.7　印度智慧⋯⋯⋯⋯⋯⋯⋯⋯⋯⋯⋯⋯⋯⋯⋯⋯⋯(247)
　4.8　希腊智慧⋯⋯⋯⋯⋯⋯⋯⋯⋯⋯⋯⋯⋯⋯⋯⋯⋯(249)
　4.9　基督教的神秘主义⋯⋯⋯⋯⋯⋯⋯⋯⋯⋯⋯⋯⋯(250)
　4.10　西方国家自然科学家们的智慧⋯⋯⋯⋯⋯⋯⋯(252)
5. 对普通术语学和知识理论哲学基础方面的贡献⋯⋯(254)
　5.1　概论⋯⋯⋯⋯⋯⋯⋯⋯⋯⋯⋯⋯⋯⋯⋯⋯⋯⋯⋯(254)
　5.2　两种哲学基本方向⋯⋯⋯⋯⋯⋯⋯⋯⋯⋯⋯⋯⋯(256)
　　5.2.1　抽象认识或者感性认识⋯⋯⋯⋯⋯⋯⋯⋯(258)
　　5.2.2　现实(存在或者假象)⋯⋯⋯⋯⋯⋯⋯⋯⋯(258)
　　5.2.3　精神世界和思想世界⋯⋯⋯⋯⋯⋯⋯⋯⋯(260)
　　5.2.4　抽象认识和抽象现实⋯⋯⋯⋯⋯⋯⋯⋯⋯(261)
　　(1) 唯心论——苏格拉底、柏拉图、亚里士多德、
　　　　莱布尼茨⋯⋯⋯⋯⋯⋯⋯⋯⋯⋯⋯⋯⋯⋯⋯(261)
　　(2) 批判唯心论或者先验论⋯⋯⋯⋯⋯⋯⋯⋯⋯(265)
　　(3) 整体学说⋯⋯⋯⋯⋯⋯⋯⋯⋯⋯⋯⋯⋯⋯⋯(267)
　　5.2.5　感性认识——感性现实性⋯⋯⋯⋯⋯⋯⋯(269)
　　(1) 经验主义——培根、霍布斯、洛克、休谟⋯⋯(269)
　　(2) 实证论——孔特⋯⋯⋯⋯⋯⋯⋯⋯⋯⋯⋯⋯(276)
　　(3) 新实证论——马赫、维特根斯坦⋯⋯⋯⋯⋯(276)
　　(4) 逻辑实证论——石利克⋯⋯⋯⋯⋯⋯⋯⋯⋯(279)

5.3 普通术语学理论(ATL)和知识理论(WL) ……… (281)
　　5.3.1 维斯特的理论 ………………………… (281)
　　　5.3.1.1 对象客体 ………………………… (282)
　　　5.3.1.2 概念 ……………………………… (282)
　　　5.3.1.3 符号 ……………………………… (283)
　　　5.3.1.4 四部分的词语模型 ……………… (283)
　　　5.3.1.5 维斯特的哲学世界观 …………… (284)
　　5.3.2 一种知识世界的哲学模型 …………… (286)
　　　5.3.2.1 在普通术语学(ATL)和知识理论
　　　　　　　(WL)中的四种世界 …………… (286)
　　　5.3.2.2 四个世界的构成物 ……………… (287)
　　　5.3.2.3 构成物的相互对应 ……………… (289)

第四部分　术语学、知识理论和知识技术的重要概念与组成部分的描述

0. 概论 ……………………………………………… (293)
　0.1 概念层次 …………………………………… (293)
　0.2 对象客体层次 ……………………………… (294)
　0.3 符号层次 …………………………………… (295)
1. 对象客体世界、思维世界或者符号世界 ……… (296)
　1.1 对象客体世界 ……………………………… (296)
　　1.1.1 存在 ………………………………… (297)
　1.2 思想世界 …………………………………… (297)
　1.3 符号世界 …………………………………… (298)
2. 术语学 …………………………………………… (299)

13

2.1　概论 ·· (299)
2.2　对象客体 ·· (300)
2.2.1　分叉链对象客体 ······························· (300)
2.2.2　特性 ·· (303)
2.2.3　对象客体关系 ··································· (303)
2.2.4　组成部分描述 ··································· (304)
2.2.5　对象客体系统 ··································· (304)
2.3　概念 ··· (305)
2.3.1　分叉链 ··· (305)
2.3.2　内涵(特性、功能)的描述以及概念的
　　　　组成部分 ·· (305)
(1) 特性描述 ··· (305)
(2) 功能描述 ··· (306)
(3) 组成部分描述 ······································· (306)
2.3.3　概念小概念的进一步解释 ···················· (307)
2.3.4　特征 ·· (308)
2.3.4.1　分叉链特征 ··································· (308)
2.3.4.2　特性的描述 ··································· (308)
2.3.4.3　组成部分描述 ································ (309)
2.3.4.4　特征的几个小概念的内涵描述 ·········· (309)
2.3.5　概念关系 ·· (310)
2.3.6　概念描述 ·· (311)
2.3.6.1　概念系统的概念描述 ······················ (311)
2.3.6.2　概念描述的内涵描述 ······················ (311)
2.3.7　概念系统 ·· (312)

  2.3.8　分类 ································· (313)
 2.4　符号 ······································· (314)
  2.4.1　概念系统符号 ························· (314)
  2.4.2　符号的组成部分及其功能、内涵的描述······ (314)
   (1) 内涵的描述 ··························· (314)
   (2) 组成部分描述 ························· (317)
 2.5　对象客体—概念—符号的对应 ················ (318)
 2.6　主题 ······································· (319)
 2.7　术语编纂 ··································· (320)
  (1) 内涵描述 ······························· (320)
  (2) 组成部分描述 ··························· (321)
3. 知识理论 ···································· (322)
 3.1　知识和科学 ································· (322)
 3.2　知识构成物 ································· (323)
 3.3　对象客体复合体 ····························· (323)
  (1) 内涵描述 ······························· (323)
  (2) 组成部分描述 ··························· (324)
 3.4　概念复合体 ································· (324)
  (1) 内涵描述 ······························· (324)
  (2) 组成部分描述 ··························· (325)
 3.5　符号复合体 ································· (326)
 3.6　对象客体复合体——概念复合体——符号复合体的
   对应 ······································ (326)
4. 知识技术 ···································· (328)
作者介绍 ······································· (330)

前　　言

在过去的 20 年中，普通术语学理论存在和发展的意义日益增强。究其原因，这不仅是因为在全世界范围内，普通术语学理论在术语工作中已经以术语学的基本原则和方法的形式得以确立，而且还因为，人们在最近这一段时期已经认识到，普通术语学理论也是构建知识理论和知识技术的重要基础。知识技术在信息时代一直占据统治地位。术语学和知识技术第一次会议于 1987 年在德国特里尔（Trier）举行，会议讨论的主题就是今后的工作应当如何朝着术语学与知识技术相结合这个方向发展（Czap. H；Galinski. Ch. 1987/88）。

普通术语学理论中面向应用的部分，人们可以参看 1989 年出版的《术语学理论与实践》（*Terminologie in Theorie und Praxis*）（Helmut Felber 和 Gerhard Budin 合著）。这本书所谈及的只是与实践有关的理论，目的是为了让人们更好地了解实践方法。书中也谈到了普通术语学的理论基础。这部书的上一版对这些理论基础也作了描述（Helmut Felber，1995 年）。其中，也有涉及知识理论和逻辑学的重要章节。这表明，术语学和知识理论是同等重要的，故而我们也会用两个单独的章节对它们分别进行描述。

我们将在这部书的第一部分详述术语学和知识理论的理论基础，它们与哲学的基本问题密切相关。对"超精神"（Supramentale)领域感兴趣的读者,还可以在第三部分"知识和智慧的哲学思考"中一睹为快。

这部书中第一部分所阐述的内容,为术语学基本工作、知识理论和知识技术做了铺垫。同时,也提到了科学理论和现实理论(Wirklichkeitslehre)的理论成果,即逻辑学、本体论和认识理论。因为,这些理论成果对实际工作很有帮助。

这本书所涉及的理论研究中,"概念"作为思维单位(*Denkeinheit*),"基本逻辑句子"(*der elementare logische Satz*)作为知识单位(*Wissenseinheit*)是我们研究的重点,我们试图描述它们在本体论、逻辑学和符号学中的类似物。"概念"和"逻辑句子"是思想构成物。"逻辑句子"是概念的组合,就像"概念"与逻辑学相对应一样,"逻辑句子"也与认识理论相对应。认识理论在古希腊的起源,也是从"概念"出发的(苏格拉底、柏拉图)。思维单位和知识单位是信息科学的基础,它们彼此之间是独立的。如果我们把认识理论中使用的"定义"(*Definition*)和术语学中使用的"概念描述"(*Begriffsbeschreibung*)进行对照的话,这一点会看得更加清楚。

"对象客体构成物—思维构成物—符号构成物对应关系的学说"(die Lehrer von der Zuordnung Gegenstandsgebilde-Denkgebilde-Zeichengebilde)构成了这部著作的核心。对于术语学来说,"对象客体—概念—符号"的对应关系是基础,然而对于知识理论来说,"事态—逻辑句子—符号句子"的对应关系是基础。在此,涉及的是对象客体世界、思想世界或者符号世界各自构成物的对应关系。只有构成物的对应关系是明确清晰的,才可能实现正确地理解,也才会使知识的传授和知识的接受成为可能,而这些对于信息时代来说,都是不可缺少的。

当今,学问或者知识的获得,在很大程度上,是通过"符号构成物"(Zeichengebilde)间接进行的。也正是因为这个原因,在语言分析中"逻辑"起着重要作用。尽管在某一特定时期,例如文艺复兴时期,人们通过对知识起源的追溯,从而对这个时代的知识有了更深的了解,但是,直到 20 世纪,维也纳学派的代表人物,更确切地说,逻辑经验主义的代表人物,像石利克(SCHLICK)、卡纳普(CARNAP)和其他的代表人物诸如维特根斯坦(WITTGEN-STERN)(他和维也纳学派的关系是间接的)等,才开始语言批评。然而,人们早就达成共识,"标准语"(Gemeinsprache)不适合于描述专业知识,而以术语为基础的"专业语言"(Fachsprache)则是描述专业知识必不可少的。普通术语学,它既建立在理论研究的基础上,又带有术语学基本原则的实际应用,为术语的产生奠定了基石。

知识理论借助于"概念"而与术语学理论紧密相连,它奠定了知识技术的基础,知识技术描述知识信息。知识理论也是知识分析的基础,它的知识砖瓦储存在知识库和知识系统之中。

这部书将有助于人们对对象客体、概念、符号或者事态(Sach-verhalt)、逻辑句子、符号句子有一个概括性了解,而如果我们缺少了这些知识,就不可能对这个世界的事物有一个清晰的认识。这种相互联系的知识将产生一个知识社会,现在我们已经可以见到它的先兆了。

最后,我想衷心感谢克里斯蒂安·加林斯基(Christina Galinsky)先生(国际术语信息中心的主任),我也同样要感谢 G. 布丁(G. Budin)博士为完成本书所提出的建议。另外,我还要感谢国际术语信息中心的加依多丝(M. GAJDOS)博士,感谢她用计算机对本书所做的编排,同时也感谢瓦尔西(I. WALCH)女士,感谢她为完成本书所做的加工工作。

赫尔穆特·费尔伯(Helmut Felber)

维也纳,2000年1月

审校者的话

奥地利著名术语学家费尔伯的这本《术语学、知识论和知识技术》从哲学和知识处理的高度阐述了术语学问题。很有理论深度，值得我国术语工作者阅读。

本书是用德文写的，全国科学技术名词审定委员会的邱碧华把它翻译成中文，全国科学技术名词审定委员会的刘青副主任要我审校，我与费尔伯教授曾经有一面之交，佩服他的才识和智慧，对于他的著作我是很感兴趣的，因此，在百忙之中细心审校了此书。

费尔伯此书的哲学色彩很浓，其中的一些术语很晦涩，翻译起来相当困难。例如，Aussagehülse 这个术语，Aussage 本来是"陈述"的意思，"hülse"本来是"鞘"的意思，译者把它按照字面的含义直接翻译为"陈述鞘"，读者理解起来会非常困难，不知所云；在审校中，我把 Aussagehülse 改译为"陈述工具"，读者就很容易理解了。

翻译和审校都是很艰苦的工作，经过译者和审校者的反复推敲和细心琢磨，今天，全书的审校终于结束了。在此书付梓出版之际，我来写几句话，谈一谈我在审校中的感想，算是审校者的前言吧。

术语是人类科学技术知识在自然语言中的结晶。在人类的科学史上，新概念的产生和旧概念的消亡都要通过术语来实现。每产生一个新的科学概念，就要创造一个新的术语来表示它，而当旧概念已经过时或者被实践证明是错误的，与这个旧概念相关的术语也就随之消亡,或者成为陈旧的术语,只有在讲科学史的时候才被人们引用。所以,术语与人类的科学技术知识是密切相关的,哪里有科学技术知识,哪里就有术语。人类科学技术知识的进步离不开术语。费尔伯在这本书中明确指出:"普通术语学以思维单位(概念)和对象客体——概念——符号的对应关系为根据,与此相对,知识理论(WL)则立足于知识单位(基本逻辑句子)以及对象客体复合体——概念复合体——符号复合体的对应关系,知识理论建立在普通术语学(ATL)的构成物之上并由这些构成物组成。"这里,费尔伯从知识处理的角度来阐述术语学问题,并且明确地把"知识理论"建立在"普通术语学"之上,认为术语是知识的构成单位,这个重要的论述,足以说明他是一位高瞻远瞩、独具慧眼的学者。

1985年在特里尔召开了术语学与知识传播国际会议,会议明确地把术语学研究与知识技术结合起来。当时我在中国科学院软件研究所担任兼职研究员,中国科学院派遣我到德国夫琅禾费研究院(FhG)新信息技术和通信系统研究所从事术语数据库的开发和研究,有机会参加了特里尔的会议。我在这次会议上与国外的术语学专家们就术语学与知识传播的问题进行了切磋,获益良多。

在信息时代,科学技术的发展日新月异,新的信息、新的知识如雨后春笋地不断增加,出现了"信息爆炸"(information explosion)的局面。现在,世界上出版的科技刊物达165000种,平均每天有大约20000篇科技论文发表。专家估计,我们目前每天在互联网上传输的数据量之大,已经超过了整个19世纪的全部数据的总和;我们在21世纪所要处理的知识总量将要大大地超过我们在过去2500年历史长河中所积累起来的全部知识总量。2002年年底全球的网页总数已经达到10^9这样的天文数字。知识量的丰富大大地扩张了人们的视野,人们希望能够准确地、迅速地搜索到自己需要的知识,术语是科学技术知识在自然语言中的结晶,把"知识理论"与"术语学"结合起来,以术语为线索来检索海量的知识,将为解决知识的获取问题提供强有力的手段。

据中国互联网络信息中心(CNNIC)统计,截至2008年6月底,我国的互联网网民人数已经达到2.53亿,超过了美国的网民人数。截至2008年12月31日,我国网民数达到2.98亿人,互联网普及率达22.6%。宽带网民规模达到2.7亿人,占网民总体的90.6%。我国域名总数达到16826198个,其中CN域名数量达到13572326个,网站数约2878000个,国际出口带宽约640286.67Mbps。截至2010年5月,我国网民的数量进一步达到4.04亿之多,使用手机上网的网民达到2.33亿人,我国成为世界上首屈一指的互联网大国。截至2009年,我国共完成互联网基础设施建设投资4.3万亿元,建成光缆网络线路总长度达826.7万公里。目前,我国99.1%的乡镇和92%的行政村接通了互联网,95.6%的乡镇接通了宽带,3G网络已基本覆盖全国。2009年我国电子商务交易总额突破4万亿元。互联网已经成为我国经济发展的火车头。

由于互联网上使用英语之外的其他语言的人数增加得越来越多,英语在互联网上独霸天下的局面已经彻底打破,互联网确实已经变成了"多语言的网络世界"(multilingual Web),"多语言"这个特性使得互联网变得丰富多彩,同时也造成了不同语言之间交流和沟通的困难,互联网上的语言障碍问题显得越来越突出,越来越严重;在科学技术领域,术语标准化和术语自动抽取变得越来越加重要;术语研究与知识理论和知识技术的联系变得越来越加密切。

在这样的背景下,翻译出版费尔伯的这本著作可以说是正得其时,希望读者从这本著作中得到启发和教益。

冯志伟
2010 年 9 月

第一部分

理论基础

1. 概论

从古希腊罗马时代到今天,哲学家们就一直致力于思维(*Denken*)和存在(*Sein*)以及认识(*Erkennen*)和知识(*Wissen*)这些基本问题的研究,这些问题存在于主体—客体的对立领域(Subjekt- Objekt-Spannungsfeld)中。但是,不仅西方国家的哲学家,诸如柏拉图(Plato)、亚里士多德(Aristoteles)、康德(Kant),连维也纳学派的哲学家和逻辑学家,都对研究这个问题做出了贡献,而且,印度和中国文化圈子中的思想家,诸如印度教思想家的吠陀哲学(Vedanta-Philosophie),对这个问题也作过深入的研究。

很长时间以来,人们没有把思维和语言清楚地分开。从下面这一点就可以看出,希腊词语"logos",就是从"Logik"(逻辑学,这是关于正确思维的学说)派生出来的,它不仅意味着"思想"(Gedanke),也有"词语"(Wort)的意思。今天的许多语言研究者,还持有这样的观点:没有语言,思维就不可能存在。但是,也有几个现代的逻辑学家,他们对术语学工作的方法知之甚少或者完全不熟悉。他们提出了这样的观点:在人类认识过程中,人们赋予语言一个突出的地位,因为,认识是受社会制约的,也就是说,能够为其他人了解的事物,是通过语言传授的。所以,他们认为,语言分析(用语言进行的解释说明)在认识方法中占据了非常重要的地位。然而,在我们的研究中,语言描述的是人类思想和情感内涵的形式范畴,这个形式范畴是每一种文化所特有的,并且,它对这种文化的保存起了极大作用。每一种独特的语言都是文化活动和文化价值观的表达形式,因此也是思想活动和思想价值观的表达形式,语言实际上是人类认识状态的一种表达,这种认识状态构成了一定的文化背景,它使每一个语言参与者受到禁锢,同时我们又必须从语言的禁锢中逃脱出来,以便通过个体的思想而将认识向前推进。

语言研究者现在只考察二元性的符号(die Zweiheit Zeichen)——指的是"被标明的东西"(Bezeichnetes),而这"被标明的东西"究竟是什么,人们没有作更精确的分析。这种"被标明的东西"具有二元性(对象客体—概念),而二元性将随着符号概念(Begriffzeichen)和符号向四元性转化(见Ⅰ3.4.1)。思想内涵(概念、逻辑句子)对事物的反映,在大多数情况下是不全面和不适当的,人们可以在符号结构中以隐蔽的方式看到。所以,思想家、学者、作家、艺术家等经常转换语言结构也就是必然的了。

随着自然科学的发展,随着人们对现实世界的真相和客观对象需要具有可验性这一要求的提出,以及此后,随着与具体对象客体相关的科学技术的迅猛发展,我们有必要在"对象客体、概念、符号"之间建立起清晰单一的关系。随着20世纪30年代术语研究的发展,最终产生了术语科学(Terminologiewissenschaft)。

以术语基本原则学说为核心的普通术语学,是术语科学的一个重要分支,也是知识理论和知识技术的一个基础。今后我们的努力方向是,一方面,要使普通术语学的基本理论经得起检验;另一方面还要架设起通向知识理论及其在知识技术中应用的桥梁。

不论是过去还是现在,有许多人,特别是语言学家和语言教师对术语学理论和实践还存在着误解,他们误认为术语学的理论和实践只和语言科学及其应用有联系。为了更好地表达概念和逻辑句子，为了使思想本身变得容易一些，我们需要一种书写形式的或者口头表达的语言符号，这种符号是由词语或者类似词语的符号组成的。依据逻辑学家博琴斯基(BOCHENKSI 1965：12—13)的观点，有两个事实需要引起人们注意，这对于所有从事术语学研究的人来说，应该是不言而喻的事：

(1)语言并不直接描绘"存在者"(*das Seiende*)，而是描绘客观的概念和客观的句子。我们并不去表达"存在者"是怎样存在的，而是要表达出，我们是怎样对它进行思维的。这是一个很重要的论断，如果对此重视不够，就会产生严重的语言错误。

(2)语言对客观概念和句子的描述并不一直是恰当的。更确切地说，一种语言符号描绘了不同的客观构成物(多义词)，或者反过来，若干种语言符号描述了相同的客观构成物(同义词)。人们不免产生出一种自然的、而且是合理的想法：我们应该尽量把语言组织得合理些，能让它们尽可能恰当地去描绘客观概念和客观句子。但是，这是一种理想状态，在极少数的情况下才可能实现。

普通术语学是一种工具，它能够让我们朝着这个理想状态无限靠近。今日科学技术的发展和计算机的使用，也使我们有条件接近这个理想。

正如前面已经叙述过的，普通术语学和知识理论的关系相当紧密，后者建立在前者的基础上。大量研究者的努力就像一条红线，一直延伸到今天，他们的目的是为了通过单义的符号(术语)把对象客体间的关系描述清楚，通过知识把事态(现实世界的真相以及对象客体的连接)描述明白。即使是过去，也早就有了这种努力的征兆，诸如莱布尼茨(LEIBNIZ)，他致力于研制一种科学的统一语言(lingua universalis)，但这种语言与多义性无缘。

在夸美纽斯(COMENIUS)(1592—1670)的研究成果中，我们可以找到"对象客体—概念—符号"的类似物（三合一）(Triade res-conceptus(mentes)-verba)(ŠABRŠULA 1994/95)。弗雷格(FREGE)也在1879年出版了关于"概念文字"(*Begriffsschrift*)的著作，1892年出版了关于"意义和含义"(*Sinn und Bedeutung*)的研究成果。

20世纪，从维也纳恩斯特·马赫(Ernst MACH)协会的出版物里诞生了逻辑实证主义维也纳学派。马赫(MACH)的主要命题是：世界是以其本来面目呈现在我们面前的。在本质和现象之间、在观念和物质之间的每一种区别都是任意的，并且是以不真实的措辞为依据的。"已存在的"(Gegeben seien)不是关系，而是正面的数据资料。卡纳普(CARNAP)在此基础上建立起"世界的逻辑结构"(Logische Aufbau der Welt 1928)和"语言逻辑句法"(logische Syntax der Sprache 1934)。

石利克(SCHLICK)以他的著作《普通认识理论》(*Allgemeine Erkenntnislehre* 1918)而成为维也纳学派的奠基人。而实际上，这个学派的真正奠基人是维特根斯坦(WITTGENSTERN)，他的著作是"*Tractatus logico-philosophicus*"(1921)。尽管他从来不归属维也纳学派，但是，由于他的影响，维也纳学派接受了数学和语言逻辑方法。

除了上述提到的大学学者们的努力之外，在20世纪20年代和30年代，一些经济语言学家（特别是捷克斯洛伐克的经济学家）和工程师们（德国、奥地利、苏联）从实践中萌发了一种学术冲动，他们想解决技术和经济领域中，在专业语言理解方面所产生的单义性问题。

工程师中最杰出的代表人物有奥地利的维斯特(Wüster)、费尔伯(Felber 1977),前苏联的德列津(DREZEN)(AVERBUCH 1994)和洛特(LOTTE)(KULEBAKIN 1968)。

布拉格语言学派最重要的人物有贝奈斯(BENES)、马泰休斯(MATHESIUS)、万库拉(VANCURA)、科佩斯基(KOPECKY)、科雅(COJA)。

维斯特的著作《技术当中的国际语言标准化》(*die Internationale Sprachnormung in der Technik*)(1931),在1936年促成了一场世界范围的研究术语基本原则的合作,它的目的在于制定出国际术语的基本原则标准。

这场学术合作一方面导致了术语学布拉格、苏联和奥地利维也纳学派的产生;另一方面,则诞生了术语科学(Terminologiewissenschaft)(Felber,1998a)。

维斯特不仅是术语学维也纳学派的奠基人,他还为普通术语学奠定了基石,普通术语学描述了术语科学以概念为导向的分支学说(Felber/Budin 1989,19ff)。他把普通术语学描述成跨语言学、逻辑学、本体论、信息处理和各门具体科学(Sachwissenschaft)的边缘学科(Grenzgebiet),他是在1972年,在哥本哈根召开的应用语言学的第三届国际会议上,提出这一观点的(Wüster,1974)。这门学说是他几十年不知疲倦、辛勤研究的成果。其他研究者提交给国际标准化组织(现在的 ISO,原来的 ISA)召开的国际会议的学术成果,经严格审查、认为可行的,也纳入到了这门学说中。

维斯特在其生命的最后几年里(1972—1974),在维也纳大学的讲台上讲授了这门学说。

维斯特去世之后,在最近几十年里,特别是在理论和哲学基础方面,国际术语信息中心(Infoterm)的同人们进一步深化了这门学说,并且把它与知识理论联系了起来(FELBER 1995)。

普通术语学是跨学科的,它立足于多门学科的研究成果之上,又为一切学科所需求。

知识理论和普通术语学的关系十分密切,因此,人们也依照普通术语学的模式,尝试着建立起了知识理论的结构。在知识技术中,这个理论得到了应用。

有四个领域,术语学和知识理论在其中相得益彰,它们的构成物相互对应。

这四个领域是:

——对象客体领域

——思想领域

——符号领域

——知识领域

在术语学中,上述领域的构成物是:

——对象客体

——概念

——符号

在知识理论中:

——事态(对象客体间的关系)和复合构成物

——逻辑句子(概念复合体)和复合构成物

——符号句子(符号复合体)和复合构成物以及知识构成物(组合的对象客体构成物,思想构成物和符号构成物)。

从严格的意义上讲,符号领域是对象客体领域的一部分,它的符号构成物是特殊形式的对象客体,在交流中,它们代表着其他的对象客体。

知识理论的构成物是由简单的术语学构成物形成的。然而,术语学的构成物同样也是由要素组合而成的,也就是说,对象客体由特性(Eigenschaft)构成,概念由特征(Merkmal)组成,符号由符号部分和符号要素构成。但是,对象客体、概念和符号,也可能只是由一个要素构成。

与《术语学理论与实践》(*Terminologie in Theorie und Praxis*)(Helmut Felber,Gerhard Budin)这本书相比较——它所涉及的术语基本原则学说是以应用为导向的,在读者面前摆着的费尔伯这本书,试图阐明的则是术语基本原则的科学理论基础。

普通术语学(ATL)、知识理论(WL)和知识技术(WT)必须研究认识、知识和思维的过程,它们只能是部分客观化,因为它们一直是和个体化的人相联系的。因此,在普通术语学、知识理论和知识技术的研究中,心理因素的介入是绝对必要的,因为认识、获得知识和思维是心理过程。然而,一个特定个体人的认识、知识和思维是可客观化的。因为,一个特定的个体的人,能够借助于语音符号或者书写符号,将其认识的内容、知识或者思想加以客观化,并且将其传授给其他的人。对于其他人来说,这些认识、知识或者思想则是客观的。如果涉及的是现实世界的具体对象客体,那么认识、知识或者思想就可以在这个对象客体身上或者在事态(对象客体之间的关系)中得到证实,就如同在自然科学和技术中最常见的那样。但是,如果涉及的是非现实世界的对象客体,诸如感觉对象客体、思想对象客体等,也就是说它们属于不能觉察到的世界,个体人的认识、知识或者思想就需要进行协调,以便让其具有普遍性。于是,就有了一种符合社会常规的认识、一种符合社会常规的知识或者一种符合社会常规的思想。这就意味着,在客观和主观的认识之间、在客观和主观的知识以及客观和主观的思想之间我们要有所区分。如果我们忽略了这一点,就会得出这样的结论:概念只可能是主观的,正如达尔贝格(DAHLBERG)在反对把概念作为思想单位的论证中所说的那样(DAHLBERG 1985:138)。

所以,专业委员会或者标准化组织的委员会、研究小组,必须对认识、知识或者概念进行协调统一。"概念"代表了一个对象客体或者单个对象客体的对象客体片段(形式对象客体),或者代表了一个对于若干个对象客体来说是共同的对象客体片段(共同的形式对象客体);在思维当中,"句子"代表了一种事态(对象客体之间的关系)。从逻辑意义上来看,句子是由一个概念组群组成,这些概念依据它们相应的功能而在句子中连接起来,举例而言,它们形成句子对象客体、句子陈述、补足语等。所以,单个的概念对于知识来说是不够的:知识是和事态(对象客体之间的关系)有关的,而事态要通过句子才能得以描述(BOCHENSKI 1965:11)。从上面的叙述中可以看出,存在着客观的概念和句子以及主观的概念和句子。客观的概念和句子,指的不是像主观概念和句子那样的心理构成物,而是指它们的内容。

认识是一个心理过程,它的结果是一种知识的产生。在一个用符号句子表达的陈述中,展示出了一个符号层次,通过这个符号层次,一种事态(在对象客体层次上)通过一个主观或者客观的句子(在概念层次上)而得以肯定或者否定。一个简单的认识过程就是这样的一种过程,它促成了一个主观或者客观概念的形成。一个客观概念构成的不是对象客体,一个客观句子构成的也不是事态,我们将在概念科学和知识理论的章节进一步加以阐述。

借助于概念或者句子,一个对象客体或者若干个对象客体之间的关系(事态)在我们的思维中客观化了。我们必须对认识和思维进行区分。在认识过程中,我们的注意力是从一个对象客体转移到了另一个对象客体上,并在对象客体之间编织出了各种联系。

为一个客观概念设定的符号称之为概念符号(*Begriffszeichen*),为一个客观句子设定的符号叫作符号句子(*Zeichensatz*)。

事实表明,语言借助符号表述概念,因而对句子所作的描述也是不完整的,因此,术语学很有必要研究如何使"概念—符号关系"变得具有单义性(Eindeutigkeit)。同样,知识理论也要研究符号句子——逻辑句子之间关系的单义性(Einsinnigkeit),由于概念和符号的确定,确定符号句子的意义才有了可能。

认识过程有直接和间接两种。在直接的认识过程中,认识可以直接通过我们对一个对象客体的感官感觉来实现,或者我们可以通过一种陈述来对一个对象客体进行确定。在间接的认识过程中,认识是通过对概念符号的解释或者通过逻辑推论获得的。

间接获得的知识很容易导致错误的产生。因为一方面,在概念层次上,客观的概念或者客观的句子经常只是不完整或者错误百出地再现对象客体或者本体论层次上的事态;另一方面,在符号层次上,概念符号或者符号句子,同样是不完整或者错误百出地反映着客观概念或者客观句子。对于一个对象客体或者一个对象客体组群来说,主观的或者客观的概念可能是适当的也可能是不适当的。一个主观的或者客观的句子,可能是真实的也可能是不真实的。这要看它是否与事态相符合。它也可能是正确的或者是不正确的,这要看它是否与一定的规则(矛盾/对立法则)相适应。概念符号可能是具有多义的(mehrdeutig),符号句子也可能具有多种意义(mehrsinnig)。

科学所追求的是真实的陈述,这是科学认识的目标。如果一种事态是从另一种事态中派生出来的,那么也可以形成一个间接的认识过程,也就是说,如果这两个逻辑句子是使用陈述形式表达的,那么从这两个逻辑句子中可以得出推论。如果句子中的概念(它们代表着所指的对象客体)没有确定,或者在符号句子中,不是单义确定的概念符号对应着这些概念,那么就可能会导致错误的产生。这会在专业交流和知识技术中给人们造成一些困难。

应用术语学研究的是概念和概念内涵、概念关系和概念系统、对象客体—概念的对应关系或者概念—多个概念—符号、概念符号以及概念符号系统。

知识理论探讨的是逻辑句子、逻辑句子和相关事态之间的对应关系、逻辑句子通过符号句子而得到的表达、逻辑句子系统、其他复合的对象客体构成物、思维构成物和符号构成物以及它们之间的对应关系。

以知识理论为基础的知识技术有着这样的目标:它帮助人们理解知识工作的成果,即帮助人们掌握、运用和储存知识和认识的内容,为知识技术的运作(知识系统、不同种类知识模型等的建造)随时作好准备,为新知识效益的产生提供支持。因此,术语工作和知识技术的工作,只能由各专业领域的专家们来完成。

知识技术工作指的是,人们对一门专业知识的内容、对获取各种专业知识的手段进行整理利用,也就是进行数据资料的收集、分析工作,对数据资料进行拆分和编码,对已拆分或者编码的数据资料进行描述和储存，以便能够把与相应知识对应的那些知识要素相互连接起来，从而能够获取新的知识。

术语学中的"对象客体—概念—符号概念—符号"（概念模型）的四维结构（Vierheit），知识理论中"事态—逻辑句子—由符号概念组成的句子—符号句子"（句子模型）的四维结构，都具有重大的意义（见Ⅰ3.4.1或者Ⅰ4.5.2）。

对象客体和符号或者事态和符号句子是位于对象客体层次上的（符号和作为符号构成物的符号句子当然是对象客体），而概念和符号概念或者（逻辑）句子和符号概念组成的句子是位于概念层次上的。符号概念在符号层次上的理解总是（与在概念层次上的理解）有点不一样。由符号概念组成的句子，可以在符号层次上一直以（与在概念层次上）有点不一样（的方式）描述出来。这就可能导致句子的多义性。

所以，在特定的生活领域（例如，在军队里，在航空领域等），在这些需要"唯一单义"（Eineindeutigkeit）的地方，概念、概念符号以及它们之间的连接或者逻辑句子、符号句子（符号构成物），它们要受某些规定的制约或者要进行标准化，为的是确保它们的"唯一单义"（Eineindeutigkeit）或者具有"唯一的意义"（Einsinnigkeit）。

在这种意义上，"唯一单义"（Eineindeutigkeit）的意思是，概念符号（b）只对应于概念（a），概念（a）只对应于概念符号（b）。对于逻辑句子和符号句子来说，情况也是类似的。逻辑句子（c）只对应于符号句子（d），符号句子（d）只对应于逻辑句子（c）。

在术语标准化大踏步向前进的同时，专业语言标准化（它研究逻辑句子和符号句子的确定）还处于初始阶段。然而，对专业语言进行标准化的必要性已经为语言研究者所共识（HOFFMANN，

L.1990)。对于知识技术来说,专业语言标准化还将起到巨大作用,就像今天的术语标准化对于知识技术的影响一样。

除了客观构成物(客观概念、客观句子)之外,主观构成物(主观概念和主观句子)对于理解、认识和知识的形成来说,也扮演着重要角色。心理学研究主观构成物。因此,在我们的研究中就不能不提到心理学。心理学研究的是思维主体(或者感觉主体),逻辑学研究的是思维内涵,对象客体学(Gegenstandslehre)研究思维对象客体。对象客体学也叫作本体论(Ontologie)。心理学是现实的科学(Realwissenschaft)或者经验的科学(Erfahrungswissenschaft),逻辑学是研究思想的科学(Idealwissenschaft)或者理性科学(Vernunftwissenschaft)(HESSEN 1950,1:89)。思维(*das Denken*)是个体化的;而思想(*der Gedanken*)则是超越个体的。

下面我们对一个概念系列作一下描述,这个概念系列与我们的研究是有关系的。这些概念是:理解(*Begreifen*)、思维(*Denken*)、认识(*Erkennen*)、知识(*Wissen*)、精神体验(*geistiges Schauen*)(直觉/灵感 *Intuition*)。

理解(Begreifen) 是一种认识过程,在这个过程中,形成了一个主观概念,也就是说,一个思维构成物(思维内涵 Denkinhalt)对应到了一个思维对象客体上。这个思维内涵是一个客观概念。

思维(Denken) 是一种理性活动,它可能是理解、认识、判断、推断活动。"内涵"是一个思维构成物,它可以是一个概念、一种概念关系(模型)、一个逻辑句子(概念连接)或者一个推论(逻辑句子之间的联系)。因而存在着概念性思维、判断性思维和推论性思维。

认识(Erkennen)也是一种理性的活动,在这个过程中,对于对象客体的确定是通过逻辑句子来完成的。这时逻辑句子对应于事态。认识的过程是主观的。认识的内容是客观的逻辑句子(两个概念的连接,它肯定或者否定一种事态)。认识促成了知识的产生。

知识(Wissen)是认识过程的结果,在这个过程中形成了一个主观句子。但这个主观句子的内容(内涵)却是一个客观句子。

依据博琴斯基(BOCHENSKI 1965:10/11)的观点:在某种意义上知识是心理社会的事物,它没有过程,而是一种状态。如果离开了人类个体,知识本身则不可能存在。每一种知识都是一个个体人的知识。然而,知识作为精神现象,又是和它的内涵有区别的。知识一直有它的对应物(对象客体),也就是人们所知道的东西。这个对象客体从来都是一种事态。人们可以对一种对象客体、一种特性或者一种关系一无所知,因为人们所知道的只是有关的对象客体,更确切地说,是相关的特性或者关系以及这样的类似物。对象客体在知识中得到反映。若干个对象客体、特性和关系则借助于概念、事态在句子中得以描绘。所以,光靠概念还描述不了知识。因为知识与事态有关,而事态只有通过句子才能得以描述。

精神体验(Geistiges Schauen)(直觉/灵感 Intuition)是一种精神状态,在这里,二元性的主体—客体关系被扬弃了。这种精神状态在神秘的宗教中很容易找到,举例来说,在基督教的神秘主义(Gottesschau)中、在印度教(Samadhi)中、在佛教(Nirwana 涅槃/圆寂)中,在禅宗—佛教(Satori)中,等等。这种精神体验在科学中也存在。许多科学家和学者报告说,在他们深度思考(苦思冥想)之后,在清醒的状态下或者在梦里,科学问题的解决办法会突然闪电般地出现在脑海里。当然,他们得首先建立起概念,然后,通过推论来找到解决问题的可行途径。原子物理家尼尔斯·玻尔(Niels Bohr)讲述了他做过的一个梦,在这个梦中他看到了自己苦思冥想寻求的原子模型。伟大的数学家高斯(Gauß)有一次谈到他是如何解决一个数学问题时说:我已经知道了得出的结果是什么,只是我不知道应该如何去得到它。

这种精神体验在每个人身上体现的程度是不同的。所以,除了思维以外,在获取知识的过程中,认识(Erkennen)也或大或小地参与了这种精神体验过程。心理学中,这种精神体验过程还是一个需要进一步研究的领域。就连大师级的逻辑学家也意识到了这种精神体验的存在。

黑森(HESSEN 1950,1:143)是这样说的:

我们的思维必须对这种结构(逻辑句子)加以利用,这是因为我们的思维是有限的和不完善的。但是'无限的智力'(*ein intellectus infinitus*)不需要这种结构。'无限的智力'可以洞察它的对象客体,在一个独一无二的瞬间捕捉到这些对象客体的本质要素和关系(*uno obtuto*)。如果这种精神体验在我们这里没有起到作用的话,我们就会得出未必正确的结论……只有借助它(无限的智力)的帮助,在大多数情况下,我们才有可能做出正确判断——该赋予一个对象客体以什么样的名称。

这种精神体验是所有智慧的基础,因为智慧是人们无法教授的。在这里,困难在于对概念的界定。智慧的内容是以图形、比喻,特别是通过艺术的形式进行传授的。撇开中国的哲人,诸如老子(Lao Tse)、孔子(Kung Tse),印度的、犹太的、希腊的以及许多其他国家的哲人不谈,还能列举出像 H. 柏格森(H. BERGSON 1989)这样的哲学家,以及新柏拉图学派的哲学家们,他们持这样的观点:人们虽然无法说出可以用言语形容的东西,即无法通过符号进行描述或者传授,但是这种东西却是不言自明的。所以,柏格森主张,反映现实的真实的哲学知识,只有借助于灵感才可能形成。人们无法告知他人直觉的内容是什么,但是人们可以借助图形对它进行表达,以便让其他人也能体验得到(BOCHENSKI 1965:56)。

一种直接的认识,一种通过直接感觉而获得的认识,不能通过间接的认识(譬如,通过书面或者口头的论证)而被驳倒,它只能是再一次通过直接的认识,譬如,在一个更高的意识状态下,以非二元性的经历出现(譬如,印度教中的 *Samadhi*)。

从上面的分析可以明显看出,术语科学和知识理论以及知识技术之间的联系非常紧密,概念构成了它们的基石。因为,其他的思想构成物(逻辑句子和推论),也是以概念以及概念与现实(对象客体、形式对象客体)之间的对应为立足点的。

"科学"(*Wissenschaft*)这个概念,我们也需要对它作精确的考察。依据博琴斯基(BOCHENSKI 1965:18)的观点,科学(*Wissenschaft*)有主观和客观两种概念。从主观的角度讲,科学是系统化的知识(人类主体的成就)。这种知识可以指导我们去认识专业领域的规律,去认识与规律有关的概念和事态,并且能够指导我们去应用这些规律。

从客观的角度来看,科学是一个由客观概念和逻辑句子按系统安排起来的结构。它是一个社会构成物,存在于许多人的思维里。当今的逻辑学家倾向于把概念作为句子要素去理解,因此,这些逻辑学家只谈论客观的句子。然而,除了逻辑的思维出发点(*Denkansatz*)之外,还存在着术语学的思维出发点,它把概念放在思考的中心位置上,把逻辑句子看成是组合起来的构成物。这类思维出发点,我们以后再谈(见Ⅰ2.2.3)。

在知识技术中,这两种思维出发点都是必不可少的,也就是说,它们为概念资料数据库、事实数据库和方法数据库(这些数据库为理论和应用研究提供了现代化的工具)的合并提供了前提。基本逻辑句子是知识单位,概念是思维单位。知识单位把概念作为要素,它依赖于概念。与此相对立,逻辑是存在于思维构成物当中的,它是正确思维的学说,认识理论架起了逻辑和对象客体学(*Gegenstandslehre*)之间的桥梁,认识理论是真实思维的学说。与"概念—对象客体"或者"概念—形式对象客体(来自现实的片段)"的对应关系相类似,正如我们以后在维斯特的"符号学—术语科学模型"中将要看到的(见Ⅰ3.4.1),存在着"逻辑句子—事态"之间的对应,它是关于真实(*Wahr*)或者在一般情况下是关于正确(*richtig*)的陈述(见Ⅰ4.5.3)。

依据科学理论(Wissenschaftstheorie)(HESSEN 1950,1)的观点,下列学科是研究思维(*Denken*)的:

学科	思维对应物
心理学	思维活动
逻辑	思维内容(内涵)
本体论(个别科学的本体知识)	思维对象客体
认识理论	思维内容与思维对象客体之间的关系

目前,在术语科学中存在着两种研究方向:

——与概念有关的术语学研究

——与语言有关的术语学研究

概念是前者研究的重点,语言符号是后者研究的重点。

与概念相关的术语学研究,是借助于维斯特的"对象客体—概念—概念符号概念—概念符号"的模型进行的(见Ⅰ3.4.1),在普通术语学(*die Allgemeine Terminologie*)中能够找到这种研究最杰出的代表。普通术语学是跨学科的。对象客体学、逻辑学、认识理论(*Erkennislehre*)、涉及信息科学和各专业学科领域的符号学在普通术语学中连接成了一个功能整体。普通术语学不仅是理论研究成果的思想建筑物(*Denkgebäude*),而且,处于它核心的其实是为实践应用服务的基本理论和方法(见《术语学理论与实践》Helmut Felber 和 Gerhard Budin 合著,1989)。本书第一部分的第 2 章节,描述了几个自成一体的学科为术语学所作的科学贡献。

针对个别学科,另外还存在着特殊的术语学理论,这些理论是用同一种语言描述了几门或者所有专业学科的术语学基本原则和方法。

以概念为导向的术语学研究方向的主要倡导者,是某类专业学科的专家,诸如科学家、技术人员等。

与语言符号相关的术语学研究,从语言学的角度看,是把术语看成是标准语(Gemeinsprache)的子语言(die Subsprachen),它的注意点,是指向专业语言中的语言符号及其特殊含义。为此,要运用语言学方法(见霍夫曼(L. HOFFMANN 1984)、格洛温、科布林(GOLOVIN、KOBRIN 1987)以及其他学者的著作)。这个研究方向的代表人物,绝大部分是语言学者(语言学家、哲学家)以及语言工作者(翻译者、语言教师等)。他们更多地研究普通术语学而不是专业术语学。在普通术语学当中,他们主要研究的是语言符号,但是从目前来看,这些语言符号的术语化过程还没有完成,也就是说,还没有实现从语言符号到概念符号的转化。

从克卢弗(CLUVER 1988)的主张中,我们可以看出一种以社会语言学为基础的、专业语言的"新—后实证主义"的苗头。然而,克卢弗只在符号层次上做文章,而不是在内涵层次上。不少的语言学者和语言教师根本就不认为术语科学是科学。

2. 普通术语学和基本学科知识理论之间的关系

普通术语学(ATL)和知识理论(WL),还有知识技术(WT),都与本体论、逻辑学、认识理论、符号学、信息科学有着密切的联系,总体来说,它们哲学(譬如,形而上学)也有着紧密联系。

下面,我们就尝试着来阐述这些关系。

2.1 本体论

存在学说(die Seinslehre)研究的是存在的事物("存在者"das Seiende),也就是说,研究存在(Sein)的理想状态或者现实性的问题,研究"实在"(*Dasein*)和"这样在"(*Sosein*),研究"独立存在"(*Substantivität*),研究因果关系(*Kausalität*),等等。

以下是对博琴斯基(BOCHENSKI 1965:9、10)几个哲学基本事实的复述:

世界是由事物(*Dinge*)(*Sachen*)(*Substanzen*)组成的,如山脉、植物,这些事物是通过特性(颜色、形状,等等)得以确定,并通过各种各样的关系而相互联系在一起的。所有"是什么"(*was ist*)或者"可以是什么"(*was sein kann*)的哲学名字,就是"**存在者**"(*Seiendes*)。"存在的事物"(*das Seiende*)有两方面:

(1) 是什么(das, was es ist)——它的本质(Essenz);

(2) 它是(daß es ist)——它的"实在"或"存在"(sein Dasein)(Existenz)。

依据黑森(HESSEN 1953,3:15、16)的观点,"本体论"(Ontologie)(存在的形式),"形而上学"(Metaphysik)(存在的本质)和"世界观学说"(die Weltanschauungslehre)(存在的意义)共同构成了"现实理论"(Wirklichkeitslehre)。与现实科学(Wirklichkeitswissenschaft)不同的是,现实理论考察的是抽象的现实,而现实科学研究的是与思想观念(Gedachte)相对的具体现实。

"形而上学"区分的是现象(Erscheinung)和事物的本身(An-sich des Dinges)。"本体论"选取的是存在(das Sein)在我们面前的本来面目,它研究存在的一般结构,也就是说,在唯心论(Idealismus)和实在论(Realismus)之间不作区别。因此,"本体论"是从更高和更一般的视角,也就是从存在的角度去考察存在的事物。

存在(Sein)在某种意义上意味着:只要它一指向正在认识着的意识,它就与这个正在认识着的意识面对面(HESSEN 1950,3:29)。对象客体存在(Gegenstandsein)是通向存在的入口。

存在事物的特性是通过事态(Sacheverhalt)表达出来的,比如,雪是白色的。事态之间是相互依赖的。世界可以想象成是由各种事态结合而成的整体。世界自身就是一个被最高实现了的事态,在这个事态当中,所有的事物存在或者可能存在,所有的事物通过一个无止境的关系网连接了起来(BOCHENSKI 1965:9、10)。

2.1.1 对象客体学

对象客体学(Gegenstandstheorie)是本体论(ontologie)(关于存在的学说)(Seinslehre)的一个分支。对存在或者事物现实性问题的探求,从古希腊罗马时代至今,哲学家们从未间断过。古希腊的哲学家,譬如柏拉图(PLATO)、亚里士多德(ARISTOTELES),以及中世纪的哲学家,像托马斯·冯·阿奎那(THOMAS von AQUIN),还有近期的,像笛卡儿(DESCARTES)、斯宾诺莎(SPINOZA)、莱布尼茨、康德等都对这个问题进行了深入的探究。当代最早的本体论流派是由 A. 迈农(A. MEINONG 1907)创立的对象客体学,他的学生赫夫勒(HÖFLER 1919)也是这个流派的代表。依据这种理论,所有的对象客体可以借助于人们的智力(Verstand)而得到理解或者领会。维也纳学派的创始人 M. 石利克(SCHLICK 1979)在他的逻辑实证主义(der logische Positivismus)理论中,在最广泛的意义上使用了对象客体(*Gegenstand*)这个概念,也就是说,对象客体可以是东西、过程、状况、对象客体关系,等等。

在本书第一部分 3.1 中描述的对象客体学,是依据哲学理论和在多年的术语工作实践经验的基础上建立起来的。对象客体构成物处于这个学说的中心位置:

而对普通术语学(ATL)来说,处于普通术语学理论中心的是那些由特性(Eigenschaft)组成的对象客体(这些特性构成了对象客体的要素)(见Ⅰ3.1.1.1)。

在知识理论(WL)中,对象客体构成物诸如事态(对象客体间的关系)、事态网、事态系统、事态模型等处于知识理论的中心(见Ⅰ4.2)。

2.2 逻辑学

人们有理由称亚里士多德(ARISTOTELES)为逻辑学之父,因为,他把逻辑学作为一门哲学学科建立了起来。有很长一段时间,逻辑学与形而上学之间有着密切联系。只是到了近代,才有三个学科对逻辑学产生了特殊的意义,它们是:认识理论、心理学和数学。所以,现代逻辑学分成了三个方向:

——认识论逻辑学

——心理逻辑学

——数理逻辑学或者逻辑学

它们是从不同角度出发来理解逻辑学的。认识理论与逻辑学很接近。二者共同构成了科学学说。但是,二者又有其各自的研究对象客体。逻辑学具有思维内容,认识理论涉及的是思维内容和思维对象客体的关系,这种关系将导致认识的形成。逻辑学是有关**正确**(*richtig*)思维的学说,认识理论是关于**真实**(*wahr*)思维的理论。因为,思维是一个心理过程,从心理学研究角度来看,逻辑学是心理学的一门分支学科。然而,我们必须把思维内容和思维过程看成是两个不同的研究对象客体。逻辑学严谨的形式是数理逻辑追求的目标。

逻辑学的代表人物们试图把逻辑学发展得更加广阔,他们还力图把数理逻辑也看成是逻辑学。

菲施尔(FISCHL)(1952)用下面一段话描述了这种情况:

数理逻辑学(*Logistik*)主要是由专业数学家创立的。数学家们在小岛上建立起一个主权王国,但是没有架设起从这座小岛通向现实生活的桥梁。这座小岛是无法攻克的,因为,在小岛上只"居住着"一类纯粹的形式,现实世界里没有任何一种武器能够攻下它们。但是从另一方面看,数理逻辑这座小岛又是无危险的,因为,它也攻克不了现实世界(Wirklichkeit)。

两个伟大的逻辑学家,胡塞尔(RUSSEL)和怀特海(WHITEHEAD),后来却完全避开了数理逻辑。

尽管像上面说过的那样,人们想尽量把逻辑学纳入到自己的学科中去,但逻辑学仍然是一门独立的学科。

数理逻辑是形式逻辑的一种类型。G. W. 莱布尼茨(G. W. LEIBNIZ 1646—1716)是公认的创立者之一。它与形式逻辑的本质区别在于数理逻辑的公理化和格式化。在数理逻辑当中,包含了完整的亚里士多德式的(ARISTOTELische)三段论。在知识技术的不同分支学科中,人们需要一定的推论规则和推论系统,而这些推论规则和推论系统是以多于三个的概念为立足点的。逻辑学拘泥于形式的特点,使得运用多于三个的概念进行推论成为可能。然而,如果一个"遗觉意义(形象地重现)"(ein eidetischer Sinn)是以符号为基础的话,我们就还必须参考古典逻辑学。如果我们知道,一个符号代表什么或者其含义是什么的话,那么这个符号就具有一个"遗觉意义"。在逻辑学中,符号具有积极有效的意义。而在实际工作中,我们只要知道如何使用它们就可以了,也就是说,我们只要了解这个符号的适用规则就足够了。

逻辑学(关于正确思维的学说)包括:逻辑法则学说(思维法则)、逻辑构成物(思维构成物)学说(也称之为"逻辑要素学说")、还有逻辑方法学说(方法论)。

2.2.1 逻辑法则

关于逻辑法则的学说包括：

（1）同一律

（2）矛盾律

（3）排中律

（4）充足理由律

2.2.2 思维构成物

在谈到思维时，我们要区分思维活动、思维内容和思维对象客体。心理学考察思维活动，本体论考察思维对象客体。思维对象客体不是思维的组成部分。思维（das Denken）还可能是思维的思维对象客体。个别的科学（Eizelwissenschaft）考察个别的思维对象客体，与此相对，对象客体学（*Gegenstandslehre*）（它是本体论的一部分）考察对象客体本身。思维依赖于时间，它是个体化的，与此相对，如果个体的人是通过文字符号阅读思维内容的话，那么，思维内容就是超越个体的（überindividuell）。

逻辑句子属于思维构成物（见Ⅰ4.3.1），它在逻辑学中占据了一个中心位置。这种句子由概念组成。我们可以借助由逻辑句子构成的逻辑连接而得出推论。概念、逻辑句子和推论是基本的思维构成物。它们描述了基础学说（die Elementarlehre）。

逻辑方法是复合的思维构成物。思维构成物的学说由基础学说（*die Elementarlehre*）和方法论（*die Methodenlehre*）构成（见Ⅰ 2.2.4）。

逻辑学家把逻辑句子作为研究的出发点，因为，只有逻辑句子

（而不是概念）才可能是真实的（*wahr*）或者不真实的（*unwahr*）。与此相对,术语学家把概念放在其科学研究的重点位置上。

由此也就产生了逻辑学的两种不同的思维出发点：

（1）术语科学的思维出发点。

（2）认识理论的思维出发点。

依据施潘（SPANN 1957）的观点,在逻辑学中,如果在概念之前优先考虑判断或者推论的话,则是错误的。

这是苏格拉底（SOKRATES）在概念中第一次看到了普遍有效的某种东西（*das Allgemeingültige*）。科学的思维是概念的思维。依据苏格拉底的观点,所有科学工作的目标,就是概念的限定（FISCHL 1948:71）。

2.2.3 两种思维出发点

（1）概念作为思维单位（术语学）

概念是思维构成物,它描述思维过程中的思维单位。它是概念对象客体（或者形式对象客体）的一个代表。个体概念（百科全书似的概念）代表着物质对象客体（见Ⅰ3.1.1.2）。

概念是思维单位。正因为这样,概念是一个逻辑句子的要素,因而它也是一个推论的要素。概念内涵的描述是与定义有区别的,因为,从逻辑意义上讲,它所描述的不是句子（见Ⅰ2.3.2）。它只是通过与对象客体的特性相对应的特征,来简单描述这个对象客体的特性（见Ⅰ3.2.2.5.4）。由此,"对象客体——概念"之间的对应,不存在真实的（*wahr*）或者不真实的（*unwahr*）的问题。另外有些学者把概念看成是逻辑波谱（*logisches Spektrum*）,也就是说,把概念看成是一个陈述系列,这个系列蕴涵了被描述的对象客体的主要特性(HORECKY 1979;DAHLBERG 1976:88)。

对象客体可能是思想的(*ideal*)也可能是现实的(*real*)(见Ⅰ3.1.1.3)。而基本逻辑句子(判断)则是由概念组成的。它是概念连接(通过句子纽带把主语概念和谓语概念连接起来),它形成的是知识单位。在自然科学、技术和人文科学(社会科学)中,人们的研究很少侧重于词语的解释,而是侧重于对对象客体的理解。因此,概念是分派给对象客体的。在多数情况下,涉及的是普通概念,代表的是对象客体的片段(形式对象客体)(Formalgengenstände)(见Ⅰ3.4.2.3 模型 8)。

(2) 概念作为知识单位的一部分(认识理论)

在认识理论当中,逻辑句子(在对象客体层次上与之对应的是一种事态)占据着一个中心位置。组成句子的要素是概念,通过句子的逻辑连接而得到推论。概念、句子、推论是逻辑的基本思维构成物(HESSEN 1950,1:84)。一个客观的或者主观的句子,或者是真实的(*wahr*),或者是不真实的(*unwahr*)。

人们对一个对象客体作出正确的陈述就形成了一个概念。

概念的内涵描述(见Ⅰ3.2.2.5.4)可以借助于对某个对象客体特性的列举而得到,与此相反,定义(名词性的定义)侧重的却是对符号含义的阐释。名词性的定义可能是语义学(*semantischer*)类型的或者句法(*syntaktischer*)类型的。定义是陈述,而不是内涵描述。为了避免在实践中产生错误,这种区分是有必要的。举一个从实践中来的例子:在标准当中,存在着术语标准和专业标准。在专业标准中,人们看到的是规定了的陈述(逻辑句子)或者某种规则,例如,"一个轮心的直径应该是……(soll...sein)"。而在术语标准中,描述的却是对象客体轮心这个概念的内涵。这种内涵的描述,不允许是逻辑句子。如果忽视了这一点,就犯了逻辑错误。

2.2.4 方法论(思维方法)

方法论所研究的是实现科学目标的途径,也就是促成认识和陈述(Aussagen)结合成整体的途径。普通思维方法适合于所有的或者大部分的专业领域,它们描述的是理论思维学说。因此,也存在着特殊的思维方法,在特殊科学的应用中,可以找到它们的踪影。只有普通思维方法属于逻辑学。特殊的思维方法是相关知识领域和专业领域的一部分。

构成每一座科学大厦的砖瓦是概念。概念需要精确确定,彼此之间要协调一致。因此,带有概念内涵确定的概念理论才有意义,概念的划分和概念的描述要在概念系统中进行。

第一种方法是确定概念,第二种方法是建立起概念系统,第三种方法是进行证明。

证明可能是一种理解性的证据或者感知觉的证据,或者是一种陈述。理解性的证据是通过必要的思维过程得到的,感知觉的证据是通过感官的检验获得的。如果陈述不具有一个理解的或者感知觉的证据的话,则它必须要加以证实,也就是要证明陈述的现实性。

有些逻辑学家,将方法论划分成了启发学(Heuristik)(Erkenntnisfindung)和认识的整理。启发学(认识的获得)(Erkenntnisfindung)是以分析和综合为基础的。抽象化(Abstraktion)(说得更确切一些,就是归纳(Induktion))是立足于分析的基础之上的;确定或者演绎推论(Deduktion)是以综合为基础的。启发学包括了三个方法:陈述学说(Aussagenlehre)中的分析与综合、概念理论(*Begriffslehre*)中的抽象与确定、推论学说(*Schlußlehre*)中的归纳与演绎推理。普通方法论也能划分成启发学(*Heuristik*)和系统学(*Systematik*)。前者是去发现认识,后者是去整理认识。

2.3 认识理论

人们把认识理论描述成是逻辑学的小妹妹(HESSEN 1950,1:176)。它是近代才建立起来的。康德(1781)被人们公认是认识理论的真正创立者。但是,在古希腊哲学家(譬如,柏拉图、亚里士多德)那里,人们已经找到了对认识理论问题的处理办法,虽然在古希腊罗马时代没有建立起一个有关认识理论的哲学学科(FISCHL 1948)。

柏拉图的认识理论(Die PLATONsche Erkenntnislehre)构成了他理念学说(Ideenlehre)的基础,在他的第七封信中,他对这一点作了最清晰的表述。下面摘引了其中的重要一段:

> 每一个存在者(*das Seiende*)都有三类(*dreierlei*)。第一类是名字,第二类是解释(*Erklärung*),第三类是现象(*Erscheinung*),认识必须从这三类中产生,第四类就是它认识本身。人们把存在者(*das Seiende*)本身放在了第五类上,所以,存在者才是可认识的,是现实的。如果读者想理解我们现在谈着的是什么意思的话,你就可以找一种情况作为例子,而且你要认为,对于你来说所有的情况都是以此类推的。譬如,一种东西被称为*Kreis*,这种东西叫着我们现在说着的这个名字(即*Kreis*)。第二类是它的解释,由名词和动词组成:

"它从边缘到中心到处等距离",这样的解释针对 *Rund*, *Zirkel* 和 *Kreis* 这类德语词都是适用的。但是第三类(现象 *Erscheinung*)是指,所有跟 *Kreis* 有关的东西,都是可以被绘制然后又被涂抹掉的,可以被精心制作后又被销毁掉的,然而,*kreis* 还是它自身,对于它来说,什么也没发生过,因为,它是除了这些东西以外的另一种东西。第四类却是科学和精神(*Geist*),以及对这些东西的真实想象,所有这些被再一次作为一类放在了一起,不是以语言和躯体形状的形式存在的,而是以灵魂(*Seele*)的形式存在的,因此可见,很明显它(第四类)是另外的东西,它不是 *Kreis* 自身的本质,以及上述提到的三类。通过亲缘关系和相似性,精神(*Geist*)与第五类最接近,而其他的事物离之则远。总的来说,现在,它(第五类)与笔直或者弯曲的身形,与颜色,与优质的东西,与美丽或者正义的东西,以及每一个人造的和通过自然形成的躯体,与火、水和所有这类的物质,和全部的动物生命和灵魂本质以及和行为和痛苦是同样的了。因为,如果谁不管用什么方式没有领会到那四类的话,他就不会完全理解第五类——*存在者*(*das Seiende*)。

认识论研究的是思维内涵与思维对象的关系(即思想与存在的关系),它们的一致性我们称之为真理(真实性)(*Wahrheit*)。所以,人们也把认识论称为关于真实思维的学说。严格地说,这是逻辑句子和客观事态之间一致(Übereinstimmung)和不一致(Nichtüberstimmung)的问题,它将造成一种陈述是真实的(*wahr*)或者是不真实的(*unwahr*)。一种陈述还可能是正确的(*richtig*)或者是不正确的(*unrichtig*),这要看它与某种规则一致还是不一致的。

基本的逻辑句子由主语概念、句子纽带、谓语概念组成。陈述通过对于对象客体进行说明而确定一个对象客体。谓语概念形成了这个陈述的内容。陈述的内容必须与由主语概念指明的对象客体相联系(HESSEN 1950,1:111)。句子纽带执行的就是这种功能。这种功能把谓语概念(Prädikatsbegriff)和主体对象联系了起来,这个主体对象是通过主语概念描述的。逻辑句子本身表达不出什么,它需要借助对象关系。只有一个陈述才可能是真实的(*wahr*)和不真实的(*unwahr*)。就一种事态而言,人们只能说,它存在或者不存在。

石利克(1979)的普通认识论(*Allgemeine Erkenntnislehre*)构成了知识学说的理论基础。

2.3.1 逻辑句子的种类

逻辑句子可以依据不同的角度进行划分。根据康德的主张(康德称逻辑句子为判断),可以将逻辑句子依据分析方法和综合方法进行划分,他的观点是:谓语概念包含在了主语概念当中(见Ⅰ4.5.3.1情况1),这就是使用了纯粹的分析方法而得到了一个逻辑句子;或者谓语概念作为新的要素添加到了主语概念的内涵当中去,这样,谓语概念就与主语概念的内涵综合性地连接在了一起(见Ⅰ3.2.2.9.1 (1)限定(Determination)。

主语概念和谓语概念的一致(*Dechung*)关系,构成了划分的基础。

在两者完全一致的情况下(也就是两者具有同一性(Identität)),人们说的就是一个分析逻辑句子(见Ⅰ4.5.3.1情况 3）。这是一个限定句子（*Bestimmungs-*）或者定义（*Definitons-*）句子。内涵以谓语概念的形式得到强调，例如，1km＝1000m。

在两者部分一致的情况下，谓语概念包含在了主语概念之中，或者主语概念包含在了谓语概念里，也就是说，在第一种情况下，谓语概念构成了主语概念的一部分（见Ⅰ4.5.3.1情况1）。例如，在陈述"黄金是黄色的"中，颜色"黄色"是黄金共有的一个特征。这种陈述用于特征的限定。在后面一种情况下，主语概念构成了一个从属于谓语概念的从属概念（见Ⅰ4.5.3.1情况2），例如，在陈述"黄金是一种金属"中，黄金就是金属的一个从属概念。这种陈述用于外延的限定。

还存在着依据质量、数量、形态和事态进行的划分（见本书第6部分附录1(7)陈述的类型）。依据事态进行的划分，不是纯粹的逻辑问题，而是本体论问题。

对于知识理论和知识技术来说，划分事态以什么为基础具有特别重要的意义，黑森对此有详细的描述（见第6部分附录1的部分Ⅰ,(7)）。

2.3.2 定义或者概念内涵的描述

正如我们已经看到的，逻辑学中的定义与普通术语学中的概念内涵的描述是有区别的。在逻辑学中依据黑森的观点（1950,1：165），对定义的理解是：

正如我们从概念理论（*Begriffslehre*）中所知道的，每一个概念都有一个确定的内涵。我们把通过说明概念的特征而对概念内涵进行精确限定的过程，称之为定义。所以，定义是一种判断

（Urteil），它精确描述了一个概念的含义，通过这种方式，它就把这个概念与其他具有亲缘关系的概念严格划清了界线。为了获得一个完整的定义，我们就需要先认识概念序列，要弄清楚，被定义的概念是在那个概念序列上，另外，我们还要知道概念在概念序列中所处的位置。前者说明了最近的高一级属概念（*der nächsthöhere Gattungsbegriff*）（*genus proximum*），后者叙述了以此为根据（*artbegründende*）的特征（*differentia specifica*）。它们都表明了，相关的概念与哪些概念有亲缘关系，由此，这个概念也与其他的概念区分开了。

这种对"定义"的阐述，对普通术语学中概念内涵的描述来说同样有效。然而，描述并不是判断。不能用概念的含义去表达判断。在最高程度上概念可以是符号的含义。

依据普通术语学的观点，人们必须在概念内涵的描述与判断之间做些区分，这正如逻辑学家赫夫勒（HÖFLER 1919：5）表述的：

判断是这样的一些思想（而且只能是这样的思想），在其中，我们相信一些东西，肯定或者否定一些东西；就像这样的例子：太阳是存在的，它照耀着，它是一个球体，而不是一个圆盘，里面更没有半人半马怪。如果有人只是简单地想到'太阳'，他同样很少会去作进一步的肯定，即太阳是存在的。就像这些人，他们只想起词语'半人半马怪'的含义，而否认这类事物本质的存在。这类思想我们称之为单纯的想象（*bloße Vorstellungen*）。'真实'或者'错误'这类特征，对于想象并不合适，而只与判断相适宜。概念是对单义确定了的内涵的想象。

普通术语学中的概念内涵，是由一个特征复合体组成，这些特征与一个对象客体或者一个对象客体片段(形式对象客体)的特性是相适应的。对于这样的概念内涵的描述,不存在句子纽带(Satzband)。在对概念的限定中,通过与概念系统建立关系,而保证了概念内涵的特征之间不相互重叠。在概念解释中,情况则不是这样。

概念对应到对象客体上或者对象客体片段上,在思维中它是对象客体或者对象客体片段的代表。

在对(判断进行)陈述的研究中,黑森(1950,1:133)也得出了一个类似的认识,正如他说的:

……人们在判断时,就是在判断指定的对象上附加、分派、奉献上了某些东西。

一种对判断的陈述是否符合现实,依赖于概念和对象客体之间或者概念和对象客体片段之间的对应是否正确。

因为,陈述是由连接起来的概念组成,如果概念不是正确地代表着相关的对象客体或者对象客体片段的话,那么陈述就是不真实的($unwahr$)或者错误的($falsch$)。

因此,概念或者其内涵是形成真实陈述的关键。陈述一直与对象客体有关。但是,它只是涉及对象客体的个别特性。于是,人们说到了对对象客体的限定,譬如,"雪是白色的"。

在普通术语学中,概念与对象客体或者对象客体的一部分有关。但是,现实的对象客体不一定是已经先存在着的。应用科学、技术、工商业中许多人造对象(Artefakten)的出现表明,很常见的是先有概念(它们以某个思维对象为基础),然后才变成了现实的对象客体。因此,就实践而言,概念动力学(Begriffsdynamik)是很重要的,因为,它证实了,概念自身持续不断地或者从对象客体的一个新角度,或者是由于思想的继续发展而变化。这就引发了新认识或者新产品的产生,也就是说,在绝大多数情况下,真实的陈述只是针对某一确定时刻是真实的(*wahr*),譬如人类对地球的认识,刚开始人们认为它是一个圆盘,后来又认为它是个圆球,现在则认为它是一个椭圆形的球体。

为了给我们所考察的现实(对象客体或者对象客体片段)找到正确的概念,在不同的学科和技术领域中活跃着术语委员会。在大多数情况下,它们是由很多专家组成的工作小组而不是单个的专家或者学者,他们的目的是为现实的某个片段寻找一个更正确的概念。概念与现实片段,或者概念与思维对象的对应关系的确定,为实现全球性的相互理解奠定了基础。这种工作需要经常关注新的研究成果,因为这种确定工作只能等到术语委员会最新协调结果产生时才算结束。

对于普通术语学来说,概念内涵的描述构成了其核心(见Ⅰ.3.2.2.5.4)。因为,每一项术语工作都要以这种描述为出发点。

2.4　形而上学

我们在前面已经涉猎了哲学的几个领域(本体论、对象客体学、逻辑学和认识理论),它们对普通术语学的建立意义重大。我们已经看到,现实理论由于研究逻辑构成物和本体论构成物之间对应关系的问题,因而它对普通术语学也具有重大的意义。由于普通术语学是以应用为导向的,所以在它的研究中我们并不详细探讨存在本身的问题。这些问题在哲学中是由形而上学来解决的。从古希腊哲学以来,这些问题成为很多辩论争议的对象,即使到了今天,这种争论依旧继续着。由于普通术语学也触及了概念现实性(Wirklichkeit)的问题,因此,在这里也顺便简单提一提这几种情况。概念(普通概念)表明的是共同性的东西,它是我们在一定量的对象身上发觉到的(维斯特1979)。

关于形而上学(METAPHYSIK),我们可以追溯到亚里士多德(FISCHL 1948:108)。对于亚里士多德式的(烦琐)经院哲学的逻辑学来说,概念是形而上学本质的反映。而对柏拉图而言,"存在的"(ontische)理念是本质。

我们必须提出这样的问题:概念是某种现实的东西(etwas Wirkliches/Reales)吗?这种现实的东西是独立于我们思维之外而存在的,还是依赖于我们的思维的?

这是中世纪经院哲学共相争论(Universalienstreit)的核心问题。对于争论双方的观点而言,在过去和现在都有一些维护者,也就是说,同意概念是真实的(wirklich/real),被称为实在论者或者唯实论者(Realisten);那些认为概念不是真实的,被称为唯名论者(Nominalisten)或者概念论者(Konzeptualisten)。实在论者主张,概念是独立于事物而存在的(universalia sunt ante rem),相反,唯名论者或者概念论者则认为,概念并不存在,而只存在名字(universalia sunt post rem)。柏拉图代表着极端实在论(Realismus)。相比之下,亚里士多德赞同的是温和的实在论(gemäßigter Realismus)。他认为,概念只能与事物一起存在(universalia sunt in re)。唯名论者认为,概念只是语音构成物(Lautgebilde),即名字。概念论者则主张,概念仅仅是思维构成物。因此,概念论者承认概念实质上的(sachlich)、具体的(gegenständlich)可靠基础。

在有关形而上学的讲座中,赫特林(HERTLING)做了如下的表述:

如果每一个存在者(*das Seiende*)都是统一体(*Eines*),而且,这种统一体又可以进一步区分为现实的统一体和思想的统一体的话,那么我们就可以直接得出下面的结论:一切现实的事物都是单个的事物(*ein Einzelnes*),所谓的普遍性只是我们思想的产物。当然,如果思想把在单个事物中反复出现的一些共同特征抽取出来,从而把许多单个的事物综合成一个统一体的话,那么这种思想的基础就在事物当中。而且,这些共同特征越多,它们对于事物本身来说也就越重要,就越有意义(*HESSEN 1950,3:139*)。

2.5 符号学

2.5.1 概论

符号学(Die semiotik)这个名字是莫里斯(MORRIS)在1938年确定的,它是有关符号的学说。对于普通术语学而言,它具有非常特殊的意义,因为,在交流中,符号代表着概念或者对象客体。

在"对象—概念—符号概念—符号"的对应关系系统中,符号是第四个要素(见Ⅰ3.4.1)。

符号学是语言学的一种扩充。F. de 索绪尔(F. de SAUSSURE)早就建议并且打算把语言学改造成普通符号理论。每个语言系统的基础是语言符号和所指的符号(Bezeichnete Zeichen)之间永久的对应关系。这所指的符号绝大多数是概念,但也可能有个别情况,譬如专有名词。

依据维斯特的观点(1979):符号是个体对象,它长久地对应于另一个体对象、概念或者事态，也就是说，它代表着这类事物。

维斯特在1971年制作了一个为划分和描述符号而设计的、内容全面的特征载体图（WÜSTER 1979；DIN 1971）。

在语词语言（Wortsprache）中，语言符号是名称（Benennungen），即词语或者词组。在数学和数理逻辑中，逻辑运算和数学运算所使用的符号并不具有特殊含义。在这些运算中，它们代表着一个没有特性的对象。因而，我们在此谈到的是运算符号，在这里，人们只需要熟悉如何运用句法规则去使用它们。我们要注意把它们与遗觉符号（*eidetischen Zeichen*）区分开来，遗觉符号或者具有某种含义，或者与某个概念之间有着对应关系。在推论系统（Schlußsystem）中运算符号起着作用，例如利用它们去确定陈述的真实性。运算符号的结构使我们有条件在已有的专业领域中，建立起把运算符号转换成遗觉符号而又在逻辑上不相矛盾的陈述系统。数理逻辑是为各种各样科学问题的验证提供陈述工具（Aussagehülse）的。在物理学中，这些陈述也具有数学的形式，物理学中定性的特性是与陈述具有对应关系的，热传导（Wärmleitung）的微分方程式（Differentialgleichung）就是一例。这个微分方程式最早是作为数学产物出现的。

2.5.2 符号的本质

符号是物质世界的图形构成物或者语音构成物。与它对应着的是对象客体、事态的某种关系或者某种含义。我们要对符号形态（Zeichengestalt）和符号内涵加以区分。为了使符号形态保持一致，符号概念的形成必须以这个符号为基础。符号概念描述的是为这个符号构成物制定的标准。在大多数情况下，这个符号的图形形式或者语音形式与这个标准总是会有些出入(见 I 3.4.1)。

符号可以相互联系起来。于是,我们要谈符号句法(Zeichensyntax)。符号还可以是概念的载体,或者具有一定含义。就符号的含义而言,我们会谈到符号的语义学(Semantik)。我们原来称带有含义的符号为遗觉符号。不具有语义学意义的符号,我们称之为运算符号(*operative Zeichen*)。使用遗觉符号运作的语言,是标准的语言(normale Sprachen)。由运算符号组合成的语言,人们称之为形式化的语言(*formalisierte Sprachen*)。符号也可以预先依据确定的构成原则形成符号句法,然后再被带入到一个系统中去。由任何一种类型的符号所构成的系统,包括其内涵,人们称之为语言(*Sprache*)。

2.5.3 符号的关系功能和含义功能

在逻辑学中,人们对"标明"和"意味着"有所区别。这种区别可以追溯到斯多噶派(Stoikern)。一种名称,譬如,鱼标明(*bezeichnet*)的是所有个体的鱼,同时,它具有一个含义,这是借助于概念表达出来的。这里要说明的是,用符号标明的名称(Bezeichnung)要与客观概念的外延(Umfang)(extensio)相适应,名称的含义要与客观概念的内涵(Inhalt)(intensio)相适应(BOCHENSKI 1965:58)。

用于标明一个名称(Benennung)的符号称之为命名符(*Designat*)。依据术语学的观点,概念最好与命名符相对应,个体概念要与个体对象相对应。符号具有双重作用:它既标明了普通概念(Allgemeinbegriff)(譬如,鱼),又标明了个体概念(Individualbegriffe)(譬如,所有个体的鱼)。但这种双重作用并不能满足术语学的需要。这种现象我们称之为"阶梯式同音异义现象"。

严格说来,符号有三种功能:

(1) 标志功能(die Bezeichnungsfunktion)(符号代表着物质对象)。

(2) 含义功能(die Bedeutungsfunktion)(符号代表着概念)。

(3) 符号形态功能(die Zeichengestalt-Funktion)(符号代表着自身的形状)。

因为,不仅是对象客体,而且还有概念需要通过符号来代表(符号同样也是对象客体),因此,在科学论文中,我们有必要把各种符号标明清楚,譬如,德文词"Eisen"(铁)的下列形式分别表示的是:Eisen(表示符号),〈Eisen〉(表示概念),《Eisen》(表示对象)(见Ⅰ3.4.2.3)。

2.5.4 符号的种类

从对应关系的角度去看,符号划分为两类,即:

——自然符号(natürlichen Zeichen)

——习俗符号(Konventionellen Zeichen)

如果符号是自然存在的,我们就说它是自然符号;如果对应关系是以有意识的协调或者以传统习俗为基础的,我们就称之为习俗符号。

语言符号是习俗符号,它们大多数是多义的(mehrdeutig),这一点,在专业领域中却是很忌讳的。所以,我们在制订科学词汇——"术语"(Termini)的时候,为了便于交流,我们所选用的**概念是思维构成物的单义载体**。这也促进了术语学的发展。另一方面,语言学者和语言教师出于兴趣的需要,他们瞄准了专业领域中带有语义学(Semantik)意义的符号。正如前面已经提到过的,这种情形促成了以语言符号为导向的术语科学的产生。其侧重研究的是为各专业领域服务的语言符号,以及这些语言符号在专业文献中的应用。目前在各专业领域里存在着的语言符号还没有完全术语化。

在普通术语学(ATL)、知识理论(WL)和知识技术(WT)中,符号是在最广泛的意义上使用的。它还包括图形,例如,"图形符号"(Bildzeichen)(见Ⅰ3.3.5)。

2.5.5 符号句子

在知识理论(WL)中,符号构成物是带着符号句子的,因此,在符号层次上它是与普通术语学(ATL)中的对应物有区别的(见Ⅰ4.4.1)。尽管这个句子是由符号组成的,但是在思想层次上,它产生的不是分散的概念,而是以最简单的形式表达出了一个概念复合体(Begriffsverbund),其中,主语概念和谓语概念通过句子纽带相互连接成了知识单位(见Ⅰ4.5.2.3.1)。复杂些的符号构成物足以变成一篇专业文本(见Ⅰ4.4.5)。

一种符号具有一种含义(Bedeutung),一个符号句子具有一种意义(Sinn)。

2.6 信息科学

信息科学是有关信息本质的学说,即研究信息数据及其载体的学说。它们研究信息对象、信息内容和信息符号,更确切地说,它研究数据对象、数据内容与数据符号的对应关系,即研究数据的描述、对数据的利用整理、理解、储存和复述，也就是研究资料的加工处理及其修订。信息是抽象的，数据是具体的。就像普通术语学一样，信息科学是跨学科的，也就是说，一方面，它融合了其他专业领域的知识，另一方面，它又是每一个专业领域的组成部分。信息科学（Informationswissenschaft）是与计算机科学和信息处理（Informatik）有区分的。计算机科学研究的是计算机及其程序的理论基础，而信息处理研究的是计算机在少数知识领域和专业领域中的应用。

3. 普通术语学

每一门学科都有其特殊的方法学说,它建立在逻辑学的普通方法论(科学学说的一部分)基础之上。方法论是有关方法的理论。就方法本身而言,它是为解决我们在理论和现实中遇到的问题提供指南的。方法中的一个重要部分是思维方法,我们在本书中会详细介绍。理论思维的目的在于获取知识,在于描述事态,而并不过多地去考虑这种知识在实践中是否能够得到运用。与此相反,实际的思维瞄准的是实际目标,它瞄准的是如何进行应用。

对于在 20 世纪 60 年代出现的术语科学来说,普通术语学构成了它的一个分支,它研究的重点是术语的基本原则和方法。特殊的术语学学说(die Speziellen Terminologielehren),构成了术语科学更深入的分支,这些学说是由具有专业特殊性的、涉及术语原则和方法的学说组成的。普通术语学和特殊术语学说之间的关系就如同科学学说(*Wissenschaftslehre*)和专业科学之间的关系一样,这些专业科学指的是应用科学。

普通术语学是由 1977 年谢世的奥地利学者、工程师和企业家欧根·维斯特创立的(FELBER 1977)。维斯特的主要贡献是他孜孜不倦地致力于术语学的奠基性工作。这些工作在 18 世纪首先由少数几位研究者、学者和科学家发起,然后由专业组织中的术语委员会继续下去。在国际层面上,术语学工作主要着重于制定普通的原则和方法,这些原则和方法对于所有的专业领域都适用,并且配有西方国家的所有语言。维斯特在1931年出版的基础性著作《技术中的国际语言标准》(*Die internationale Sprachnormung in der Technik*)(WÜSTER 1970a),从1936年到1939年,曾是"国家标准协会国际联盟"(ISA)(Internationale Bund der nationalen Normenvereinigungen)(WÜSTER 1951)制定术语基本原则的依据。从1952年起,这项工作由国际标准化组织(ISO)(Internationalen Normungsorganisation)承继,直到今日,它的专业委员会"ISO/TC37术语(原则和协调)"还在负责着术语原则和方法标准的制定工作(FELBER 1979)。在过去的50年里,在维斯特的家乡奥地利的维瑟尔堡(Wieselburg)(在那里坐落着他的冷轧车间和锯木工厂),人们把他撰写的关于术语研究和术语工作实践的文献资料收集了起来,维斯特生前在那里为术语学建立了一个研究中心,它作为术语学工作的国际枢纽而闻名于世(LANG 1958)。与术语学有关的特殊原则和方法,早在一百年以前,就已经由国际专业组织(由植物学家、动物学家、化学家、医学家组成的专业组织)着手制定了。到了20世纪初,就标准而言(这些标准几乎已经渗透到了科学和技术的所有领域),主要缺乏的则是术语学工作的普通原则和方法。在20世纪,这个漏洞却通过维斯特不懈的努力和辛勤的劳动而填补上了(FELBER/LANG 1979)。从1950年起,维斯特在国际标准化组织(ISO)中,成为制定国际术语基本原则工作的组织者和倡导者。

尽管在许多基础性的具体学科中,维斯特为术语工作提出了解决办法(他对500项工作发表了自己的看法),但是从总体上看,与其他个体化的科学工作相比较,维斯特更偏爱委员会中制定术语学基本原则的集体性工作。

维斯特为国际标准化组织（ISO）和"德国标准化研究所"（DIN）的术语学委员会（这些委员会从事着基本原则和方法的制定工作）所制定的标准，一直是供讨论使用的基础性建议和推荐性标准，这些标准都是在他研究所的支持下，他自己所从事的研究工作的成果（FELBER，1998a）。20 世纪 70 年代初，维斯特才开始着手为术语基本原则的标准化进行独立性的理论研究，这些成果后来归纳整理成了一份手稿，维斯特在维也纳大学语言学学院开设的讲座《普通术语学和术语词典编纂学导论》(*Einführung in die Allgemeine Terminologielehre und Terminologische Lexikographie*)就是以这份手稿为基础的（WÜSTER 1979）。依据他的观点，普通术语学是一门跨语言科学、本体论、逻辑学、信息科学和具体科学（Sachwissenschaften）的边缘学科（WÜSTER 1974），因此，它是跨学科的。

在本书第一部分的第 2 章节，我们对每一基础知识领域都做了简单介绍，普通术语学（ATL）和它们有着密切联系，并且也利用了这些领域的知识成果。

我们接下来将尝试着阐述普通术语学是以哪些理论为依据的。它们是一个知识领域系列，特别是对象客体学（Gegendstandslehre）、逻辑学、符号学和信息科学。普通术语学并没有把这些知识从它们原来的领域中直接照搬过来，而是结合了它本身的需要。

近十年来，普通术语学又有了新的发展。

普通术语学（ATL）的核心领域包括：

——对象客体学（Gegendstandslehre）

——概念理论（Begriffslehre）

——符号学(Zeichenlehre)

——对象—概念—符号对应关系的学说(die Lehre von der Zuordnung Gegenstand-Begriff-Zeichen)

——术语编纂(die Terminographie)

——信息科学(die Informationswissenschaften)

——术语工作在具体科学领域中所获得的经验。

下面就详细描述一下上面提到的普通术语学的几个领域：

3.1 对象客体学

对象客体学研究的是对象客体世界的构成物，在普通术语学(ATL)中，它研究的是简单的对象客体构成物(对象客体、特性)，在知识理论(WL)中，它研究的是一种对象客体复合体构成物(见IV 3.3)。对象客体学研究对象客体的本质、类型、它们之间的空间和时间关系，更确切地说，它研究对象客体组成部分之间的关系、对象客体系统、对象客体连接、组成部分描述和组成部分的确定、对象客体关联体(Gegenstandszusammengehörigkeit)，等等(见I 4.2)。

3.1.1 对象客体

对象客体这个概念在哲学的不同体系中有着不同的外延，有的外延很严格，有的外延则很宽泛。作为"物"(Ding)的对象客体是一个"存在者"(*ein Seiendes*)，它的特性和关系也是如此。因此，对象客体同概念一样处于普通术语学考察的核心位置上。然而，所有涉及形而上学和世界观之类的问题，例如存在(Sein)的意义和本质,在普通术语学的研究中则不予考虑。因为,这些基本问题只对术语学的哲学基础有影响,在本书的第三部分,我们再对它们进行阐述。

人类生活在一个由思想、感觉和感性知觉组成的世界里。他被那些引起其思想、感觉和感官印象的对象客体所包围着。这些对象客体是客观的,它们独立于个体的人之外。

对象客体学研究的是对象客体本身,与此相对,不同的知识领域和专业领域研究的则是属于本领域的对象客体,例如物理、化学、矿物学这些领域的研究对象客体等。

在普通术语学(ATL)中,对象客体是来自现实(Wirklichkeit)(Realität)或者观念(Gedachtseins)(Idealität)的一个片段。对象客体是以一大堆特性的形式呈现在我们面前的。它从来不是分离的,而是镶嵌在对象客体世界之中的。

对象客体世界是一个由各种特性所组成的关系而构成的整体,它们浓缩成各种对象客体。它们划分为:

——观念(idealen)(gedachten)对象客体

——现实(realen)(wahrnehmbaren)(可感觉到的)对象客体。

思维和对象客体构成了一个统一体。不存在着没有对象客体的思维,也不存在着没有思维者"我"的对象客体,这正如物理学中观察者和观察构成一个统一体一样。只有理想状态的对象客体才可能是完全一致的。所以,"等量齐观"只有在理想对象客体的世界中才是可能的。

3.1.1.1 特性

对象客体是由特性(要素)组成的,这些特性和要素有助于在对象客体之间进行相互区分。一个对象客体的特性可能是:形状、颜色、强度、储藏量等。形状、颜色等本身是与对象客体有关的,与此相反,储藏量(譬如矿物)则是一种与另一种对象客体(譬如与发现地)相关联的特性。

3.1.1.2 物质对象客体——形式对象客体

我们可以从不同的角度去研究同一种对象客体(物质对象客体),就如同我们在实际科学(物理、化学、心理学等)中所进行的那样。在这种情况下,研究中相应专业领域所使用的,一直只是这个对象客体特性的一部分集合,例如,煤就是地质学、冶金学、化学等的研究对象客体(见Ⅰ3.4.2.3模型6)。一个物质对象客体特性的这一部分集合,人们称之为形式对象客体。因此,一个物质对象客体可以由不同的形式对象客体(特性集合)的交叉重叠部分组合而成。这些形式对象客体也有一个实在($Dasein$)。

可以从同一对象客体(物质对象客体)中挑选出不同的特性而形成一个概念,这些特性是相互等效的,并且能够导致等效概念的形成(见Ⅰ3.4.2.3模型2)。

一个对象客体集合的特性可以是共同的,也就是说,它们有一个相同的形式对象客体。这个相同的形式对象客体是一个逻辑构成物与这个对象客体进行对应的基础,也就是一个概念与之对应的基础。用这种方法,概念和形式对象客体之间的对应关系也就建立了起来。然而,在思维中,这个概念代表的并不是由单个对象客体所组成的集合(物质对象客体),而只是代表着这些对象客体的一个相同的片段(形式对象客体)。这在中世纪的经院哲学中,导致了有关这种形式对象客体现实性问题的争论,在哲学中它们冠以共相争论($Universalienstreit$)的名字(见Ⅰ2.4)。

3.1.1.3 对象客体的划分

对象客体能够依据"实在"(*Dasein*)或者"这样在"(*Sosein*)进行划分(HESSEN 1950,3:33—41)。依据"实在"(*Dasein*)进行划分,也就存在着现实的(*reale*)和观念的(*ideale*)对象客体(HESSEN 1950,3:55、56)。

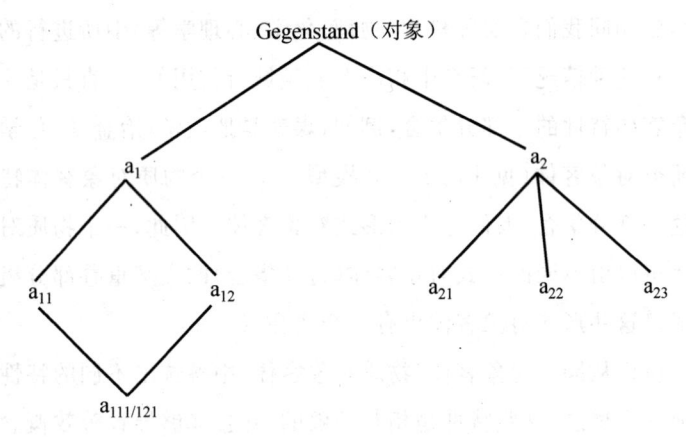

```
                  Gegenstand（对象）
                 /              \
               a₁                a₂
              /  \              / | \
            a₁₁   a₁₂         a₂₁ a₂₂ a₂₃
              \  /
             a₁₁₁/₁₂₁
```

a_1 **现实对象客体**:这种对象客体是借助于外在或者内在感官的感知觉而被领悟的。

a_{11} **意识现实的(意识内在的)对象客体**:这些对象客体构成了意识的内涵,譬如,精神过程的内涵、想象、喜悦或者痛苦的感觉。

a_{12} **意识超验的(超越感官/超越感性直觉的)对象客体**:这些对象客体不具有意识现实性表现。例如,"康德的自在之物"(das Ding an sich von Kant)这句话就不具有意识现实性表现。

$a_{111/121}$ **具有意识现实性同时又具有外在现实性(固有的—超验的)的对象客体(现象)**:超验的对象客体,它引起一种具有意识现实性的现象:一个我所感知到的对象客体,作为感知觉的内涵,在我这里已经存在。像这样的对象客体存在于我的意识之中。

但是,它何时在我的意识里出现,则取决于外部情况。

对象客体是通过它的作用而引起感知觉的。感知觉的内涵存在于理解当中。例如:在我的花园里被我感知觉到的苹果树。

与此相反,一个在梦中经历的对象客体虽具有意识现实性,但它不是超验的,它具有的是外在现实性。

a_2 **理想/观念对象客体**:这些对象客体是没有空间、没有时间也没有原因的。它在感官上无法觉察到,而只能直接通过精神体验才能领悟到。

a_{21} **逻辑对象客体**:是那些从逻辑现实中来的对象客体,譬如,对象客体"«概念»"。

a_{22} **数学对象客体**:是从数学现实性中来的对象客体,譬如,数字、几何图形等。

a_{23} **价值对象客体**:是来自伦理世界的对象客体,譬如,合乎道德的戒律。

依据这样在(Sosein),对象客体可以划分为具体的对象客体或者抽象的对象客体,说得更确切一些,可以划分为个体的对象客体或者普遍的对象客体。事实上,这种划分是与上面的说法相一致的,因为,现实的存在是具体的、个体化的,而理想的存在则是抽象的、普遍的。

理想的对象客体引发的不是感官的感觉。它们是思想/观念(gedachte)的对象客体,也就是说,它们是抽象的。因为,它们是不现实的,它们适用的是永恒的规则。属于这类的对象客体有:逻辑对象客体、数学对象客体和价值对象客体。理性(Vernunft)是认识的源泉。现实对象客体是物质的对象客体或者感觉的对象客体。它们是以感官感觉,也就是以感知觉,说得更确切一些,它们是以经验为基础的。理想对象客体是借助概念区分的,譬如,由对象客体«概念»(见ⅠⅤ2.3.2)就可以构成不同的概念。

思维没有对象客体就不能存在。在科学思维中,人们在考察对象客体时,大多把感知觉排除在外。但是,感觉、知觉本身却可以构成科学思维的对象客体。对象客体的世界,说得更确切一些,由对象客体特性(特性)或者它们之间的关系所组成的世界,在主客观的思维构成物(概念、逻辑句子)中有所反映。主观概念有一个客观的思维内涵,人们把它或口头或以书面方式传达下去,而由此产生了一个客观的概念。同样,主观的句子也有一个客观的思维内涵。

因此,思维一直与对象客体有关。世界上不存在没有对象客体的、空洞的思维。在感觉、知觉当中,情况也是类似。它们也是与对象客体有关。只是感觉、知觉的内涵不像思维内涵或者概念那样清晰明确。它应该和一个感觉、知觉的概念有所区别。在艺术家的表达中,感觉、知觉的内涵是用词语、图形、一幅绘制成的图画、一座雕塑或者以音乐作曲的形式等表现出来的。依据理想对象客体和现实对象客体的这种划分方式,我们可以把科学划分为理想科学或者现实科学。我们把前者分为人文科学和形式科学(Formalwissenschaft),把后者分为自然科学和心理学。

3.1.2 对象客体的构成物

在普通术语学(ATL)特别是在知识理论(WL)中,我们会遇到各种各样的对象客体构成物,在Ⅰ4.2中可以看到这一点。举例而言,如果在普通术语学中,两个或者若干个对象客体连接成了一个新的对象客体,这个新的对象客体就对应上了一个新的概念,譬如,构成了像森林、国家这样的新概念等,这也就产生了新的对象客体构成物(见Ⅰ3.1.6对象客体连接)。

在知识理论中,举例而言,对象客体构成物是某些事态,这些事态对应于逻辑句子或者对象客体造型、对应于逻辑句子的模型(见Ⅰ4.2)。

3.1.3 对象客体自然的或者观念的组成

对象客体可以从自然出发,由部分组成或者想象成它们拆分成了这样的部分。最著名的就是一个对象客体被拆分成形式对象客体和物质对象客体(见Ⅰ3.1.1.2)。然后,同一个对象客体就可以让人们依据不同的科学角度(形式对象客体)进行检查(见Ⅰ3.4.2.3)。在对象客体之间、整体和部分之间或者一个整体的各部分之间都存在着联系。

对象客体的构成可能是:

(1) 理想整体——现实部分。

由感官可觉察的部分组成的观念对象客体。

例如,一个星座(Sternbild)的理想对象客体,它由现实对象客体以单个恒星的形式组成,它们构成了理想对象客体的现实部分。理想整体星座(Cassiopeia)由现实部分组成,由恒星 Segin、Ksora、Cih、Schedir、Caph 组成。

(2) 现实整体——理想部分

由观念部分组成的感官可觉察的对象客体。例如,

a. 现实对象客体"树"划分成:树根、树干、较粗大的树枝、小树枝等。

b. 大陆(现实对象客体)被划分成领土(理想部分)。

(3) 现实整体——现实部分

由感官可觉察的部分所组成的感官可觉察的对象客体。例如,花岗岩由长石、石英和云母等部分组成。

3.1.4 对象客体关系

对象客体学,正如我们所见到的,是本体论的一个分支。但是,它不仅允许研究存在的现象,它还必须研究形成的现象(die Erscheinungen des Werdens)以及发生的现象(die Erscheinungen des Sich-Ereignens)。

柏拉图将其哲学建立在理念存在(Sein)的基础上。他的弟子亚里士多德详尽阐述了形成世界(Werde-Welt)的图景,并使其经年不衰(RIEHL 1949)。理想的和现实的对象客体相互之间可以处理成整体和部分的关系,而后者(现实的对象客体)又具有进一步划分的关系。通过这种方式,出现了一个组成部分阶梯(Bestandsleiter),例如,树干——树枝——细枝。

同样存在着一种在整体的部分之间以组成部分序列(Bestandsreihe)的形式出现的关系,例如,(飞机的)机身——翼组——推进装置。

在一个有着至少两层组成部分阶梯关系的整体中,组成部分也可能呈现出一种对角线关系。

两个或者若干个现实对象客体,在空间上可以并行、彼此重叠或者先后排列。一个对象客体也能穿透另一个对象客体,例如,X-射线就可以探测出在一个工件中,一个对象客体是位于另一个对象客体之中的。也就是说,对象客体可以通过各种各样的方式而在某种关系中存在。这种关系,在逻辑层次上是通过思维构成物表达的(见Ⅰ4.3);在符号层次上,则是通过符号构成物表达。概念间的相互联系不是逻辑概念关系。也存在着这样的对象客体之间的联系,它们促成了与逻辑概念关系有区别的概念间联系的形成(见Ⅰ3.2.2.7),这种概念间联系可以通过符号间的联系表达。例如,当在一个主题分类中,钉子、开口销、螺钉占据着共同的分类位置时,情况就是这样的,这些概念之间不存在着逻辑关系。

但是,两个或者若干个现实对象客体也可能在时间上相互跟随。例如,

(1) 前任——继任。

(2) 工件或者原材料——产品。

(3) 家世(父亲——儿子)。

(4) 个体发生(蛋——幼虫)。

(5) 某种物质阶段(例如,铀衰变成铅)。

但是,两个或者若干个现实对象客体也可以相互发生作用。这样的关系,人们称之为作用关系。例如因果关系、工件的加工,等等。这种关系属于发生的现象(die Erscheinungen des *Sich-Ereignen*s)。在生物学中,形成的现象(die Erscheinungen des *Werdens*)处于前沿,而在物理学和化学中,"是"(Sein)存在的现象(die Erscheinungen des Seins)和发生的现象占据着主导地位。

3.1.5 对象客体系统(组成部分系统)

以前面提到的各种关系为基础,我们可以创建起组成部分系统和对象客体系统。这些系统都不是概念系统,因为系统中的关系是处于对象客体层次上的。概念只是间接地拼合到这个系统上

的。它们与概念系统有区别。然而,在思维层次上,对象客体关系又必须通过思维构成物(概念间的联系)才能得到表达。

3.1.5.1 对象客体分类

对象客体分类是一种借助于概念所代表的对象客体,依据概念的相似关系而进行的分类。在这里,概念代表着物质对象客体,它可以通过不同的特征集合(特征的组合)而属于不同的概念系统。对象客体分类也称之为对象客体系统。

3.1.6 对象客体连接(一体化)

两个或者若干个对象客体能够合并成一个新的对象客体。这种合并,依据维斯特的观点(1979),称之为"联取"或者"一体化"(Integration)。例如,

砖的一体化出现了一堵墙。

两个氢原子和一个氧原子的"联取"形成了水分子。

一体化是人们常见的,在技术、经济、化学、地理学和其他学科中都普遍存在。"一体化"能够造成一个感官可觉察的对象客体(譬如"墙")或者一个感官不能觉察的对象客体(譬如"森林"、"国家")的产生(见Ⅰ3.1.3)。由这些对象客体可以建立起描述其内涵的概念。

举例而言,«墙»(对象客体)的组成部分或者概念‹墙›的组成部分都可以得到描述,这两种描述(见Ⅰ3.1.7和Ⅰ3.2.2.5)在术语工作中,都是很重要的。

3.1.7 组成部分的描述或者对象客体关联体的描述及其无语词的描述

属于某一组成部分的对象客体可以借助部分的对象客体符号加以描述，或者通过无语词的符号加以说明。

对象客体可以是同属的(属于同一个整体)，或者把它看成是在拓扑学意义上的、按时间顺序排列的以及按功能排列的关联体。

这种关联体，可以在符号的水平上得到描述，或者用一个图示的形式加以说明。

(1) 如果由对象客体所组成的集合在空间上的编排，可以使这些对象客体形成或者被设想成是一个整体，那么我们谈论的就是对象客体拓扑学意义上的关联体。这种空间上的编排是可以限定或者规定的。

一个以自然状态编排的例子(金属学)(Metallkunde)：一个由铁制成的金属栅栏。

一个限定编排成的例子：星座。尽管每个恒星在天空中有一个相对固定的位置，我们还是把它们拼合成了星座。我们也可以用另外的方式把它们拼合在一起。

再如，一个建筑物其建筑组成部分的编排。

(2) 如果一群对象客体在关系上是或者被设想成是依照时间顺序相互联系的，那么就存在对象客体的按时间顺序排列的关联体。

例如：树——苹果

一个人的家谱

57

(3) 如果对象客体在相互关系中可以是或者可以想象成是依据它们的功能排列的，那么就存在对象客体的功能关联体。

例如：发动机零件的作用原理

某身体器官的作用原理，例如消化系统的作用原理。

3.1.7.1 组成部分的描述及其限定

我们可以对一个组成部分进行描述或者进行规定。一个组成部分的描述由对象客体符号（通过«»标明）组成，同时附有此组成部分对象客体所在整体的对象客体符号总体的说明。例如，«牙»由«牙冠»、«牙颈»和«牙根»组成。

组成部分的限定，是由带有对组成部分对象客体所在整体的对象客体符号总体说明的对象客体符号组合而成，其中，涉及组成部分在整体中的位置。例如，«牙»由«牙冠»、«牙根»和«牙颈»组成，«牙冠»位于«牙»的上部顶端，«牙根»位于它的下部末尾。

组成部分的位置也可以在一张示意图中得到描述。组成部分的限定（Bestandsbestimmung）可以通过断定（feststellen）进行，但是也可以通过规定（festlegen）实施。

下面化学中的这个例子，表明了要在组成部分的描述和组成部分的限定之间作区分的必要性：

丁烷（$CH_3.CH_2.CH_2.CH_3$）和异丁烷（$(CH_3)_3CH$）的组成部分是由相同的原子构成的，然而，它们的分子结构却是不同的。人们称这种情况为同分异构现象。二者都有总分子式 C_4H_{10}，但是，它们的结构形式是不同的：

丁烷 $CH_3.CH_2.CH_2.CH_3$

结构形式

```
    H   H   H   H
    |   |   |   |
H—C—C—C—C—H
    |   |   |   |
    H   H   H   H
```

异丁烷 (CH$_3$)$_3$CH

结构形式

```
        H
        |
    H—C—H
        |
    H   |   H
    |   |   |
H—C—C—C—H
    |   |   |
    H   H   H
```

总分子式是一个组成部分的描述,结构形式是组成部分的限定。丁烷和异丁烷是不同的对象客体,但是,它们的组成要素(原子)有相同的数量。因此,二者总分子式是相同的,都是 C$_4$H$_{10}$。

一个组成部分的描述也可以通过对组成部分的说明和通过组成部分在整体中的安排形成。例如,«船首»:一条船的一部分,它位于船的前部。

3.2 概念理论

3.2.1 概论

概念理论研究的是思想世界的简单构成物,它研究概念和特征。知识理论(WL)研究的是思想世界错综复杂的构成物,它研究的是知识构成物(见 I4.5.2.3.1)。概念理论是普通术语学理论(ATL)最重要的组成部分之一,因为,术语工作的出发点就是概念。

概念理论研究的是概念的本质和形成,研究概念特征的类型、概念的内涵和外延、概念的描述(也称为"定义")、概念间的比较和相互适应、概念关系和概念系统以及概念连接等。它也研究思维构成物。

概念理论是逻辑学的一个分支(见Ⅰ2.2),它研究概念的本质。逻辑学,研究逻辑句子、概念和推论,研究基本的思维构成物。逻辑学把逻辑句子放在中心位置,逻辑句子由连接起来的概念构成,它们(概念)借助于句子纽带(连接要素)而构成句子的成分。在普通术语学理论中,概念是重点。判断(逻辑句子)叙述的是一些有关现存事态的东西,而概念则是对对象客体思维上的,即抽象的、思想上的描述。它是在没有事先对它作任何说明的情况下,依据它是什么而把握一个对象客体的。概念是领会和描述对象客体的工具和手段。它对应于一个对象客体,并且借助于一个与之对应的符号(概念符号或者语音符号)而得到表达。从古希腊罗马时代的哲学开始至今,在哲学或者心理学中,概念一直是人们深入研究的对象客体(HORN 1932,J. HOFFMANN 1986,SCHWARZ 1983)。

专业交流与非专业交流的不同,主要取决于交流是否需要精确性。因此,专业思维要求概念具有单义的确定性。在非专业交流中,人们也会谈到概念,然而在那里,人们没有对概念的内涵(特征的总和)进行精确的规定,不同的人对概念内涵的理解也会有所不同。当然,同一个人在确定的时间内,对概念的理解应该是一样的。非专业的概念,它们与各自的语境相适应,与此相反,专业概念却"捆绑"到了一个概念系统上,只要相应的对象客体——概念之间的关系没有变化,在每一种专业交流中,这种关系就会保留着,而不会更改。这种对应关系的变化可能是一种新认识的结果,由于这种认识而造成了概念的变化。如果与这个概念对应的概念符号不同时发生变化的话,就会产生多义性。

20世纪30年代以来,对于概念这个话题存在着激烈的讨论。参与讨论的,不仅有逻辑学家,而且还有各学科的专家、语言学者和语言教师。首当其冲的则是那些从事术语学开创工作的研究者。讨论的目的,是想为对象客体«概念»找到一个统一的内涵描述(FELBER 1986,KOCOUREK 1965,OZEKI 1987)。

遗憾的是,在这一讨论中人们没有考虑到的是,如果从不同角度出发(譬如从组成部分的描述、从内涵的描述的角度出发),思维对象客体概念,可能会有不同的内涵,而这些内涵都是合理的(见Ⅳ2.3)。同样令人感到遗憾的是,在这一讨论中,人们也常常忘记要把概念理论与语义研究(*Bedeutungslehre*)进行区分(见Ⅰ3.2.2.5.8)。语义研究是语言学的一个分支,它是从语言符号出发,并考察语言符号的含义。甚至还有一些语言学者,他们完全不接受‹概念›这一概念(WIEGAND 1979:129)。他们只愿意容忍"含义"(Bedeutung)的存在。

对于术语学基础理论而言,概念理论扮演着一个特殊的角色,它构成了普通术语学的核心部分。在术语学中,下面这点说明具有根本性的意义:普通术语学是一个与概念相关的研究分支,因此,它和与语言符号相关的研究分支是有区别的,后者主要是语言学者和语言教师所从事的领域。很长一段时间以来,在语言学者和语言教师那里(甚至在行业专家那里)盛行着这样的观点:术语问题主要是语言问题,而不是概念和对象客体相对应、相匹配的问题。甚至像维斯特和洛特(LOTTE)那样伟大的术语学研究者,也是逐步摆脱以语言学研究为导向的研究方法的。逻辑学家和认识理论家，像博琴斯基(BOCHENSKI 1965)、维特根斯坦(WITTGENSTERN 1963)等，也认为在语言分析中对"含义"进行确定很重要。通用语言(标准语)(die Gemeinsprache)有很大的缺陷，这一缺陷首先在专业交流中显露了出来。这主要是因为语言标准化不够完善造成的。一种语言的语义标准化，一方面涉及语言符号和它们所标明的事物之间的关系；另一方面，也涉及相应的思想(概念、陈述)和语言构成物之间的关系，通过这些语言构成物(词语、陈述句)，我们对这些思想作了表达(KLAUS 1970)。简而言之，语言构成物的多义性，一方面是词语多义性的结果；另一方面也是句法引起多义性的结果。不同的多义性相互重叠起来，这就是为什么语义网络和人工智能的语言学方法，在解决专业交流问题时不太容易取得成功的原因。在逻辑学当中，人们尝试着使用逻辑方法去解决多义性的问题。遗憾的是，在连带解决概念——对象客体的对应关系的问题上却未能取得成功。然而，通过这种逻辑方法，在不考虑概念——对象客体对应关系的情况下，符号和概念之间"唯一单义"(eineindeutig)的关系却建立了起来。普通术语学的方法在建立这种关系时功不可没，因为这种方法是从概念出发的，概念一方面与一个对象客体(或者形式对象客体)相对应；另一方面它也对应于一个符号。

3.2.2 概念

正如我们在Ⅰ2.2.2中看到的那样，逻辑学研究的是思维构成物。概念是一个简单的思维构成物。因此，概念理论在与逻辑学的关系上是直接的。这也相应地与普通术语学的需要相吻合。

在认识理论中,存在着复合成的思维构成物(见Ⅰ2.3)。

3.2.2.1 概念的本质

概念是一个基本的思维构成物,这个思维构成物与一个对象客体相对应,并在思维中代表着这个对象客体。

3.2.2.1.1 围绕概念描述所作过的努力

正如我们在上面所看到的,我们必须对对象客体«概念»和概念‹概念›进行区分。对象客体«概念»可以从不同的角度进行描述。而每一次都要考虑到这个对象客体的不同特性(见Ⅳ 2.3.2)。

前面已经提到,在历史上存在过有关概念的大讨论。一批研究术语学的著名语言学家都曾对‹概念›的描述付出过辛勤劳动。下面是几个代表人物:阿赫马诺娃(AHMANOVA 1966),德罗茨/赛比克(DROZD/SEIBICKE 1973),哈佛纳奈克(HAVRANEK 1932),霍莱斯基(HORECKY 1956:43),坎德拉基(KANDELAKI 1970),科库莱克(KOCOUREK 1965),库雷巴金/克里默维斯基(KULEBAKIN/KLIMOVICKIJ 1970:19—20),雷克雷尔克(LECLERC 1984:101—103),列弗尔马特斯基(REFOREMATSKIJ 1961),鲁登尼(ROUDNY 1975:67),雷伊(REY 1979),舒尔策(SCHULZE 1978:173)。

专业领域中的术语学研究者也参加到这一先驱性的工作中来了,有两个著名人物:洛特(LOTTE)(KULEBAKIN 1968:21—24)、维斯特(WÜSTER 1970a:11;1959/60:184;1979:7)。

另一组人物,主要是以分类学研究者和信息学专家为代表,他们致力于对‹概念›的解释性工作。下面是一个杰出的女分类学家:达尔贝格(DAHLBERG 1974,1976:87,1985)。另外还有:逻辑学家,康德(1781),弗雷格(FREGE 1982),埃德曼(ERDMANN 1922),认识理论家、心理学家 J. 霍夫曼(J. HOFFMANN 1986)。那些在理论上研究概念的学者,尤其是哲学家,在霍恩(HORN 1932)和施瓦茨(SCHWARZ 1983)的著作中有所介绍。

在国际层次和国家层次上,人们也为对‹概念›进行统一描述而作出了不懈努力,下面是一些组织：

——国际标准化组织(ISO),TC37"术语学(基础和协调)委员会"(1956,1969,1988)。

——DIN 德国标准化研究所,"术语委员会(原则与协调)"(1986)。

——ÖN 奥地利标准化研究所,FNA 033"术语委员会(原则和协调)"(1988)。

——ISO/TC 37 加拿大术语委员会

——术语捷克斯洛伐克中央委员会(CSUTK)(HORECKY 1964:192)。

经院哲学的逻辑认为,概念所具有的最重要的特征是:它是现实本质的反映,现实的本质是隐藏在所有同类的个体当中的,这种本质是相同的和恒定不变的,具有普遍性。

3.2.2.2 概念和对象客体

在我们着手对‹概念›的内涵、功能和组成部分进行限定之前(这是术语学的任务),我们必须先仔细研究一下‹概念›的本质。‹概念›是一种思维活动的结果,这个思维活动是一个心理过程。思维导致了一个思维对象客体‹主观概念›的产生。‹主观概念›通过其内涵,通过语音符号或者图示符号(文字符号、图形符号、感官符号)而客体化。通过这种客体化,它又成为对其他人来说是‹客观的概念〉。在这里我们没有去考虑一个‹概念›是否代表着现实世界的一个物质对象客体，或者代表着理念世界的一个纯观念的，或者具有思维可能性的对象客体，也就是说，我们没有考虑它代表的是否是一个非物质的对象客体。因此，‹客观概念›是一种思维活动的思维内涵，它对应于一个对象客体。无根据的思维是不存在的。因此，我们必须对三种层次加以区分：符号层次、概念层次和对象客体层次。这些层次中的每一种层次，都有其特有的构成物，它是与另外一种层次的同类构成物相对应的。严格说来，我们关心的是两种层次：对象客体层次和概念层次。依据其本质来说，符号是对象客体，它们代替对象客体或者概念，起到了代表作用。在一个对象客体担负起代表功能之后，它才成为符号（见Ⅰ3.3）。然而，使用三种层次的划分对实现我们的目标则更合适一些。但是，也存在着只是一个对象客体的一部分对应于一个逻辑构成物的情况（见Ⅰ3.4.2.3）。在‹概念›当中可能会是一个对象客体的不同片段（形式对象客体）与不同的‹概念›相对应。

3.2.2.3 概念的描述和分叉链

不同的‹概念›可以视不同的角度分派给（对应于）不同的对象客体«概念»，它们的内涵、功能和组成部分的描述是有区别的。从构成物的角度，‹概念›可以划分成‹主观的›或者‹客观的概念›。‹主观的概念›是一个心理构成物，‹客观的概念›是一个逻辑构成物，它描述相应‹主观概念›的内涵。下面是‹客观概念›的一种划分。

3.2.2.3.1 概念的分叉链

下面展示了概念划分的一种"分叉链"形式。

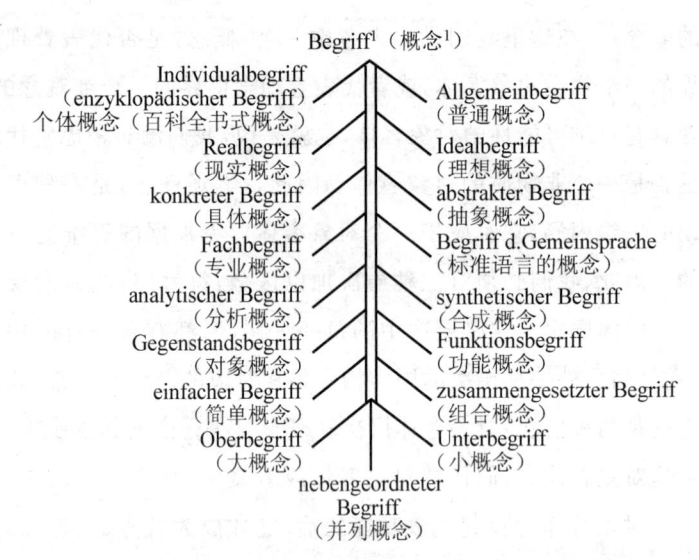

```
       Begriff¹（概念¹）
Individualbegriff          Allgemeinbegriff
（enzyklopädischer Begriff）  （普通概念）
个体概念（百科全书式概念）
     Realbegriff            Idealbegriff
     （现实概念）            （理想概念）
   konkreter Begriff        abstrakter Begriff
    （具体概念）             （抽象概念）
     Fachbegriff          Begriff d.Gemeinsprache
    （专业概念）            （标准语言的概念）
  analytischer Begriff     synthetischer Begriff
    （分析概念）             （合成概念）
  Gegenstandsbegriff        Funktionsbegriff
    （对象概念）             （功能概念）
   einfacher Begriff     zusammengesetzter Begriff
    （简单概念）             （组合概念）
     Oberbegriff             Unterbegriff
     （大概念）              （小概念）
            nebengeordneter
               Begriff
             （并列概念）
```

3.2.2.3.2 概念及其相关联概念的内涵、功能和组成部分的描述

依据上面的论述和分叉链最上面的角，在 IV 2.3.2 中我们对概念的不同内涵或者组成部分进行了描述。

3.2.2.4 特征

特征是一个基本的思维单位，它与一个对象客体的特性相对应。

作为思维构成物，概念层次的特征，对应于对象客体层次上的某个对象客体的特性或者一种事态的某种特性。

特征是概念的砖瓦，它们对于对象客体的排列、对象客体间的比较和识别，对于概念关系的确定，对于概念系统的建立以及以特征符号的形式去构建概念符号都是必不可少的。概念排列和概念系统的结构如何，则取决于我们对概念的这类"砖瓦"如何进行选择。对特征类型的选择（特征概念的大概念）决定了形成的是什么样的概念系统。在概念的特征结构中,概念的描述反映了对象客体的特性结构(见Ⅰ3.2.2.5.3)。

特征是思想要素(*Gedankenelemente*),从概念特征出发,我们建立起我们的思想世界(*Gedankenwelt*),它是由概念和思维构成物组成的(见Ⅰ3.2.2.2"普通术语学"(ATL)或者Ⅰ4.3"知识理论"(WL))。并且它们与对象客体(见Ⅰ3.1.1),或者与对象客体构成物(见Ⅰ3.1.2或者Ⅰ4.2)相对应。因此,我们获得的是有关对象客体世界的知识。

3.2.2.4.1 特征的划分(分叉链)

下面的"分叉链"是对特征的一种划分方法。我们可以依据不同角度,对起始概念(Ausgangsbegriffe)(这里是特征)进行划分。

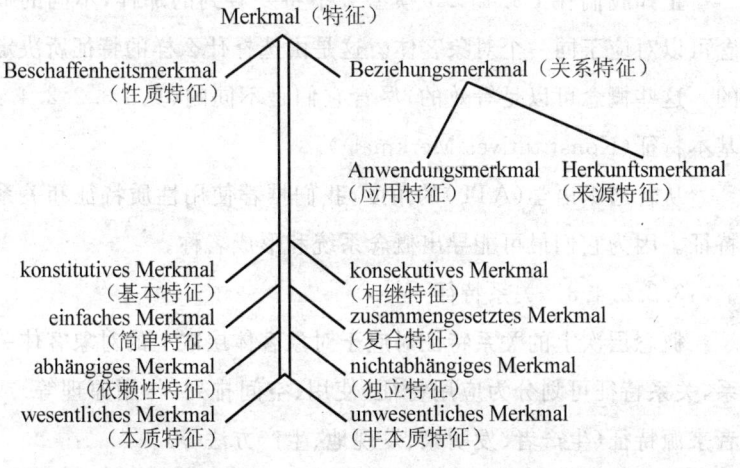

```
                        Merkmal（特征）
                       ╱        ╲
        Beschaffenheitsmerkmal    Beziehungsmerkmal（关系特征）
            （性质特征）              ╱         ╲
                              Anwendungsmerkmal  Herkunftsmerkmal
                               （应用特征）        （来源特征）

        konstitutives Merkmal        konsekutives Merkmal
           （基本特征）                  （相继特征）
        einfaches Merkmal            zusammengesetztes Merkmal
           （简单特征）                  （复合特征）
        abhängiges Merkmal           nichtabhängiges Merkmal
          （依赖性特征）                  （独立特征）
        wesentliches Merkmal         unwesentliches Merkmal
           （本质特征）                  （非本质特征）
```

另外我们还应该说明一下小概念顺序特征(*Ordnungsmer-mal*)和区别特征(*Unterscheidungsmerkmal*)。

3.2.2.4.2 性质特征

在自然科学和技术中,性质特征或者关系特征起着重要作用。

在哲学以及其他科学中应用更多的是本质（*wesentlich*）特征。本质的（*wesentlich*）这种表达可以追溯到亚里士多德，他对本质的（*wesentlich*）的理解与今天的观点有些不同（见Ⅰ3.2.2.4.10）。今天，我们常常把"本质的"与"本性构成的"（*artbildend*）作为同义使用，也就是说，在将"属"（*Gattungen*）划分成"种"（*Arten*）时，严格地说，大概念的特征受到了限制，因此，小概念（种）也就产生了。

在普通术语学（ATL）中，性质特征所起的作用举足轻重。性质特征是概念特征，它们与同一个对象客体的特性相对应。它们一直与同一对象客体有关，而与这个对象客体与其他对象客体的关系无关。这类特征是形状、颜色、硬度，等等。

正如我们在Ⅰ3.4.2.3模型2中将要看到的那样，不同的概念可以对应于同一个对象客体。这是由选择什么样的特征所决定的。这些概念可以是等效的，尽管它们是不同的（见Ⅰ3.2.2.4.4基本特征（Konstitutives Merkmal））。

从普通术语学（ATL）的角度，我们推荐使用性质特征和关系特征。因为它们最可能导出概念系统和形成名称。

3.2.2.4.3 关系特征

概念层次上的关系特征对应于对象客体层次上的对象客体关系，关系特征可划分为应用特征（使用、空间排列、作用原理等）或者来源特征（生产者、发明家、发现地、生产方法等）。

3.2.2.4.4 基本特征

不同的概念可以由同一个对象客体构成（不同的概念可以反映同一个对象客体）。但是，这些概念必须是相互独立的。在这种情况下，就会有特征a、b、c等，这些特征构成了概念A的内涵，它们是内涵的核心,在必要的情况下,还会有特征 r、s、t。如果这些特征有必要连接在一起的话,那么前者就称为基本特征,后者就称为相继特征。例如,

等边三角形(以三角形的"边"为基本特征);

等角三角形(以三角形的"角"为基本特征)。

3.2.2.4.5 相继特征

它们是依赖于基本特征,如上。

3.2.2.4.6 简单特征

它们是不能再进一步拆分的特征。例如,"存在者"(Seiendes)。

3.2.2.4.7 复合特征

在概念中,存在着许多复合成的特征。例如,硬质合金工件

3.2.2.4.8 依赖性特征

概念阶梯中的特征是可以相互依赖的,也就是说,一个小概念的特征是依附于一个大概念的特征的。在这种情况下,依照概念特征的顺序,也使得概念的顺序得到了确定。例如,机床;磨床;最佳磨床。

3.2.2.4.9 独立特征

在概念阶梯的不同阶段,特征可以独立地相继排列。例如,一辆轿车(*Personenwagen*)既是一辆载运人员的车辆(*Wagen*),又是一辆汽车(*Kraftwagen*)。这些特征相互间是独立的。因此,人们可以从大概念车辆出发,建立起两个不同的概念阶梯。

第一阶段:**车辆**(Wagen)

第二阶段:或者是**轿车**或者是**汽车**(*Personenwagen* 或者 *Kraftwagen*)

第三阶段:载客汽车(Personen/Kraft/wagen)

3.2.2.4.10 本质特征

当普通术语学倡导使用性质特征和关系特征的时候,另一些术语学研究者,特别是术语学苏联学派的学者洛特(LOTTER 1961)、坎杰拉基(KANDELAKI 1970)、祖拉耶夫/撒布洛娃(ZURALEV/SAMBUROVA 1985),还有苏联的语言学家,例如阿赫马诺娃(AHMANOVA 1966),术语学布拉格学派的代表科库雷克(KOCOUREK 1965)、德罗茨/赛比克(DROZD/SEIBIKE 1973),女分类学研究者达尔贝格(DAHLBERG 1976)却依从亚里士多德(ARISTOTELES)的观点,推崇本质特征(*wesentliches Merkmal*),这种观点是他们从逻辑学家那里引用过来的。但是,亚里士多德所指的本质特征,是有别于术语学中为描述特性而使用的特征的,下面是几个例子:

苏联科学院术语委员会苏联术语学派的代表(KNTTAN),对概念本质特征的描述如下:

概念:观念(思想),借助于它,对象客体普遍的和本质的特征以及客观现实的现象可以得到表达(从俄文翻译过来)。

本质特征:特征,它表达一个对象客体或者一种现象的确定特性(从俄文翻译过来)。

达尔贝格(DAHLBERG 1976:90)将特征划分为两种类型:

——本质特征(*essentielles Merkmale*)(根本的或者必不可少的)

——偶然特征(*akzidentielles Merkmal*)(非本质的或者补充、附加的)

此外,这些学者将本质特征区分为本质基本特征(wesenskonstitutives Merkmal)和本质相继特征(wesenskonsekutives Merkmal)。

亚里士多德在思考本质(Wesen)时,有些形而上学色彩。他的形而上学的基本观点是:在由来自经验的事物所组成的世界中,存在着一个依照种(Art)进行排列的严格秩序。在所有同类的个体中,一个现实的本质隐蔽地存在于明显的特性之中,这个本质在所有的个体中都是一样的,它不会经受任何变化。

在现象学中的本质(das Wesen)则完全是另一回事(HUSSERL 1901)。对于现象学家而言,对象客体的本质(das Wesen)可以看成是精神上(geistig)的。现象学中的本质把存在(die Existenz)(实在(das Dasein))和所有的偶然性排除在外。

依据经验主义的观点,本质(das Wesen)是相对的。从某种观点出发,对于一个对象客体来说是本质的东西,对于另一个对象客体来说,可能就是非本质的。大多数术语学家也认为这一点很关键。

因为,概念的内涵是特征的总和,它对于一个特性集合、对于一组对象客体的每一个对象客体而言都是共同的,因此,依据经验主义的观点,我们没有必要去谈本质的特征。要么这些特征属于与这组对象客体的形式对象客体(特性的共同集合)相对应的概念,要么不属于。如果我们从一个对象客体出发去形成不同的概念的话,"本质特征"(wesentlich)只可能是那些与一个确定的对象客体片段的特性相对应的特征,从与这个对象客体片段的特性相关的角度上看,它们是本质的(wesentlich),而与对象客体其他特性相对应的特征上看,它们则不是本质的。

3.2.2.4.11 非本质特征

非本质的特征(unwesentliches Merkmal)指的是那些与一个

对象客体的特性相对应的特征,但是它们不是从形成对象客体的角度上选取的。

3.2.2.4.12 顺序特征

顺序特征(Ordnungsmerkmal)指的是用来建立概念系统的这样一些特征。在形成小概念时它与区别性特征的大概念有关。顺序特征也称为特征类型(Merkmalart),在逻辑学中,称为划分依据(Einteilungsgrund)。

3.2.2.4.13 区别性特征

区别性特征(Unterscheidungsmerkmal)指的是某个特征类型中的特征,它们对一个概念进行限定,由此形成了这个概念的小概念。同一概念等级的区别性特征必须是相互排斥的。

3.2.2.4.14 作为知识要素的特征

在自然科学和技术当中,概念的特征可以转变成一种事实,也就是说,它们可以转变成一个对象客体的特性,这种特性在科学上是可验证的。在通用语言(标准语)中,我们使用诸如高、重、亮等这样的概念特征就足够了,与此相反,对于科学语言而言,对于譬如高度、密度、重量等概念特征,则要求有进一步精确的和可检验的说明。为了便于进行比较,描述某一事实的特征中,应该带有诸如"高度——12cm,密度——630N/mm^2"这样的说明。通过这种方式,特征概念就变成了用逻辑陈述表达的谓语概念,例如,要表达某种确定的钢这种对象客体,就说,这种钢能抵抗630N/mm^{2}的拉应力。

事实是知识单位的知识要素,这个知识单位通过逻辑陈述得到表达并且得到证实。在这种情况下,某种事态就确定下来了,它不仅是合乎逻辑的,而且也是符合本体论意义的。逻辑句子(见Ⅰ

4.3.1),是与某种具体事态相对应的。

3.2.2.5 概念的内涵和外延

概念是思维构成物,它借助陈述,是由其内涵和外延来确定的。

3.2.2.5.1 概念的内涵

一个概念借助于对其特征集合(基本概念)的说明而得以描述或者确定。从总体上看,我们把特征集合称为概念内涵(*Begriffsinhalt*)。词语内涵(*Wortinhalt*,一个词语的含义)与概念内涵之间的界线并不是很清晰。词语内涵在言语(句子)中,其范围界限得到了清晰的界定。

3.2.2.5.2 概念的外延

概念的外延是通过对同一抽象层次上小概念的总体进行列举而对一个概念进行限定的,这些小概念直接位于相关的概念之下。

3.2.2.5.3 对概念内涵或者外延的描述

概念在感官上是不可觉察的。为了表达出一个概念,人们规定出概念的内涵(见Ⅰ3.2.2.5.1)。如果人们想知道它们的范围,也就是说,如果我们想知道有哪一些概念包括在内了,我们就需要利用概念的外延(Begriffsumfang)(见Ⅰ3.2.2.5.2)来进行判断。

下面给出的是一个带有内涵描写的概念描述或者无语词(Wortlos)的概念描述。

这些概念的描述,在Ⅳ2.3.6中可以找到。

3.2.2.5.4 概念内涵的描述

与定义有区别的是,概念内涵的描述(描写)不是陈述。要描述的概念内涵的特征总体,放置在了要描述的概念的对面。在这里,不允许使用句子纽带。在普通术语学中,冒号(:)是作为表示概念和内涵说明(特征)之间对应关系的符号,譬如,"«概念»:思维构成物,它代表着思维中的某对象客体集合的对象客体片段(形式对象客体)或者某个对象客体。"但是,与在逻辑学中位于定义项(definiendum)和被定义项(definiens)之间、为了描述概念内涵而使用的句子纽带符号(=def)相对应,我们也可以在概念和特征的列举之间采用"等于"符号(=),例如,‹概念› = ‹大概念› + ‹起限制作用的特征›(可能不止一个特征)。

与一个对象客体或者形式对象客体相对应的概念,只表达出对象客体或者形式对象客体的存在,而没有像逻辑学中的定义那样去说明,在特征和特性之间的一致是否是真实的。

在科学和技术中,人们应用这样的概念,它们与理想对象客体相对应,在实用专业中,它们能够转变成现实概念,一部分能转变成产品。另外,这些概念必须加以限定,也就是被规定。现实对象客体的特性在产品说明、标准中,通过带有规定作用的句子纽带应该($soll$)而加以限定。下面用一个句子加以说明:«轮毂(die Nabe)»应该是‹10 厘米›。这个句子表达的是:由主语概念表达的对象客体«轮毂»,通过句子纽带应该($soll$),而与概念‹10 厘米›相连接。

由上面可以看出,概念的描述(描写)和定义具有科学的功能。对于实践而言,定义究竟起到了什么样的作用,知识理论和知识技术对此都有所表述(见Ⅰ4.3.1.4)。

3.2.2.5.5 概念的限定(概念的确定)

人们把概念的限定($Begriffsbestimmung$)理解成是对单义的

概念内涵的确定,也就是说,对一个思维对象客体的保留,是借助于特征,通过对一组对象客体的共同特性(或者一个对象客体的特性)的描写实现的。正如在Ⅰ3.1.1.2中指出的,为了构成概念,可以选取一个对象客体的不同特性。由此,就出现了不同的概念。

在非专业语言中,人们采用"概念的定义"或者"概念的解释"这样的表达已经习以为常,尽管只有当人们从语言符号的角度出发,这两种表达才可能获得理解,这种语言符号要具有一种含义(特征领域),还要有一个限制范围(见Ⅰ3.2.2.5.8)。

人们要区分名义定义和现实定义。现实定义与对象客体有关,而名义定义涉及的是符号。举例而言,当一种语言符号被另一种具有相同概念内涵的、常用的语言符号所代替时,名义定义就是已经存在的。在不同语言中,与一种语言符号等效的语言符号,可以到另一种语言中去寻找。然而,在大多数情况下,相互比较的语言符号的概念内涵并不是等效的,而是伪等效。这种等效性只是在某种概念法则下才是有效的。

无论是在逻辑学意义上,还是在语言学意义上,与定义相比,概念的限定从来都不是句子。它是相互连接的特征复合体。因为,概念从来都不是作独立考察的,而是在其嵌入到具有一定结构的概念系统的情况下,从一个直接的大概念的概念构成出发,给这个大概念添加上一个或者多个特征。由此,在直接位于大概念之下的抽象层次上,出现了一个新概念。如果给大概念添加了不同的特征,而这些特征都属于一个共同的特征类型,那么,就会出现一个由并行排列的概念组成的概念序列,这些概念是处于同一概念抽象层次上。由此,小概念中的每一个,也就得到了单义的限定,也就是说,概念系统中概念的内涵也就确定了。

3.2.2.5.6 概念的解释

在概念系统不发达的情况下,常常无法给出一个概念的限定(*Begriffsbestimmung*),因为概念的限定一直受着概念系统的约束。在这种情况下,可以给出的只是概念的解释(*Begriffserklärung*)。在这里所使用的特征是与系统无关的,这些特征彼此之间可以相互重叠。因此,概念的解释对于严格的科学工作来说,则是不合适的。但尽管如此,在专业交流中,概念的解释却承担了重要的职责。概念的解释也构成了专业词典中概念描写的绝大部分。解释是从内涵贫乏的概念出发的:我们假设这个概念是大家所熟知的,并且我们给这个概念添加了大量的限制特征,直到得到预期的概念内涵为止。因为这些特征不是系统化的,而且不属于任何特征类型,所以它们会导致概念的相互重叠,也就导致了概念的不精确。

3.2.2.5.7 概念外延的描述

在概念外延的描写中,概念的外延是通过对小概念进行说明而得到限制并得以描述的。外延是依赖于内涵的。概念外延的描写在自然科学中和技术中得到较多的应用,因为它们更容易操作,也更容易理解。

外延的描写不能代替内涵的描写。从符号学角度看,在外延的描写中,所使用的符号只起到了名称的功能,这一点与内涵的描写不同,因为在后者那里,符号具有含义功能。

分类有三种类型:

——概念分类

——主题分类

——对象客体分类

概念分类中的概念,在本体论的意义上,大部分是与形式对象客体相对应的,即与对象客体的一个片段相对应。与此相反,对象客体分类中的概念是与整个对象客体相对应的。它们是百科全书式的概念。

主题分类中的概念(见Ⅰ3.6.2.2.1),如果把它们与在专业上和对象客体相对应的概念相比较的话,可以在内涵上丰富一些或者贫乏一些。它们也可以由没有结合在一起的个别概念的系列组成。例如,钉子、扁销、螺丝。

特别是在文献汇编或者图书馆专业中,主题分类的使用比较多。关于主题分类,在Ⅰ3.6.2.2主题系统中我们再进行论述。

对象客体分类中的概念在逻辑上常常与形式对象客体有关,但是它们代表的是物质概念。因此,物质对象客体可以多级排列,也就是说,它可以在不同的概念系统中出现。对象客体分类将对象客体归纳成种类(*Klassen*)。

3.2.2.5.8 概念内涵和含义之间的区别

在术语的内涵方面,存在着不同的观点,这在概念和含义(*Bedeutungen*)的区别中有所体现。

概念产生于与某种确定的语言相独立的认识过程中(LANGER 1985:82)。它是逻辑学和认识理论的对象客体。在近几十年里,概念理论作为普通术语学的一个分支建立了起来。

含义是在语言的发展过程中出现的,因此,它们是与某种确定的语言相联系的。对于含义的考察,是语义学研究的对象客体,语义学属于语言学。概念理论和语义学是相似的学科领域。概念是一个认识理论的范畴,含义是具有语言学意义的。对几个专业领域进行的考察表明,在概念—语义学领域中,我们使用最多的是限定的名称。

3.2.2.5.9 概念比较和相互适应

只有等效的概念—对象客体的对应才能避免错误。因为由同一个对象客体可以构成不同的概念(见Ⅰ3.1.1.2),因此,针对不同的概念—对象客体的对应,也就可能存在着不同的概念内涵。所以,在术语工作中,只有使用系统方法,即在专业领域中,利用概念系统进行工作,才可能实现目标。

概念系统的建立,是以概念内涵之间的比较为基础的(见Ⅰ3.2.2.7.3)。通过这种比较,我们就能确定,这些概念是否属于不同的系统。一个对象客体可以属于不同的对象客体分类系统(见Ⅰ3.2.2.5.3),与此相反,对于一个概念而言,在概念系统中只有一个位置。在专业领域中,不同概念的使用(不同概念的出现归因于不同的对象客体分割(*verschiedene Gegenstandssegmentierungen*))给理解带来了很大障碍,尤其在国际交流的层次上。在国际交流中,就科学技术而言,进行概念内涵分析和概念比较是绝对必要的。实践证明,在应用科学和技术中,为了进行知识传播和实现相互理解,概念的相互适应(Begriffsangleichung)是必不可少的。概念的相互适应是标准化的一种类型,它属于普通术语学的基本原则和方法。然而在社会科学领域中,概念的相互适应尽管也很有必要,但是却不太容易实现,因此我们只能推荐使用这种方法,也就是通过说明概念的相似程度,从而朝着概念的相互适应这个方向迈进。随着时间的推移,目前有了一种概念相互适应的方法,我们可以称它为近似的概念相互适应。这种方法在欧洲的职业教育中得到应用(FELBER, GALINSKI, NEDOBITY 1988)。

在不同语言中,同一概念的概念内涵并不完全相符,它们只是具有一个共同的核心,在一种或者多种语言中,同一概念的概念内涵会有所偏离。

在国家层次或者国际层次上的术语标准化中,概念的相互适应得到应用。概念的相互适应,指的是经过概念间的相互比较,使概念得以限定,并使这个概念与它所在的概念系统之间达到统一。

3.2.2.6 概念动力学

概念产生、变化、消逝。概念随着人类对对象客体世界、对现实世界了解的日益加深而不断发展着。在迅猛发展的研究领域和实践领域中,概念的变化比基础学科领域自身的变化要快。这就造成了科学家和技术人员对概念标准化持有不同的态度,概念标准化构成了普通术语学的核心部分。偏好理论的自然科学家以及哲学家、社会科学家认为,概念标准化妨碍了科学研究的进行。而从事实际工作的技术人员却知道,如果没有概念的标准化,他们的技术构思和技术模型要付诸于实践是不可能的。技术人员必须对观念和逻辑模型进行确定,以求塑造出以它们为依据的具体现实。但是,即使在自然科学中,人们也知道,为了传播知识,特别是如果这种知识传播是在国际层面上进行的话,那么概念规范化也是绝对必要的。具体学科中的术语委员会从事的就是这种规范化的工作。对于知识传播(Wissenstransfer)而言,概念的限定也是绝对必要的。要使技术人员对术语标准的理解不出错误,这就只能依靠术语专业标准委员会的工作。因此,这些专业标准委员会需要对概念及其内涵以及符号进行经常性的关注。概念的标准化在大多数情况下,是通过国家水平和国际水平上的概念相互适应而得以实现的。但是,即使是在人类充分开发的研究领域和工作领域中,一个有所控制的概念动力学的存在也是绝对必要的。否则,实现人们之间的相互理解就是不可能的。在此需要理解的是:在确定的时间间隔内,允许概念内涵发生一些变化。尽管这个过程应该是连续的,但是有时候,也必须设定具体的时间点。一个有所控制的概念动力学,也存在于在国际水平上的概念相互适应中,例如,在社会学领域中情况就是这样(FELBER/ GALINSKI/NE-DOBITY 1988)。

3.2.2.7 概念关系

概念通过处于相互的联系之中而得以标明。人们把这种关系称为逻辑关系或者抽象关系。

3.2.2.7.1 逻辑内涵关系

两个概念间的关系可以通过考察它们内涵的类似性来得到,也就是说,在这两个概念的内涵中包含有多少相同的特征。一般来说,它们只有一部分的内涵会是相同的。由此,两个概念的内涵关系存在着三种可能性:

——从属关系或者上级关系

——并列关系

——对角线关系。

(1) 在从属关系中,一个概念具有另一个概念的所有特征或者至少一个特征。人们把这个概念称为小概念(*Unterbegriff*)。这种关系称为逻辑从属关系(*logische Unterordnung*)。在上级关系中,一个概念至少具有另一个概念的一个特征。人们把这个概念称为大概念(*Oberbegriff*)。这种关系称为逻辑上级关系(*logische Oberordnung*)。

(2) 在并列关系中,具有并列关系的概念中的每一个概念,除了具有共同的内涵（大概念）之外，至少还应具有一个更进一步的特征，借助于这个特征，概念之间就可以相互区别了。这些起区分作用的特征属于同一特征类型，因此我们也称这种关系为逻辑并列关系。

（3）逻辑对角线关系（*logische Diagonalbeziehung*）存在于一个内涵更贫乏的共同概念的两个小概念之间，如果这两个概念既没有通过从属关系也没有通过并列关系相互连接的话。

在三个或者更多个概念之间也存在着逻辑关系。人们称之概念阶梯（*Begriffsleiter*）或者概念序列（*Begriffsreihe*）。

在一个逻辑下行的阶梯关系中，如果只存在着逻辑从属关系的话，内涵更丰富一些的概念就跟随其后。在大多数情况下，除了从属关系之外，同时还存在着一个并列关系。

在一个逻辑上行的阶梯关系中，内涵贫乏的概念向上排列。

在概念序列中，具有一个共同大概念的概念彼此并行排列，见上面的并列关系。

3.2.2.7.2　两个或者若干个概念外延之间的关系

两个概念外延之间的关系，可以借助于圆圈描述（HÖFLER 1919）。为了对这种关系进行判断，对概念内涵进行描述是非常必要的。有以下五种可能性：

（1）Umfangsgleichheit（外延相同）

$A = B$

（2）Unterordnung（从属关系）

$A > B$

(3) Überordnung（上级关系）

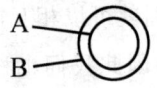

B>A

(4) Umfangsüberschneidung 外延交叉（重叠关系）

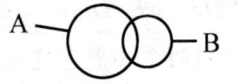

A×B

(5) Ausschließung（排除关系）

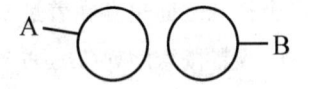

A≠B

在这五种关系中，只有关系(1)，(4)和(5)可以逆转。三个或者三个以上的概念也可以用圆圈进行描述：

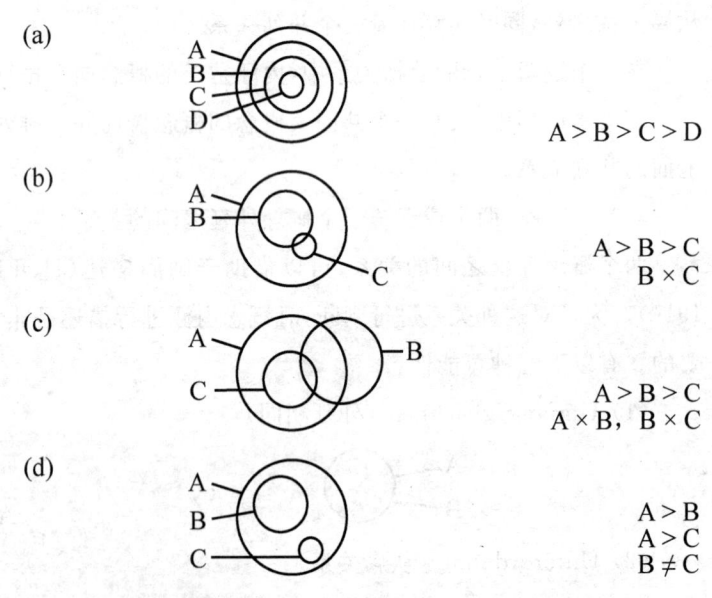

(a)

A>B>C>D

(b)

A>B>C
B×C

(c)

A>B>C
A×B, B×C

(d)

A>B
A>C
B≠C

(a) 具有从属关系或者上级关系概念的序列

(b) 从属关系和简单的交叉重叠关系

(c) 从属关系和双重交叉重叠关系

(d) 从属关系和排除关系

此外,许多其他的组合也可以由这五种基本的外延关系构成。

B 和 C 是 A 的部分外延。它们是并行排列的或者以对角线关系排列的概念。

3.2.2.7.3　两个概念内涵之间的关系

我们已经看到,外延和内涵是相互依赖的。在概念系统清晰地阐明了概念外延的同时,概念内涵也显示了逻辑概念关系。与外延的情况相同,内涵也存在着五种类似的关系,然而,只有上级关系和从属关系是可以逆转的。这一点可以通过下面这张图表来说明,在这张图表中,概念 C 和概念 D 的内涵进行了比较。

Begriffe C und D (概念 **C** 和 **D**)	Vergleich (比较)	Begriffsinhalt (概念内涵)
1 Übereinstimmung C=c1,c2,c3,... D=d1,d2,d3,... (相符/一致)	C = D c1 = d1 c2 = d2 c3 = d3 ... = ... = ...	
2 Überordnung C=c1,c2,c3,... D=d1,d2,d3,d4 (上级关系)	C > D c1 = d1 c2 = d2 c3 = d3 　　d4	

Der Inhalt von C ist weiter (inhaltsärmer)

(C 的内涵更宽泛一些)(内涵贫乏一些)

3 Unterordnung C < D
C=c1,c2,c3,c4 c1 = d1
D=d1,d2,d3 c2 = d2
（从属关系） c3 = d3
       c4

Der Inhalt von D ist weiter (inhaltsärmer)
（D 的内涵更宽泛一些）（内涵贫乏一些）

4 Überschneidung C × D
C=c1,c2,c3,c4 c1 = d1
D=d1,d2,d3,d4 c2 = d2
（交叉关系） c3 ≠ d3
       d4

5 Ungleichheit C ≠ D
C=c1,c2,c3,c4 c1 ≠ d1
D=d1,d2,d3,d4 c2 ≠ d2
（不相等关系） c3 ≠ d3
       c4 ≠ d4

3.2.2.7.4 逻辑主题关系

正如我们已经看到的，对象客体世界是交织成网络状的。

这种网络化在思想层次上是通过概念关系表达出来的。

概念关系可以是很严格的，它为概念系统的建立提供了基础。

当然，也存在着本体论的主题关系（*ontologische themenbeziehungen*），即对象客体关系（见 I 3.1.3）。但从实践角度看，在本体论的主题关系和逻辑主题关系之间常常没有进行区分。

在文献汇编和内容一览表中，在我们对著作进行划分时，在查找文献获取信息时，主题关系都起到了重要作用。

3.2.2.8 概念系统

一般来说，人们认为概念系统是由在关系中相互联系的要素组成的,这些要素在总体上具有某种确定的功能。有逻辑概念系统或者概念分类、主题系统和对象客体分类之分。区别这些系统的因素是各要素相互之间的关系(*das Verhältnis der Elemente*)。

在逻辑概念系统和在主题系统中,要素是概念内涵(特征复合体),在对象客体分类中,要素是借助于概念而得到描述的对象客体种类(Gegenstandsklassen)。

系统对所有这些要素间的关系作了形象化的说明。概念系统担负着这样的任务:一方面,给出了有关某专业领域概念总体的概貌;另一方面,也为一个术语资料汇编中概念位置的排列提供了一个框架。

概念系统是可以扩展的,也就是说,依据概念的外延,系统中确定的位置是与概念相对应的。内涵的描写是浓缩的(intensional)。在每个术语资料汇编中的概念位置上,所描写的是每个概念的内涵。借助于概念图表(*Begriffspläne*),概念系统可以有多种描述类型(FELBER/BUDIN 1989)。这些又构成了特定研究的对象客体,而这些研究又为术语基本原则学说的形成奠定了基础。每一种系统该如何进行描述依赖于它应该完成什么样的任务。因为,几乎每一种专业领域都不是在概念上同质的,也就是说,每一个专业领域都存在着专业交叉的概念,也存在着在一个总体概念系统(*Gesamtsystem*)中不具有固定位置的概念,因此,我们有必要制作一个主题框架,其中,单个部分概念系统是一个整体。当然,单个的部分概念系统以及主题框架一直是变化着的。

迄今为止,在普通术语学中使用的概念图表都是从实践中发展而来的。将来我们有必要将系统论(Systemtheorie)的知识更多地应用到术语工作中来。这种意义越来越重大,因为计算机技术使得复杂的多维度的概念图表的制作成为可能,而采用传统的方法是制作不出来这种图表的。但是,正如我们已经看到的,这些系统只是外延系统,也就是说,系统以内涵最贫乏的概念(它是外延最广泛的概念)为起始点,而结束于内涵最丰富的概念。系统还可以是一个个体概念,它可以代表着现实世界中的任何一个个体。

我们还必须再作一些努力,去制定出不是依据外延而是依据内涵建立起来的概念系统。著名逻辑学家海德(HEYDE 1965)已经指出,一个概念系统的描述不一定必须从外延最丰富(内涵最贫乏)的概念出发。大概念或者小概念的关系是任意的。在这种情况下,内涵丰富一些的概念变成了小概念,尽管依据其内涵,大概念包含在了小概念里,也就是说,大概念是小概念的一部分,在逻辑上,这是一种矛盾(见Ⅰ3.2.2.7.3)。然而,这种描述的优点是,就如同在一张全息图(Hologramm)中一样,系统中的每一个概念都能反映出整个概念系统的情况。每一个概念阶段与更高的概念阶段之间结合成了整体。借助系统论知识,我们可以制成新的概念图表类型。过去,我们不具备从二维概念图表(zweidimensionale)继续向前发展的条件,现在,现代计算机制图技术已经使我们具备了对多维系统构成物进行描述的能力。从概念动力学的角度看这种描述也是必要的。

为了便于说明,我们在这里介绍几种传统的概念图表和主题图表。

(1) Begriffspläne(概念图表)

(1.1) Winkelplan(角图)

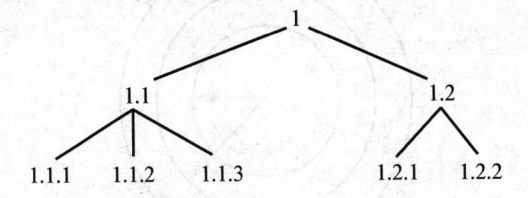

```
                1
           /         \
         1.1          1.2
        / | \         / \
   1.1.1 1.1.2 1.1.3  1.2.1 1.2.2
```

(1.2) Winkelkette(角形链)

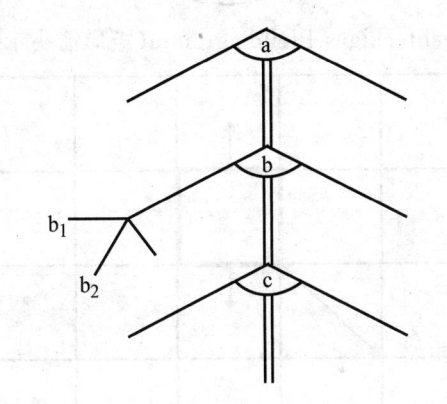

(1.3) Fachwerkplan(专业工作图)

0	0.1	0.1.1
		0.1.2
	0.2	0.2.1
		0.2.2

(2) Themenpläne(主题图表)

(2.1) Kreisdiagramm(圆圈示意图)

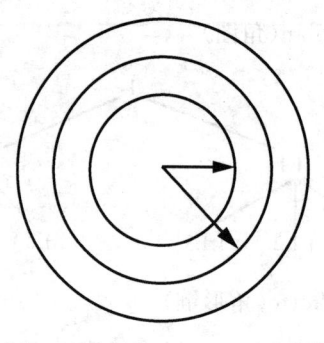

(2.2) Rechteckiges Pfeildiagramm(矩形箭头示意图)

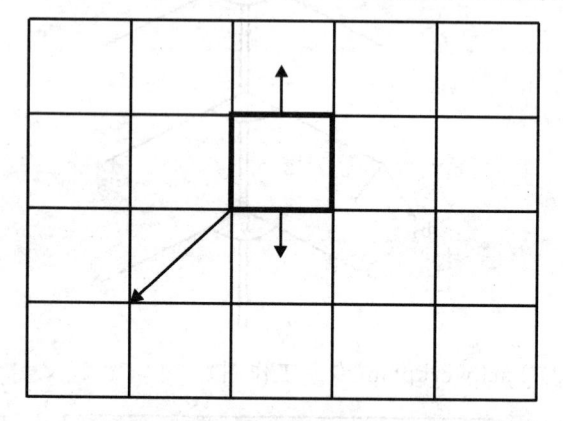

3.2.2.8.1 概念分类

概念分类是依据概念的近似关系而进行的分类。在这种分类中,在大多数情况下,概念只代表所考察的对象客体的一个片段(形式对象客体),这个片段只处于一个概念系统的一个位置上。

概念分类又称为概念系统,如前。

3.2.2.9 概念连接

概念可以通过不同的方式相互连接,譬如,通过概念系统、通过内涵描述中的特征、通过模型中的逻辑句子等。最紧密的概念结合称之为概念连接(*Begriffsverknüpfungen*)。有三种这样的连接类型：

(1) 逻辑概念连接

(2) 认识理论上的概念连接

(3) 主题连接

3.2.2.9.1　逻辑概念连接

逻辑概念连接是这样一种连接方式：它形成了一个新概念,也就是产生了一个新的思维单位。有三种逻辑概念连接(WÜSTER 1979)：

(1) 限定(Determination)

(2) 逻辑合取(Begriffskonjunktion)

(3) 逻辑或/逻辑析取(disjunktion)

我们来具体阐述一下。

(1) 限定(更详细的确定)(Determination)(nähere Bestimmung)

如果概念特征中的一个特征给划分了出来,也就是说,这个特征构成了概念划分的依据(Einteilungsgrund),那么小概念就出现了,这个小概念由已变成了大概念的概念的**内涵**和划分依据的一个或者若干**限制特征**(特殊的小概念差异)构成。由此,起始概念(*Ausgangsbegriffe*)也就得到了详细的限定。一个或者多个属于这个概念类型的特征,附加到了这个起始概念的内涵上,由此也就限制了这个概念。这个特征类型(*Merkmalart*)是划分的依据。例如,

起始概念：三角形

特征类型(*Merkmalart*)(划分的依据)：角(锐角-、钝角-、直

89

角的-)。

三角形—+直角的＝直角三角形

(—+＝通过……限制)

(2) 概念合取(逻辑与)(konjunktion)(Abpaarung)

如果一个小概念由两个同等的起始概念构成,人们就谈到"概念合取"(逻辑与)。借助它,两个概念的内涵合并到了一起。例如,

起始概念:(1) 收割机

(2) 脱粒机

收割机∧脱粒机＝ 收割脱粒机（∧＝和等同于）

(3) 概念析取(逻辑或)(disjunktion)(Aufpaarung)

如果一个大概念由两个同等的起始概念构成的话,就不得不谈到"概念析取"(逻辑或)。借助它,两个概念的外延连接到了一起。这将造成外延的扩大。例如,

起始概念:(1) 印度人

(2) 日耳曼人

印度人∨日耳曼人＝印度日耳曼人(∨＝或者也,或者同样)

3.2.2.9.2　认识理论上的概念连接

认识理论上的概念连接所起的作用是,它形成了逻辑概念连接的不同思维构成物,也就是说,它促成了知识单位的形成。通过认识理论上的概念连接,概念连接到了一起,并形成了一个逻辑句子。基本的逻辑句子由三个组成部分构成:主语概念、句子纽带(譬如,是)、谓语概念。句子纽带把主语概念与谓语概念或称之为陈述概念(Aussagebegriff)连接了起来。逻辑句子通过以下方式确定一种事态:它叙述一些有关某个对象客体以及这个对象客体和其他对象客体之间关系的内容。谓语概念构成了这个叙述的内

容。叙述的内容必须与由主语概念代表的对象客体有关。句子纽带将谓语概念和主语对象客体联系了起来,这个主语对象客体由主语概念描述。要注意,概念的内涵描述与陈述(Aussage)是有区别的(见Ⅰ3.2.2.5.4)。

陈述的例子:树是绿色的。

3.2.2.9.3 主题连接

主题连接在Ⅰ3.6.2.4中有所描述。

3.3 符号学

3.3.1 概论

符号学(*Zeichenlehre*)研究的是符号世界的构成物,也就是说,在普通术语学中,研究简单的符号,在知识理论中研究符号连接,研究符号构成物的模型和专业文本(见Ⅰ4.4)。从严格的意义上说,符号世界是对象客体世界的一部分,它的构成物是特殊类型的对象客体,它们代表着另外的对象客体,通过这种方式,人们之间的交流也具有了可能性。符号学是普通术语学的一部分。

依据维斯特的观点(1979),符号是一个个体对象客体,它与另一种个体对象客体、概念或者事态(*Sachverhalt*)长期相互对应,更确切地说,它具有代表性地标明着这些事物。

20世纪70年代,从术语学角度考虑,维斯特为符号拟定了一个内容丰富的概念系统,这个系统采用的是特征载体图表(Merkmalträgertafel)的形式,并带有对概念的描述(WÜSTER 1979,草案 DIN 2338 1971)。

在一些文献中,我们发现有些学者不仅把概念,而且还把概念连接也作为符号理解了(石利克 1979)。但是,依据我们的理解,符号只起到概念代表或者对象客体代表的作用。至于事态(在思想层次上,逻辑句子与之对应)我们更愿意使用作为符号构成物的符号句子与之对应(见Ⅰ4.4.1)。在知识理论中有一种"句子理论"(Satzlehre)(见Ⅰ4.3.1.2),它在符号层次上研究意义单位(Sinneinheit)的表达。

对于专业交流而言,人们使用概念符号或者对象客体符号。它们是名称(词语或者词组)、感官符号或者某一种类型的图示符号,它们全都属于书写符号。

在符号学中,人们必须区分开符号对象客体、符号概念和符号形态。

符号对象客体可以是一个字母、一个字母链、一个数字或者某种图示符号。

符号概念是字母的概念造型、图形符号的字母链等。概念造型(die begriffliche Konfiguration)指的是一种模板,依据它,字母的个体形态、字母链的个体形态,图示符号的个体形态等,以稍稍有别于个体符号形态(字位变体)(Allographen)的方式而得到描述。

符号对象客体包含了符号可能具有的所有特性。

3.3.2 符号概况

下面是各种符号的概况:

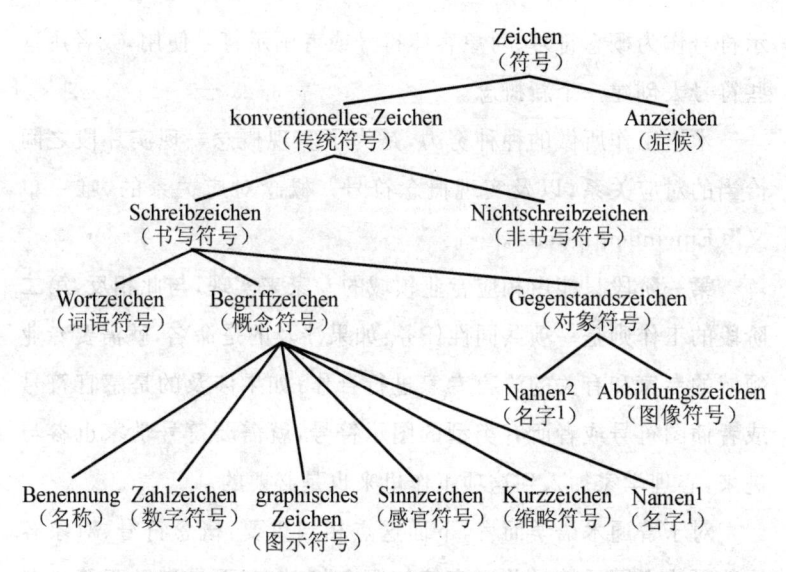

```
                            Zeichen
                            (符号)
                   ┌──────────┴──────────┐
          konventionelles Zeichen      Anzeichen
              (传统符号)                  (症候)
         ┌──────────┴──────────┐
    Schreibzeichen        Nichtschreibzeichen
     (书写符号)                (非书写符号)
   ┌──────┴──────┐
Wortzeichen  Begriffzeichen    Gegenstandszeichen
(词语符号)    (概念符号)          (对象符号)
                              ┌──────┴──────┐
                           Namen²      Abbildungszeichen
                           (名字1)       (图像符号)

Benennung Zahlzeichen graphisches Sinnzeichen Kurzzeichen Namen¹
(名称)    (数字符号)   Zeichen     (感官符号)   (缩略符号)  (名字1)
                    (图示符号)
```

符号内涵的描述和组成部分描述在Ⅳ2.4.2中有论述。

3.3.3 概念或者对象客体符号

当大多数的词语连同它们的含义，无拘无束地生生灭灭，并且任凭具有丰富文字创造能力的人们（譬如作家、诗人、新闻工作者等）展开竞争而宰割它命运的时候，在科学和技术领域以及其他职业领域中的专家们，在形成术语的过程中，却进行着有规则的干预活动。他们建立起术语委员会，让这些委员会通过协调性工作去制定术语基本原则和有关概念或者对象客体符号的规则。他们的工作侧重于对现有的词语库、对词语形式或者感官符号和插图符号的汇编，或者对所有类型的图示形式进行整理。

因此，术语的形成过程有两个阶段：

（1）思维构成物（概念）的形成，它们对应于现实的片段。

（2）将词语形式、所有类型的感官符号或者插图符号，或者图示符号作为概念符号、对象客体符号或者图示符号使用,或者用这些符号去创建一个新概念。

术语工作所做的种种努力,是为了实现概念—现实片段之间恰当的对应关系,以及实现概念符号—概念对应关系的"唯一单义"(Eineindeutigkeit)。

第一阶段只能由相应专业领域的专家来实现,与此相反,第二阶段的工作则是一项共同性任务:如果涉及的是命名,就需要专业领域的专家和有关的语言专家进行合作;如果涉及的是感官符号或者插图符号或者所有类型的图示符号,就需要符号学家也参与进来,心理学家加入到这项工作里来也是必要的。

对于普通术语学而言,下面这点相当重要:概念符号、对象客体符号或者图示符号并不直接与概念相对应,而是借助于符号概念与概念相对应的,符号概念描述的是为符号思维构成物的模型所制定的标准,符号是依据这个符号概念形成的。

符号是具体的构成物,它们是依据模型形成的,是个体化的,描述的是个体的对象客体。根据特鲁别茨柯依(TRUBETZKOY)的观点,人们必须把"字位/字素"(Graphem)和"字位变体"(Allographen),或者是"音位"(Phonem)和"音位变体"(Allophonen)加以区分。"字位"或者"音位"是概念,"字位变体"或者"音位变体"都是个体对象客体。

符号概念与代表现实片段的概念,是永久对应的(见Ⅰ3.4.1)。

3.3.3.1 名称

因为概念符号或者对象客体符号的大部分是由名称组成的,所以,就名称的构成而言,语言学同样起着一个重要作用。名称应该与各自语言中词语构成的规则、(词的)屈折、句法规则相适应,要避免在专业文本中产生异物感。然而,牢记这一点也很重要:概念上的东西一直要比语言上的东西优先。

3.3.3.2 所有类型的图示符号

为了描述概念,人们越来越倾向于用图示符号去代替名称,因为,从概念的丰富性角度看,词语形式虽然可以用于构成名称,但词语形式的宝库却是有限的。

目前,词语形式转变成其他图示形式的情况越来越多。

3.3.4 符号关连体

符号集合可以在符号层次上作为符号关联体而与对象客体关联体或者概念关联体相对应,而不用在逻辑层次上通过一个句子连接起来。例如,

(1)可以形成术语的概念系统的概念符号(见Ⅰ3.2.2.8),或者组成部分系统的对象客体符号(见Ⅰ3.1.5)。

(2) 描述一篇文本内容的关键词(Schlagwörter),叙词(Deskriptoren),索引词(Indexwörter)(见Ⅰ3.6.2.5)。

(3)化学中的结构式。

(4)感官符号或者图形符号关连体。

符号关联体要与符号连接相区别(见Ⅰ4.4)。

3.3.5 图形符号及其在符号学意义上的、思想的或者具体的对应关系

3.3.5.1 概论

图形符号是特殊类型的符号。依据它们的本质,它们可以充当概念符号甚至充当符号句子的对象客体符号(见Ⅰ4.4.1)。

在近 20 年，图形符号的使用日趋流行。这主要是因为人类生活领域日趋国际化，人们更多地需要不依赖于本国语言开展国际交流。图形符号的发展与国际标准化的关系很密切，国际标准化保障了图形符号的拟定、使用和传播的统一性。国际标准化的目的之一就是为了减少人们在专业交流或者日常生活交流中所遇到的困难。与术语学类似，在对图形符号进行标准化的时候，我们有必要制定出拟定图形符号所需要的原则，现在它们已成为 ISO 或者 IEC 的原则标准（ISO3461—1988，IEC 指示 1986）。为图形符号制定原则的工作，与为术语制定原则标准相比，还处于幼年时期，仍需要进一步深化，就像普通术语学的术语原则标准所经历的那样。

对于图形符号—基本句子学说（die Bildzeichen-Grundsatzlehre）而言，它像普通术语学一样，也是交叉学科，它的一部分知识是从符号学、逻辑学（概念理论、逻辑要素学说）、认识理论中采纳过来的，它们都与这个学科的目标相适应。另外，对于涉及专业的图形符号而言，它们与专业领域的联系也必不可少，这些符号的对应物是思维上的专业内涵，对应的是专业对象客体或者事态。图形符号思想上的或者具体的对应物要比术语学中概念符号的任何一个对应物都要复杂得多。

3.3.5.2 作用

图形符号可以实现不同的功能：

（1）名称标志功能，它代表一个它所反映的现实对象客体。

（2）含义功能，它代表一个概念。

（3）说明或者指令功能，它代表这类事态。

3.3.5.3 思想的或者具体的对应物

迄今为止,有关图形符号基本原则的工作只侧重在对符号形式的探讨上,而没有同时对它们与逻辑对应物的关系进行深入考察。与维斯特为术语制定的关系模型(概念符号—概念符号概念—概念—对象客体或者形式对象客体)相类似,我们为图形符号得出了下面的关系模型:图形符号—图形符号概念—思维构成物(概念或者逻辑形式,它的语言形式是一种说明、禁令或者指示)—对象客体或者形式对象客体或者事态或者语言句子。

下面通过一个例子对此进行说明。

	Zeichenebene (符号层次) Zeichenbegriff (符号概念)	Gedankenebene (思想层次) Denkgebilde (思维构成物)	Gegenstandsebene (对象层次)
1	Muster von Bild 1 (图 1 的样本)	Individualbegriff Stephansdom	realer Gegenstand
2	Muster von Bild 2 (图 2 的样本)	Begriff Lüftung	Gegenstandsgruppe (Formalgegenstand)
3	Muster von Bild 3 (图 3 的样本)	Logische Form der Aussage: -Substanz ist radio aktiv -Behäter enthält radioaktive Substanzen -u. s. w	Sachverhalt(Aussage)
4	Muster von Bild 4 (图 4 的样本)	logische Form eines Verbots: -Rauchen verboten	Sachverhalt(Verbot)
5	Muster von Bild 5 (图 5 的样本)	logische Form eines Gebots: Bremse lösen	Sachverhalt:Gebot

(续表)

6	Muster von Bild 6 (图 6 的样本)	Begriffsinhalt Oberbegriff von zwei Gegenstandsgruppen (Umfangserweiterung "Dusche"oder"Bad")	Gegenstandsgruppe (Formalgegenstand)

图形符号 2,3,5(DIN 6839,S 10 Nr. 97,101,105)

图形符号 4(Önorm A 3011 部分 2 第 7 页 第 19 页)

就标准化而言,术语学中的概念—符号概念—概念和图形符号中的图形符号概念—思维构成物是起决定性作用的。

我们已经看到,例 6 中"沐浴"的图形是为大概念"沐浴"设计的,它包含了"概念析取"("逻辑或")"淋浴"或者"盆浴"。因此,这并不单单涉及有图示的对象客体。

3.4 有关对象客体—概念—符号对应的学说

在 17 世纪,夸美纽斯(COMENIUS)(1592—1670)就认识到了对象客体—概念—符号的对应,他以"三位一体"(Triade)"*res-conceptus (mentes)—verba*"的形式对此进行了表达(SABRSULA 1994/95)。

3.4.1 维斯特的模型

在语言学家所使用的词语模型(这种模型对于术语学不适用)的基础上,维斯特(1959/60)发展了一个"本体论—逻辑学—符号学"模型,它用于描述对象客体—概念—符号概念—符号的对应关系,这个模型清楚地描述了术语的情况。维斯特称之为"四部分词语模型"(*vierteiliges Wortmodell*)。在这项成果中,也表达了维斯特的哲学世界观。这种世界观在他的术语学研究工作中一再显露出来,在他的术语学原则学说中,以及由此衍生出的基本原则标准(ISO,DIN)中也自然蕴涵着他的哲学世界观的(FELBER 1998b)。

下面是这个模型:

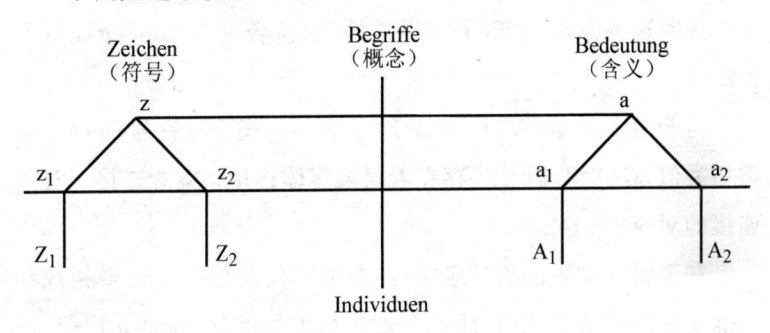

```
        Zeichen              Begriffe              Bedeutung
        (符号)               (概念)                (含义)
          z                                           a
      ╱     ╲                                      ╱     ╲
  z₁         z₂                               a₁         a₂
  │          │                                │          │
  Z₁         Z₂                               A₁         A₂
                          Individuen
```

Individuen	个体
A_1, A_2	对象客体
a_1, a_2	个体概念(特征总体 a_1, a_2,它们与 A_1, A_2 的特性相对应)
a	概念(a_1, a_2 等的特征总体)
z	符号概念
z_1, z_2	个体符号概念
Z_1, Z_2	图示符号形式,现实

3.4.2 对象客体—概念—符号的对应

长期以来,在术语学中,人们的注意力主要侧重的是概念符号—概念的对应关系,这种对应对于语言学来说,也是很重要的。但是,在术语学中,这只是对应关系的一部分。它的另一部分涉及的是概念—对象客体的对应,这种对应首先对于专业领域中的专家来说具有基础性意义。

在逻辑学中,在理论上人们可以对逻辑构成物作独立于本体论构成物之外的探讨(见Ⅰ3.2.2.2)。但是逻辑构成物是以本体论构成物为前提的。

按照这种方式,出现了术语学的"三体合一"(Dreiheiten)(见Ⅳ2.5)。

与普通术语学(ATL)中的对象客体—概念—符号的对应关系相类似,在知识理论中,存在着对象客体连接—概念连接—符号连接的对应(见Ⅰ4.5)。

在逻辑—本体论的对应中,涉及的不仅是借助于逻辑构成物去确定具体的现实,而且还涉及通过技术标准化、通过立法等,对在技术领域或者社会领域中可以转化成具体现实的逻辑构成物进行规定。确定的(feststellende)方面是领会式的,规定的(festlegende)方面则是富有创造性的。后者给人们带来的是思维的变化和有形产品的变化。

3.4.2.1 概念—对象客体之间的对应

普通术语学是从概念出发的。一方面,概念必须与一个现实片段相对应;另一方面,它也必须借助于等效的符号才能在交流中得到代表。与一个现实对象客体片段对应的概念内涵,只可以由相关专业的专家确定。我们把这个过程称为概念的形成。

3.4.2.1.1 抽象性问题

从前面我们已经看到,在大多数情况下,一个概念代表着一组对象客体的一个共同片段。这个片段,人们称之为形式对象客体,它是由一组对象客体中的相同特性集合构成。逻辑层次上的特征对应于本体论层次上的特性。从严格的意义上讲,概念只与观念上的形式对象客体相对应。但是,我们所说的对象客体组中的每一个对象客体,除了具有形式对象客体的特性之外,还具有在形成这个概念时没有考虑进去的特性。我们要作的说明只与对象客体组里的每一个对象客体的形式对象客体有关。所以,在一种说明(陈述)中我们可以断言的是:尽管在对象客体组里的一个或者若干个然而并不是每一个对象客体中都存在着特性"白色",但是在代表着一个形式对象客体的概念A中,特性"白色"并没有包含在内(见Ⅰ.4.5.3)。

3.4.2.2 概念—符号的对应

在Ⅰ3.2.2中,我们对概念进行过讨论。举例而言,一个对象集合的普通概念没有显示出特征"白色",与此相反,相关对象客体集合的某个对象客体的个体概念却很可能具有特征"白色"。概念应该在符号层次上与符号形式(符号形态)相对应。在符号形式和概念之间,就像在维斯特的模型中所指出的那样(见Ⅰ3.4.1),还有必要放置一个符号概念。

一个符号含义的不稳定性,不仅取决于符号与概念之间的对应关系,而且还取决于对象客体,因为概念应该与对象客体相对应。概念符号应该由概念的特征、概念的起标明作用的特征符号组成,这些特征符号对应于所指的(gemeinte)对象客体的特性。同样,图示符号(感官符号、对象客体符号)与所指的对象客体之间也应该存在着联系。

对应过程是一个动力学过程。这个过程造成的结果,就是概念自身发生了变化。这也会再次造成符号的变化。我们有许多符号,它们与今天的知识不再相适应并且容易导致错误,譬如

"Atom"(原子)(它的含义是"不可分",而现在科学已经证实原子是可以再分的)。

普通术语学力争做到的是:符号是唯一单义的(*eineindeutig*),也就是说,一个概念只与一个符号相对应,同时这个符号也只对应于这个概念。遗憾的是,在实践中,由于形成名称的要素数量有限,以及它们为形成词语符号(名称)而连接在一起的可能性也是有限的,名称的唯一单义,仅仅在有限的程度上是可能的。这就是为什么在许多的学科中,我们也使用感官符号、插图符号以及图示符号的原因。

3.4.2.3 对象客体—概念—符号对应的模型

对于实现对象客体、概念和符号之间的对应关系而言,下面列举的是一个基本的模型。模型指出,离开了术语规则,实现单义的相互理解是不可能的。

我们应该这样理解对象客体—概念—符号的对应关系:

一个概念对应于对象客体,在大多数情况下,是一个形式对象客体。因为,概念(指的是专业概念)是思维构成物,它由一个特征集合组成,这个特征集合对应于某个对象客体集合中每个概念的共同特性集合。这个特性集合只反映每个对象客体特性集合的片段。一个符号概念("字位")(Graphem),即一个符号对象客体的(词语、数字或者普通图示符号)的概念造型(begriffliche Konfiguration)与这个概念对应(见 I3.3.1)。最常见的对应关系概念——符号概念是我们在交流中达到相互理解的基础。符号概念是模板,依据它,个体的符号形态(词语)得以形成。符号形态(字位变体)(Allographen)是个体对象客体。

在我们下面的描述中,为了简便起见,我们在符号概念和符号形态之间不作区分,而是简单地谈论符号。

在术语学中,人们是从"三位一体"(Triade)"对象客体—概念—符号"的简单模型出发的,这个"三位一体"描述的是一个术语学的"三体合一"(Dreiheiten)(见Ⅳ2.5)。从严格的意义上讲,这个模型还应该参考一下维斯特的"四部分词语模型"来作进一步的拓展。

这个模型可以划分为五组:

第一组(模型1—3)

一般的对应,等效的概念对应给了对象客体(模型2)。

第二组(模型4—7)

对象客体可以分解为形式对象客体,从专业角度看,不同的概念与它们(形式对象客体)相对应。

第三组(模型8)

一个对象客体集合具有一个相同的形式对象客体,概念与这个形式对象客体相对应(正常情况下)。

第四组(模型9—11)

单义模型(Eindeutigkeitmodell)

同义现象模型

同音异义现象模型

第五组(模型12—13)

比喻模型

我们使用下面的感官符号进行描述:

△ = 对象客体

$△_1$ = 对象客体1

…… = ……

△n＝对象客体 n

○＝概念(特征集合)

○₁＝概念 1

……＝……

○n＝概念 n

□＝符号

□₁＝符号 1

……＝……

□n＝符号 n

第一组(模型1—3)

模型1：一个对象客体，一个概念，一个符号。

△
｜
○
｜
□

□可以是一个词语符号或者图示符号

例如：

△ «人造地球卫星»

○ ‹人造地球卫星›：第一颗人造地球卫星。

□ 人造地球卫星

如果符号□全部或者部分地反映对象客体，我们就称之为图像符号(映像符号)(Abbildungszeichen)。例如，图形符号。

模型2：一个对象客体，两个或者若干个等效概念，一个符号。

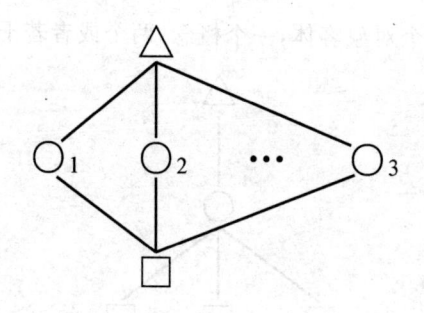

例如，

△ 《圆》：对象客体圆。

○₁ 〈圆¹〉：所有这样的点的几何学位置，这些点到一个固定的点（中心点）的距离一直相等。

○₂ 〈圆²〉：平面闭合的几何线条，它的曲线半径是恒定的，并且，它和零有区别。

○₃ 〈圆³〉：在一个平面里所有这样的点的几何学位置，这些点与这个平面上一条直线上的两个固定的点构成了直角三角形。

○ₙ 〈圆ⁿ〉：……

○₁，○₂，○₃，○ₙ 的内涵描述是不同的，但它们是等效的。

在单语的术语学工作中，相互等效的不同概念可以代表同一个对象客体，这主要看与对象客体对应的概念是怎样对特征概念进行选择的。如果这些特征概念是等效的，那么依据这些特征概念而形成的概念也是等效的。

关于等效的性质特征和关系特征，我们可以举"Röntgenstrahlen"（X-射线）的一个例子："Röntgenstrahlen"（伦琴射线）这个概念，一方面涉及了"Röntgen"（伦琴是伦琴射线的发明者）这个特征（关系特征）；另一方面又涉及了波长特征（性质特征）。

模型3：一个对象客体，一个概念，两个或者若干个符号。

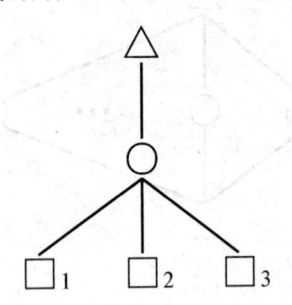

在这种情况下就出现了同义现象(Synonymie)。

例如，

△ «计算机»

○ ‹计算机›：带有程序控制装置的电子资料加工设备

□₁ 计算机(Computer)

□₂ 电子计算机(Elektronenrechner)

□₃ 电子资料加工设备(elektronische Datenverarbeitungsanlage)

第二组(模型4—7)

模型4：一个对象客体（拆分为两个或者若干个形式对象客体），每个形式对象客体对应一个概念，每个概念对应一个符号。

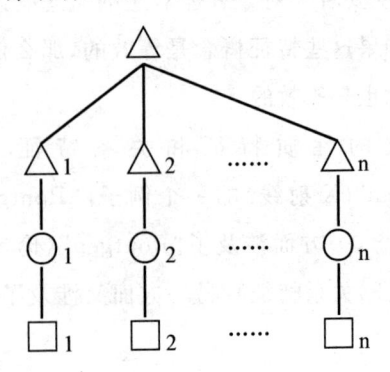

○₁≙△₁相应的概念○₁对应形式对象客体△₁

○₂≙△₁₂相应的概念○₂对应形式对象客体△₂

○ₙ≙△ₙ相应的概念○ₙ对应形式对象客体△ₙ

△₁＝△的形式对象客体1

△₂＝△的形式对象客体2

……＝……

△ₙ＝△的形式对象客体n

○₁＝特征集合1

○₂＝特征集合2

……＝……

○ₙ＝特征集合n

□₁＝符号1

□₂＝符号2

……＝……

□ₙ＝符号n

在这个模型中,概念○₁,○₂,○ₙ由对象客体△构成,这些概念对应着对象客体△的形式对象客体△₁,△₂,……,△ₙ。

举例而言,同一对象客体在不同学科中对应于不同的概念。

例如,

△ 《人类》

○₁ ‹人种›（人类学）

○₂ ‹人类躯体›（生物）

○₃ ‹人类疾病›（医药）

○₄ ‹人类心灵›（心理）

□ 人类

模型 5：一个对象客体（拆分成两个或者若干个形式对象客体），一个概念，每个概念由两个或者若干个符号代表。

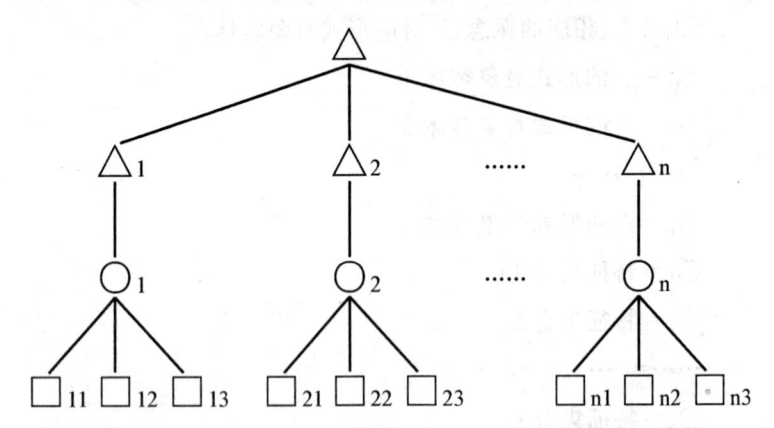

```
                △
        ┌───────┼───────┐
       △1      △2  ……  △n
        │       │       │
       ○1      ○2  ……  ○n
      ┌┼┐    ┌┼┐      ┌┼┐
    □11 □12 □13  □21 □22 □23   □n1 □n2 □n3
```

与模型 4 相同，然而，每个概念由若干个符号代表。

模型 6：一个对象客体（划分成两个或者若干个形式对象客体），每个形式对象客体对应一个概念，每个概念对应一个相同的符号。

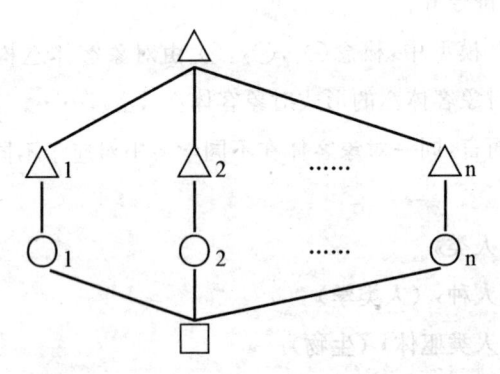

```
                △
        ┌───────┼───────┐
       △1      △2  ……  △n
        │       │       │
       ○1      ○2  ……  ○n
        └───────┼───────┘
                □
```

与模型 4 相同，然而，每个概念对应于一个相同的符号。

例如，

△ «煤»

○₁⟨煤⟩(地质学):特殊形式的岩石,它是志留纪有机物质的改变和分解,在石炭纪上层,在白垩纪的下层和在第三纪出现。

○₂⟨煤⟩(冶金工业):可使用的矿物,由不同的碳形态构成,它在煤矿中可供开采。

○₃⟨煤⟩(能源经济学):能源的载体,具有热值 2500—8500 千卡。

□₁煤

□₂煤

□₃煤

模型 7:一个对象客体(拆分成两个或者若干个形式对象客体),每一个形式对象客体对应一个概念,每个概念对应一个相同的符号或者每个概念对应若干个符号。

模型 5 和模型 6 的连接:

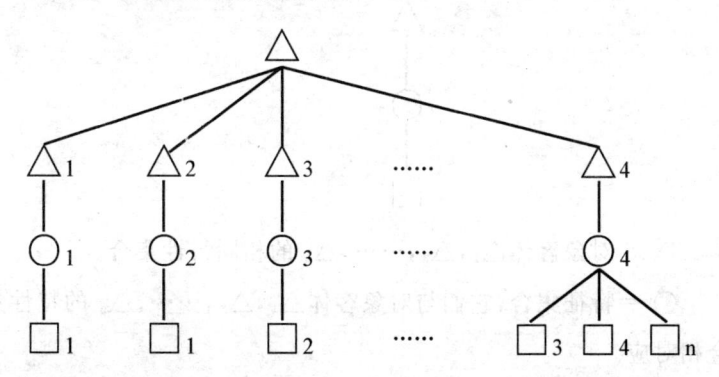

例如,如同模型 6 的例子,然而,概念 ○₄⟨煤⟩除了名称 □₃煤之外,还有名称 □₄植物性化石燃料。

第三组(模型 8)

模型 8:两个或者若干个对象客体,对应一个共同的形式对象客体，每一个形式对象客体对应于一个概念，一个或者若干个符号。这是术语学实践中最常见的情况之一。思维构成物涉及的是一个概念（普通概念），它描述的是一个专业概念。它由一个特征集合组成，这个特征集合对应于一个特性集合，这些特性共有一个对象客体集合。这些对象客体中的每一个，除了对应于这个由共同特性组成的集合之外，还具有其他概念没有包含的特性。说得更精确一些，概念只与每一个对象客体的特性集合的一个片段相对应，这些对象客体是无限的。逻辑学中，人们谈形式对象客体。在分类学理论中，人们说，这个概念包含了某类对象客体。基于上述的原因，在对象客体分类中，一个对象客体可以对应于不同的等级，而概念却只属于一个概念系统。

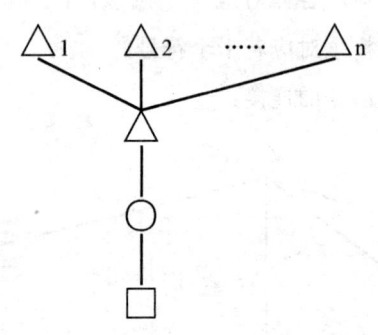

△ = 对象客体 $\triangle_1, \triangle_2, \cdots\cdots, \triangle_n$ 的相同特性集合。

○ = 特征集合，它们与对象客体 $\triangle_1, \triangle_2, \cdots\cdots, \triangle_n$ 的特性集合相对应。

△ ≙ ○

形式对象客体 △ 对应于概念 ○。

例如，

$\triangle_1$ **水星**

△₂ 金星

△₃ 地球

△₄ 火星

所有这些对象客体具有下面的共同特性：

它们都是太阳系中的一个行星，同时具有下面的特性：

都具有不同的物理、化学、天文特性。

△ «太阳系的行星»

○ ‹太阳的行星›：围绕太阳公转的天体。

□ 太阳系的行星

第四组（模型9—13）

模型9：唯一单义

如果符号只对应于概念，概念也只对应于这个符号，那么，就会存在唯一单义的情况。

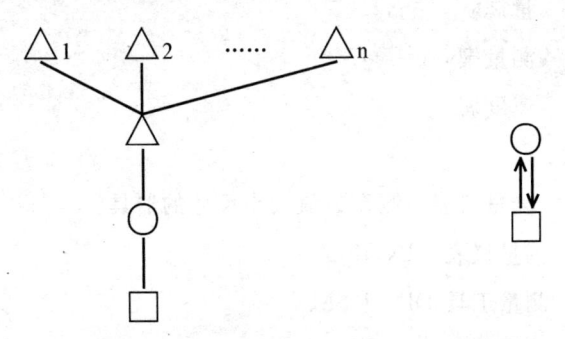

例如，

△₁ «刨床»（用于刨光的机器）。

△₂ «铣床»（用于铣切的机器）。

△₃ «钻床»（用于钻孔的机器）。

△ «机床»（刨光、铣切、钻孔等是切削加工的小概念）。

○ ‹机床›：用于工件的无切屑加工和切削加工的工具。

□ 机床（由德语标准化组织（DIN，ON，VSM)规定的概念‹机床›的名称）。

模型 10：同义性

如果不同的符号对应于同一个概念，就会产生同义性。

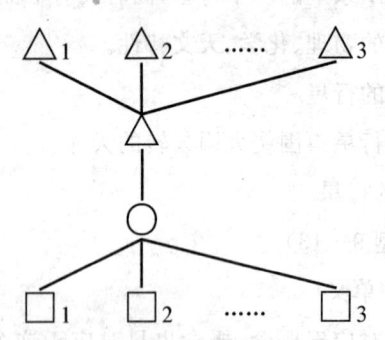

例如，

△₁ «量规»

△₂ «测量楔»

△₃ «速度表»

……

○₁ ‹测量仪表›：测量数值大小尺寸的器具。

□₁ 测量仪表 DIN，IEC

□₂ 测量工具 DIN，USM

□₃ 测量器具

模型 11：（同音/同形）异义现象

如果一个相同的符号还与其他的概念相对应的话，那就存在着同音（同形）异义现象。

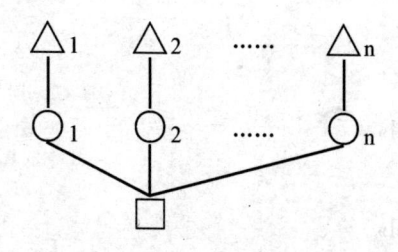

例如,

□ Erde(注:有地球、土壤、地线等含义)

○₁ 〈地球〉:太阳系的一个行星。

○₂ 〈土壤〉:风化的岩石,构成了地球的表面。

○₃ 〈(无线电等的)地线〉一个导电装置与地面间的引导连线。

第五组(模型12—13)

模型12:一个、两个或者若干个对象客体,每个对象客体或者形式对象客体,每个相同的符号,对应一个不同的概念。

在这个模型中,涉及的符号都是相同的符号,不同的概念与之相对应,这些概念在思想上可以相互联系起来,然而,这些概念又对应于一个对象客体或者形式对象客体。下面是一个比喻模型。

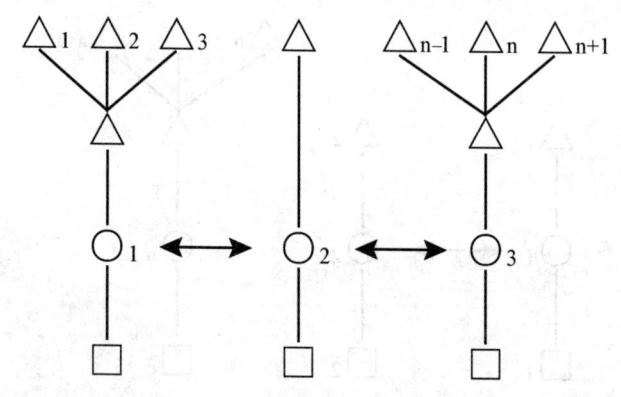

概念○₁,○₂,……,○ₙ处于相互联系的关系中。

例如，

△₁

△₂ «Flügel»

△₃

△ «Flügel»

○₁ ⟨翼,翅膀⟩：鸟类、昆虫和其他动物用于飞翔的躯体部分。

□ Flügel

△ «Flügel»

○₂ ⟨Flügel⟩：一架飞机的机翼。

□ Flügel

模型 13：模型 12 的特殊情况

它涉及两个或者若干个对象客体，这些对象客体的每一个对象客体或者形式对象客体所对应的概念是不同的，但是不同的概念对应于相同的图像符号（映像符号），这个图像符号全部或者部分地反映了一个现实的对象客体，但是，这个图像符号却又指明另一个对象客体。

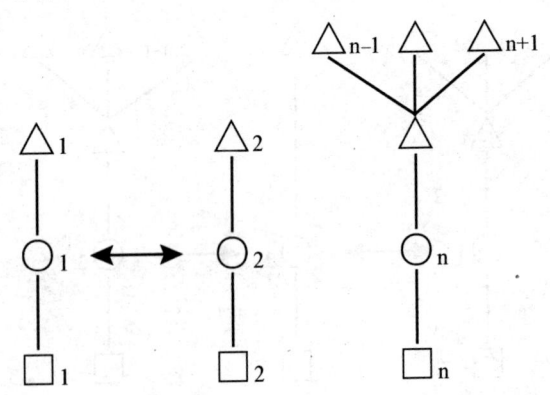

图形符号 □₁ 是对象客体 △₁ 全部或者部分的反映。但是，它

代表的是对象客体 $\triangle_2$。

例如，

«倾斜向上竖起的飞机»　　〈正在起飞的飞机〉

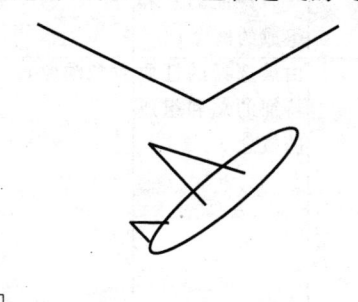

图形符号　　　　　　　　　　图形符号
　□₁　　　　　　　　　　　　　　□₂

Abflughalle 的含义是正在起飞的飞机。

3.4.2.4 对象客体、概念、符号概念和符号之间相互对应关系的形象说明

对象客体、概念、符号概念和符号之间的对应关系

	对象客体	概念	符号概念	符号
(1)	现实对象客体（特性的开放集合）	代表对象客体的个体概念（特征的开放集合）	字位(Graphem)，与特征名称对应的字位组。	专有名词
(2)	来自对象客体集合A的同一片段；这个片段由一个特性集合组成，这些特性对于这些对象客体来说是相同的。	一个由特征集合组成的概念a，这些特征与对象客体同一片段的特性相对应。	字位(Graphem)，与特征名称对应的字位组。	中性的有理据或者系统化的概念符号。
(3)	来自对象客体集合B的同一片段；这个片段由一个特性集合组成，这些特性对于这些对象客体来说是相同的。	一个由特征集合组成的概念b，这些特征对应于对象客体的同一片段的特性。	字位(Graphem)，或者字位组，它们与(2)相同。	与(2)相同的（是同音异义词）的概念符号。

(续表)

（4）	现实对象客体	由特性（Beschaffenheit）——特征的总和组成的概念 c。	具体的图像（Abbildungen）。	所有特征的具体映像（如照片）（实物符号）
（5）	现实对象客体	由被选择的性质特征的总和组成的概念 c_1。	抽象映像 e_1	被选择的特征的抽象映像 e_1，这些特征有助于人们对物质对象客体的认识。（图形符号）。
（6）	由一个特性集合组成的理想对象客体。	由特征集合组成的概念 d，这些特征对应于对象客体 D 的特性；概念 d 与 c 或者 c_1 处于相互联系的关系中。	抽象映像 e_2	官能符号（一个图形符号更大的抽象）。

3.4.2.5 对象客体系统、概念系统、符号系统和主题系统之间的对应关系

在对象客体系统、概念系统和主题系统以及术语和（某一学科的）术语汇编之间，也存在着对应关系。下面对这种对应关系用一个图表的形式作了归纳。它由对象客体层次、概念层次和符号层次上的要素组合成的对应关系构成。在各个项目的第一栏中，对这些要素作了列举（对象客体、概念、语言符号），相关的系统也衔接在后。

对象客体层次		概念层次		符号层次	
对象客体	对象客体系统	概念	概念系统/主题系统	语言符号	语言符号系统
个体对象客体		个体概念（无限的特征集合）		专有名词	……
对象客体集合，这些对象客体给看成是同一的（相同的）。	……	个体概念（特征集合）	概念系统	名字	术语汇编（不系统化的符号集合）
……	……	……	……	……	术语汇编（系统化的符号集合）
对象客体集合，它带着针对每一个对象客体来说是共有的特性集合。	……	概念（特征集合）	概念系统	概念符号	术语（由系统化的或不系统化的概念符号组成）。
对象客体（一个对象客体关系的一部分）	对象客体系统	概念	……	名字或者概念符号	术语（由系统化的或者不系统化的概念符号组成）
文献章节	……	概念或者概念集合	主题系统	叙词或者关键词	类属词典（同类词汇编）、分类

3.5 术语编纂

作为普通术语学分支之一的术语编纂，从严格的意义上讲，是指编纂术语所需要的资料汇编和资料利用。术语编纂工作是一项科学性工作，因此术语工作中所得到的术语资料，必须标明资料的出处。

术语编纂资料由下列资料组成：

——信息载体资料

——术语资料

——附带资料

术语资料涉及的是有关一个概念的所有详细情况：它与其他概念间的关系、它的内涵、与之对应的概念符号或者这个概念所代表的对象客体。以及所有有关这个对象客体的详细情况，这个对象客体与其他对象客体之间的关系。

术语资料有四种类型：

——与概念符号有关的资料。

——与概念内涵有关的资料。

——与概念间关系有关的资料。

——与概念对象客体，即与对象客体符号、组成部分描述及其关系有关的资料。

附带资料指的是个别的术语资料。它们可以是语言符号、通用符号（Geltungszeichen）、国家符号，或者资料来源的说明。

第一部分 第6章节 附录2是一个特征图——"术语编纂资料汇编"。它为人们理解这类汇编和建立术语文献提供了依据。它降低了人们在这类汇编中寻找详细信息的难度。

3.5.1 术语编纂的原则和方法

制定术语编纂原则的先驱性人物是施勒曼（SCHLOMANN）。

近几十年来，术语编纂原则和方法得到了发展，目的是要达到实现术语资料要素和专业词典形态的统一化。编纂术语的原则和方法,是以 ISO-标准和国家标准以及个别专业组织制定的规定这样的形式体现的。有关这些原则和方法的详细情况,可以参见《术语学理论和实践》(*Terminologie in Theorie und Praxis*)(FELBER/BUDIN 1989)。

在这些原则和方法中,最为根本的是实现术语资料要素的统一。只有借助于统一的术语学资料要素,才可能实现国际层面上信息资料的有效交换。

除了要重视术语资料要素的统一性问题之外,在术语编纂领域中还要考虑术语编纂资料汇编的形态问题。为此也就涉及术语编纂资料汇编的形成和排列整理工作。借助于今天的术语数据库,对于每一个使用者来说,都有可能根据自己的需要,拟定出一个最佳的资料汇编。

3.5.2 计算机支持的术语编纂

上面举出的术语编纂资料的大部分工作必须借助于计算机的使用。这就需要建立起术语数据库。对于计算机支持的术语编纂来说,也有几个原则和方法可以采纳。由此涉及的是术语资料的加工—修订以及储存问题。因此,对这些资料的统一化也势在必行。

3.6 信息科学

在信息科学和普通术语学之间存在着相互联系。一方面,概念和概念符号是专业信息的基础,另一方面,信息科学的知识和方法(譬如将专业信息拆分成资料要素——在普通术语学理论中则是拆分成术语要素)构成了普通术语学的重要基础之一。对于普通术语学而言,特别是对于术语编纂而言,资料描述、对资料的理解、对资料的评估利用、资料储存或者记录以及复述,这些知识和方法都是重要的(见 I3.5.1)。这与普通术语学和术语实践的需要也是相吻合的。

3.6.1 应用信息科学

信息科学所考察的是信息的理论方面,与此相反,应用信息科学所研究的则是信息文献及其内涵。后者称为文献科学(Dokumentationswissenschaft)。资料要素可分为:描述信息载体(书籍、杂志等)的资料要素和描述信息内涵的资料要素。就描述资料要素的内涵而言,我们可以使用汇编词语,它们是主题、概念符号、词语符号或者名字。文献资料汇编可用作对术语的检验,在这里它就与术语工作有了一个交叉点。文献资料汇编便于人们对带有定义的、统一的汇编词语(所谓的"叙词")(Deskriptor)进行使用。制定术语规范和制定文献资料汇编,它们所追求的目标是相似的。

3.6.2 主题

我们已经看到,存在着现实的对象客体(感官可以觉察的对象客体)和理想的对象客体(思想/观念上的对象客体)。在理想的对象客体那里,主题占据着一个特殊的位置。在思维层次上,逻辑主题内涵对应于主题对象客体,也就是说,一个思维构成物可以是一个概念或者概念连接、一个概念系列或者逻辑句子。在符号层次上,一个主题可以是一个词语、一个概念符号、一个名字以及一组这类的符号或者一个符合句法的句子或者一组符合句法的句子，等等。

主题对象客体是对象客体和事态的一种接合，在思维层次上，概念的、逻辑句子的、事实的一个符合逻辑的思维构成物与之对应。它涉及感知觉、思想和人类的情感，它们在对象客体形式上可以以论文、专题论文、报道等及其分支的形式出现。主题的内涵是思维构成物以概念、概念结合、应用布尔代数所形成的概念连接、逻辑句子等形式进行的描述。在符号层次上，它们是标语口号、关键词语、索引词、名字、图示符号、数字等及其它们的连接等。我们在谈论主题时，要注意到这样的事实：在主题连接中，即在它们的概念连接中，不会出现新的概念。维斯特在20世纪70年代初曾经发表过一项有关主题的研究成果(WÜSTER 1971)。

3.6.2.1 主题关系

我们要把主题关系（它们存在于个别概念之间）与逻辑概念关系相区分。主题关系中的概念并不遵循严格的序列法则。它们只是表明，在可比较的主题之间存在着一种类似于逻辑概念关系那样的关系，也就是说，一个主题位于另一个主题之上或者之下，或者与另一个主题有亲缘关系，类似于逻辑关系中的并列关系或者对角线的排列关系。而对于逻辑概念关系而言，则存在着严格的上级关系或者从属关系（宽泛的概念和狭窄的概念）或者概念亲缘关系（并列关系或者对角线关系）。

主题由一个无系词的概念连接组成，譬如"能量和科学"，所以，这个主题可以是主题"核电和水力发电"的大主题，也可以是主题"水力发电"的大主题。但是，一个主题也可以是一个带有句子纽带的概念连接，譬如，"天然气危险吗？"这些主题关系是否存在取决于是否包括一个从属性的主题,单独的一个主题就无法使用。

3.6.2.2 主题系统

由于各种主题间关系的存在,主题就可以作为思维构成物而被安排到主题系统中去。主题系统用于对主题对象客体进行排列或者对这些主题对象客体进行划分。主题对象客体的排列采取的是主题分类或者汇编(Thesauren)的形式。这两者的区别在于:在大多数情况下,主题分类是由一组彼此分开而没有什么联系的个别概念组成,而汇编则是由具有亲缘关系的、宽泛的或者狭窄的个别概念组成。主题分类的例子:国际图书十进分类法(*Die Dezimalklassifikation*)(DK)。在主要采用机械化信息系统的汇编中,有时还使用简化概念的处理方法(WÜSTER 1971)。还存在着以圆圈图形、直角图形和树状图形以及其他图表形式的汇编系统(见Ⅰ3.2.2.8(2))。

主题对象客体的划分,可以是一个主题以框架的形式按顺序划分成小主题。主题和小主题之间要以系统的形式反映出彼此之间的主题关系。划分在逻辑上是严密的。以这种方式,某知识领域或某专业领域就可以划分成分支领域。因为,知识领域和专业领域之间在大多数情况下是异质的,特别是在交叉科学领域里,所以,对于总体领域来说,还没有形成统一的逻辑概念系统。然而,为总体领域形成一个主题系统,为整体领域建立起逻辑概念系统却是可能的。主题系统在科学著作、术语编纂著作或者工具书中需要作划分的地方使用是很频繁的。

3.6.2.2.1 主题分类

主题分类是概念和对象客体的分类,在这种分类中,缺少一个概念系统的中间阶段(见Ⅰ3.2.2.8)或者一个对象客体系统的中间阶段(见Ⅰ3.1.5)。

对于部分概念系统的一体化而言,主题分类是一种分类框架,或者它为文本的段落关系(主题)描绘了一种类似的框架,如上。

3.6.2.3　主题内涵

与概念内涵类似,为了把概念‹主题›作为逻辑构成物看待,也存在着主题内涵。主题内涵或者由引导词概念(Schlagwortbegriffe)组成,或者由称之为归纳或者抽象的逻辑陈述组成。如果扩充一下的话,它们还可能是文章段落。

3.6.2.4　主题连接

主题是思维构成物,它是由个别概念、概念组或者由借助于系词(Kopula)连接在一起的概念组成。这些思维构成物形成了主题对象客体的主题内涵,它可以通过不同的方式加以描述。主题连接(它们由个别概念组成)造成的结果并不是像概念连接那样产生一个新的概念,主题连接表达的仅仅是,那些通过这些主题所表达的概念在主题中出现过。

主题连接首先在信息系统中,为了描述主题对象客体或者为了寻找主题对象客体而得到使用。在这里的描述可称为"加引导词"(Beschlagwortung)、"做索引"或者"加主题"。为了在查询信息过程中提高找到适当主题对象客体的效率,人们运用"布尔代数"(Boolsche Algebra),把要寻找的概念与运算符(与、或者、否)连接起来。通过这种方法,每任意一个来自给定集合的相互连接起来的部分集合,可再次在文献资料中找到。

3.6.2.5　主题符号

我们在上面已经看到,我们必须对主题对象客体、主题内涵和主题符号加以区分。

视主题内涵而定,主题符号可能是一个概念符号、分类符号、汇编词语、名字、引导词、关键词、数字、图示符号,或者在概念连接中是一个按照句法规则组合在一起的主题符号(标题)。

一个汇编词语是一个主题符号,它可以是一个"叙词"(Deskriptor),也可以是"非叙词"。一个"叙词"是一个汇编词语,它的含义是在汇编中确定的。在专业语言和信息系统中,相同的符号可以代表不同的概念。

除了主题符号之外,还存在着主题符号构成物,譬如,文本的内容描述(归纳概括)等。

3.6.2.6 主题对象客体—主题内涵—主题符号之间的对应

信息科学中,存在着主题对象客体—主题内涵—主题符号的对应关系,它与普通术语学中的对象客体—内涵—符号的对应关系相类似。对象客体—内涵—符号的对应关系,主题对应关系对于在科学、技术和经济生活中实现相互理解是具有基础性意义的,它有助于人们在现存专业文献的专业文本中,找到确定的对象客体关系。

一个主题对象客体可以是一个对象客体、对象客体关联体、一种事态或者事态联系,它们在一篇专业文本中得到运用(见 3.6.2)。

在信息和文献资料(Information und Dokumentation)(IuD)中,我们常说到"搜索策略",这种策略说的是:寻找到与相关题目有关的尽可能多的文本,而将不需要的信息尽可能地保留到最少。术语学意义上的对应只可能产生逐条逐项的结果,这还是符合人们的期望值的,特别是在事实文献中。我们常使用"主题搜索策略",这个策略是以淘汰简化概念、消除同义词和(同音/形)异义词这些现象为基础的(WÜSTER 1971:3)。在一个文献资料汇编中的"叙词(系索词)",作为个别概念、概念连接而与主题对象客体相对应。一方面,"叙词(系索词)"用于描述,另一方面,用于寻找主题对象客体。叙词及其符号(如上),只对某个确定的信息系统有效。但是,逻辑内涵描述(借助于逻辑句子而进行的概括归纳)也可与主题对象客体相对应。除了这些规定了的对应,还存在着自由选择的概念间的对应,它们的符号可以是引导词(口号)、关键词、索引词、图示符号、数字等。所以,人们必须严格区分人造的主题对应和真正术语意义上的主题对应。

3.7 原则和方法论

方法论(Methodenlehre)是逻辑学的一个分支。所有科学努力的目标,是要形成一个知识总体,即知识系统。建造科学系统的砖瓦是概念。方法论由概念的内涵描述、概念系统的形成和对陈述的证实组成。大多数的逻辑学家将方法论划分为普通方法论和特殊方法论。普通方法论对于所有的专业领域都适用,而特殊方法论只对一个确定的专业领域有效。

于是,一些逻辑学家将普通术语学又划分为启发学(Heuristik)和系统学(Systematik)。前者涉及的是发现认识,后者涉及的是整理认识。

普通术语学中存在着普通术语的原则和方法理论。它是普通术语学(ATL)的核心部分,以此为基础,一个统一、协调和有效的术语工作所需要的基本原则和方法发展了起来,见 FELBER/BU-

DIN(1989)。

3.8 专门科学和专业领域

普通术语学与专业科学之间相互影响。建立在普通术语学之上的术语学原则和方法学说，使得统一的术语工作具备了可能性。另外，在具体科学和专业领域中，对于每门具体科学而言，还存在着一个具有专业特殊性的术语学理论。我们称其为特殊术语学理论。这些理论，首先研究的是具有专业特殊性的名称要素的发展，这些理论只对相关的领域具有确定的意义，例如，后缀名称要素"em"在语言学中的使用：Morphem（词素）、Graphem（字位/字素）、Phonem（音位）等，或者物理中的物质组成部分通过后缀名称要素"on"标明：Proton（质子）、Neutron（中子）、Elektron（电子）、Meson（介子）等。另外，我们也使用着确定的概念内涵描述，譬如，物理学中的数学方程式、化学中的结构式。

个别具体科学和专业领域，考察的是专业领域中的现实，为的是获得对这些现实的正确认识。另一方面，专家们创造思维构成物（概念），这些思维构成物形成了新的对象客体（行为事实），像这样的例子在技术领域中是大量存在的。如果没有技术领域中的秩序、系统和规则的形成和制定，如果没有概念和名称的标准化的话，那么这种发展只会带来科学、技术和经济领域中的混乱。专家们在无意识中做了这样的假设：获得认识是可能的，逻辑法则是存在着的。在研究和开发工作中附带产生的术语问题，在术语委员会中得以讨论并获得解决，如果这些问题是共同的，它们就是普通术语学考察的对象客体。因此，普通术语学是从科学、技术领域中,特别是从后者所产生的术语问题中发展而来的。我们从技术标准化中得出了这样的认识:如果没有术语标准化,实现专业标准化是不可能的(WÜSTER 1970b)。

4. 知识理论

4.1 概论

在我们研究知识理论(WL)之前,我们要详细地考察一下两个重要的概念:知识(Wissen)和科学(Wissenschaft)。在这里,我们采用博琴斯基(BOCHENSKI)的论述(1965)。

4.1.1 知识

知识是某种心理的东西,在人类的心理之外知识是不存在的。每一种知识都是个体人的知识。因为,作为心理现象的知识,与作为内涵的知识是有区别的。知识有一个对象客体,也就是人们知道的东西。这是一种事态(Sachverhalt)。人们不可能知道一个对象客体或者一种特性,而只可能知道一个东西或者一种特性是怎样获得的,对于事态的了解也是这样。

我们用概念、事态(以逻辑句子出现)的形式去描绘对象客体、特性以及它们之间的关系。对于知识来说,只有作为表象(Vorstellung)的概念还不足够。知识还与用逻辑句子表达的事态有关。除了主观构成物之外,还存在着客观构成物(逻辑句子),它反映了一种具体的事态。知识技术研究的是与"存在者"(ein Seiendes)、现实(Wirkliches)有关的知识内涵。

4.1.2 科学

我们可以从两个角度对科学进行考察。

(1) 从主观上说,科学不是系统化的知识之外的某种东西。也就是说,只有具有科学知识的人,才能彻底、系统地去研究某个领域,除了个别的事态之外,他还能认识事态之间的相互关联。

(2) 从客观上说,科学是由客观句子组成的系统。它不是与个别人相联系,而是与许多人的集体工作相联系。因此,只有用符号描述的、也可供其他人使用的逻辑句子才属于科学的范畴。

下面我们简单探讨一下认识现象。认识具有两种因素:主观的和客观的。一个要被认识的对象客体与认识着的意识是面对面的。在最大多数情况下,最普遍的东西是跳跃到人的眼睛里的认识现象的基本特征,它存在于客体和主体的这种二元性的对立当中(HESSEN 1950,1:180)。

在古代和中世纪时,认识理论不是一门哲学学科。认识理论是近几个世纪(公元1500年至今)的产物。它的创始人是约翰·洛克(John LOCKE 1690)。然而,伊曼纽尔·康德(Immanuel KANT 1781)却是它公认的真正创始人。古希腊罗马的思想,主要是亚里士多德的思想,其出发点是:认识(Erkennen)是对象客体的一种反映。感知觉是这样实现的:感知觉着的主体得到的是客体的感性形式。亚里士多德在他有关灵魂(Seele)的论文中,描述了这么一种过程:

每一种感觉都是这样理解的:人们把感知觉看成是一种能力,感性形式没有吸收物质材料,就好比印章的记号沾上了蜡,蜡虽然接受了金或者铁制金属(作为印章的载体)的记号,但并不因为印章是金或者铁制合金制成的,蜡就吸收了铁或者金。

感性认识构成了理性认识的基础。理性认识的结构与上述情况相似。正如感知觉要与感知觉的客体(对象客体)相适应一样,理解力也要与思维客体(对象客体)相适应。在这里通过对形式的接受也实现了某种相似性。现在,我们所谈论的不只是一个感性的形式,也谈论着一个(只能用智力去了解的)概念的形式。为此,我们要考虑到事物的本质形式,它无非就是柏拉图放到具体事物中去的理念(HESSEN 1950,1:194)。

古代思想是这样描述认识问题的:我们用于确定对象客体的概念从何而来?答案就是——事物的本质概念是从感性物质中抽象而来的。因此,更高的认识也是自身制作和形成的对象客体的一种反映(HESSEN 1950,1:195)。康德把作为一种创造性行为的人类的认识与认识的这种易被人们接受的亚里士多德的见解相对立。把自发性与复制相对立。一个现代的认识理论家有理由这样说:认识并不意味着简单地去反映对象客体,而是要找出这个对象客体本质上的确定性和与其他对象客体之间的联系。只有这样,对象客体的特性(正如从观察者的角度上看它如同表现那样)才能为人们所理解(SWITALKI)。

另外,在认识理论中起作用的是认识或者是对象客体的反映或者是对象客体的产物,"对象客体的反映"、"对象客体的产物"之间是一种"逻辑或"关系。第三种可能性是认识是对对象客体的一种理解(HESSEN 1950,1:215)。认识理论的缺陷在于某种主观片面性。因此,亚里士多德的认识理论/思维论(Neotik)(Erkenntnislehre)研究的是在时空中已经存在的事物世界,即外部世界,柏拉图的认识理论/思维论研究的是内在世界(Innenwelt），而康德的认识理论只研究自然现实（就它在数学上的理解而言）。

对于普通术语学、知识理论和知识技术而言，逻辑和本体论构成物的对应是很重要的，就如同它们在科学和技术的实际工作中所表现出来的那样。

知识领域或者专业领域的建立是从基本概念和基本原则（而不是派生的逻辑句子）出发的。

基本概念是内涵最贫乏的概念，概念系统由这些基本概念组成，这个系统构架了各自知识领域或者专业领域的结构。许多概念系统通过一个主题系统（见Ⅰ3.6.2.2）而形成一个单位。某个知识领域或者专业领域很少只由一个概念系统组成。由基本原则（基本句子）派生出来的逻辑句子系统，由概念和逻辑句子组成的思维模式以及相关的方法，构成了每一个知识领域或者概念领域的核心。基本概念和原则划清了每种知识领域和专业领域之间的界限。从哲学意义上说，基本概念指的是像存在（Sein）这样不再有大概念的概念，以及哲学中不是派生出来的原则、我们思维的界限以及由此产生的我们通过思维可以把握的世界的界限。

4.1.3 知识理论的描述

现在，我们将尝试着用与普通术语学（ATL）类似的方法对知识理论（WL）进行描述。知识理论（WL）是关于知识构成物的理论学说，也是关于对象客体、思想世界和符号世界中知识构成物各要素及其相互对应关系的理论学说。它是跨学科的。它建立在对象客体理论、存在理论、概念理论、思维理论、认识理论、符号理论和术语学理论的基础上，同样，它也是以诸如信息科学的知识、专业知识和具体科学的知识为基础的。

普通术语学以思维单位(概念)和对象客体—概念—符号的对应关系为根据,与此相对,知识理论(WL)则立足于知识单位(基本逻辑句子)以及对象客体复合体—概念复合体—符号复合体的对应关系,知识理论建立在普通术语学(ATL)的构成物之上并由这些构成物组成。

知识理论(WL)为理论和模型的建立提供了基础,也为世界观研究(Weltbildforschung)和世界概念建筑物研究(Weltbegriffsgebäudeforschung)提供了依据。此外,它是这类知识技术的基础,这些知识技术研究的是计算机辅助的个别专业和具体科学领域的知识构成物以及知识资料的描述、理解、利用、整理、储存、记载和复制,它们也研究知识分析。借助于这种方法,理论、世界观、价值观和意识形态是否为人们所接纳就能体现出来。

下面就详细考察一下个别知识构成物。

4.2 对象客体构成物

正如我们在Ⅰ3.1.2中看到的那样,对象客体理论是本体论的一个分支,它研究的是对象客体构成物。

对象客体理论考察的是对象客体的这样在(*Sosein*)或者对象客体构成物,存在理论(*die Seinslehre*)考察对象客体的存在(实在)(*Dasein*)或者对象客体构成物。一个对象客体是对象客体世界的一个片段,这个世界以相互交织的特性结构呈现在我们面前。对象客体构成物是由我们的思维创造的。

我们已经看到,最简单的是对象客体的对象客体构成物,它的要素是特性。

在知识理论(WL)中,存在着对象客体的复合构成物,这里强调的是它们之间的关系或者连接状态。在这里我们所谈到的对象客体连接是一种对象客体构成物,它或者是一种事态,或者是一种事态的连接。处于中心点的,总是一种陈述(事态—逻辑句子—符号句子的对应关系),因为只有它描述知识。如果这种陈述是真实的,事态就是合乎实际的,或者如果这种陈述是正确的,它就与一定的规则是相适应的(见Ⅰ4.5.3)。

对象客体构成物存在着的三种形式:
(1) 对象客体
(2) 对象客体连接,它可能是:
——一种事态
——一种事态链
——一种事态系统
(3) 对象客体构成物模型

4.2.1 事态

一种事态是最简单形式的两个对象客体之间的连接或者对象客体及其特性之间的连接。

对象客体关系的例子:«黄金是一种金属»

对象客体—特性关系的一个例子:«金刚石是坚硬的»。

一种事态能够表达一种静止的状态,但也可以表达一种动力学的状态,譬如,一种过程、一种运动。

4.2.2 事态链

一种事态链(*Sachverhaltkette*)是一种事态集合,它们通过一个或者若干个组成部分概念(*Glieder*)相互连接而成。

例如,(«»表示事态)。

(1)«黄金是一种金属»

(2)«金属是一种物质材料»

(3)«黄金是一种物质材料»

4.2.3 事态系统

事态系统是由确定的组成部分概念(Glieder)而相互连接在一起的事态。

4.2.4 对象客体构成物的模型

对象客体构成物的模型可以是一个对象客体集合、对象客体系统、事态、事态系统,它们共同构成了一个整体。例如,原子的结构模型。

4.3 思维构成物

思维构成物是思想世界的一个构成物,它对应于一个对象客体构成物。

在思想世界里,存在着思维构成物的三种形式:

(1)概念,它能由一个、两个或者若干个要素、特征组成。它描述一个思维单位,这个思维单位与一个理想的或者现实的对象客体有关。它构成了普通术语学(ATL)的核心。

(2) 概念复合体,它或者是一个逻辑句子或者是一种逻辑句子的连接。

一种概念复合体可以是:

——一个逻辑句子

——一个逻辑句子链

——一个逻辑句子系统

(3) 一个思维构成物模型可以是:概念集合、概念系统、逻辑句子、逻辑句子系统,它们构成了一个整体。

4.3.1 逻辑句子

逻辑句子是至少由两个概念组成的思维构成物,这两个概念通过一个逻辑纽带(连接概念)相互连接在一起。如果它(基本逻辑句子)与一个相关的事态具有对应关系的话,那么概念是怎样描述思维单位的,基本逻辑句子就是怎样描述一个知识单位的。基本逻辑句子由一个主语概念、一个逻辑纽带(譬如,是)和一个谓语概念组成。

如果逻辑句子与一种事态相对应,并且通过一个符号句子加以表达的话,我们谈到的就是一种陈述(说明)。

逻辑句子是知识理论的核心。

在知识理论(WL)中,我们有必要用附加符号«»标明事态,用附加符号‹›标明逻辑句子。一个由字母链组成的符号句子则不用标明。

例如,‹金刚石是坚硬的›(逻辑句子)

«金刚石是坚硬的»(事态)

在陈述中涉及的对象客体对应于一种特征(概念),譬如,«金刚石»是‹坚硬的›,因为,坚硬的不是概念‹金刚石›,而是对象客体

«金刚石»。

正如我们已经看到的(见 I 3.1.1.2)，只有形式对象客体(即一个特性集合)是与普通概念相对应的，这样的特性集合存在于相关对象客体集合中的每一个对象客体里。但是，这个集合里的每个单个的对象客体，除了这些特性之外，还具有其他的特性，这些特性是其他的对象客体集合所没有的。

每个个体对象客体，是一个带有无限特性集合的独一无二的个体。如果现在用一种这样的对象客体来说明一种特性(它没有包含在相关对象客体集合的形式对象客体里)的话，这种说明只对个体对象客体有效，而不适用于以形式对象客体的形式组合而成的对象客体集合。

4.3.1.1 基本句子

基本句子(Grundsatz)是一个不能从其他的句子里派生出来的逻辑句子。

一个复合三段论/演绎推理中最上层的句子，就是一个基本句子(Grundsatz)，即它的主语概念是基本概念的逻辑句子。基本概念指的是，不能从其他概念中派生出来的概念。

基本句子预先规定思维构成物的形成，例如，世界概念构成物(Weltbegriffsgebäuden)。

每一个复合三段论的最下层是一个逻辑句子，它的主语概念是一个个体概念，即一个与个体相对应的概念。

4.3.1.2 逻辑句子学说

为了形成一个逻辑句子，句法规则(Syntaxregeln)是必不可少的，它把概念连接成了一个一体化的构成物，这个构成物表达一种意义。在这个一体化的构成物中，每个概念在句子中有一个特定的功能，譬如，主语概念、谓语概念、宾语概念等。

标准化语言的句法规则常常会形成多义性的句子,在专业语言里也能找到它的运用(见Ⅰ4.5.2.1模型3)。例如,"das Schiff, das ein Unterseebot versenkt hat..."可以翻译为:"一艘(被)潜水艇击沉的船(这艘船被潜水艇击沉了)……";或者可以翻译为:"一艘击沉了潜水艇的船(这艘船击沉了潜水艇)……",其中,Unterseebot(潜水艇)可以做主语也可以做宾语,从而产生了多义性。在专业语言中,人们则尽力避免这种句子的多义性,因此,与术语学类似(在术语学中,人们力图通过术语规则而去排除概念的多名性和符号的多义性),我们致力发展一种可以防止多义性的专业语言理论。

在数理逻辑(die mathematische Logik/Logistik)中,我们开发了单义的句法规则,以设法实现句子的单义性。在数学、物理、化学等的形式语言中,通过这种句法规则可以排除多义性。这对于在计算机技术中所运用的形式语言也是适用的。计算机语言是单义的,否则的话,人和计算机之间的交流就不可能实现了。

因此,专业语言理论可以实现这样的目的:一方面,借助于严格的句法规则,使得作为专业句子的逻辑句子变成单义;另一方面,与术语学相对应,在句子中要求使用唯一单义(eineindeutig)的符号。

4.3.1.3 作为知识要素的特征

在自然科学和技术中,特征能够转化成一种事实,也就是说,能够转化为对象客体的一种特性,这种特性是可以通过科学方法检验的。对于标准语(die Gemeinsprache)而言,诸如"高、重、亮"这样的表达就够用了,而科学和技术则需要更精确的、与标准相适应的陈述表达。

为了便于比较,这个特征可以转换成一种带有尺寸说明的尺寸比例数字,譬如,12cm 高,630N/mm² 密度(fest)等。以这种方式,特征概念就变成了逻辑陈述中的谓语概念,譬如,要说明一种确定的钢,我们就说,它能够经受得住 630N/mm² 的拉应力。事实是知识单位的知识要素,它从一种逻辑陈述中获得,而且是可以证实的。在这种情况下,一个不是逻辑学意义上的而是本体论意义的事态就确定下来了。逻辑句子对应于一种本体论的事态。

4.3.1.4 定义

普通术语学从它创立伊始,就对定义问题有所研究。最新的理论表明,在逻辑学中我们需要区分:定义是怎么描述的,概念内涵又是如何描写的。它们的本质区别在于:在逻辑学或者认识理论中,定义是一种陈述(说明),这一点是通过句子纽带得以表达的。而概念内涵的描写则不是。

在逻辑学中,陈述是一个思维构成物,在符号层次上,一个逻辑句子对应于一个符号句子。最简单的形式是,这个逻辑句子由主语概念、谓语概念和句子纽带组成。句子纽带起到的是关系功能,如果这个关系功能同时表示出一种断言功能的话,这种关系功能就表现为一种陈述(说明)。逻辑句子需要有一个对象客体以便形成陈述,也就是说,它需要有一个是具体构成物的事态。在逻辑层次上,逻辑句子能从自身出发,在与对象客体层次有关联的情况下,即在与事态有关联的情况下,形成一种与逻辑表达一致性有关的陈述。因此,这就涉及陈述的内涵问题,即涉及一种逻辑句子和一个客观事态之间的一致性问题。这种由认识理论考察的一致性我们称之为真理(真实性)(*Wahrheit*)(见 I(7)(3.1.1)附录 6)。

陈述的核心是用主语概念代表的主语对象客体,它通过句子纽带而与谓语概念相连接。在"雪是白色的"这个例子里,符号"雪",可以意味着:一个名称、一个概念或者一个对象客体。我们需要对它在图示上作些区分,譬如,用斜体字雪表示名称,用‹雪›表示概念和用«雪»表示对象客体。这些图示同样适用于"白色"这个名称。

逻辑所考察的只是思维构成物‹雪是白色的›的正确性。"白色"这种事态必须通过经验来证实。因为,在«雪»是‹白色的›这个陈述中,‹雪›——逻辑句子的概念可能不是‹白色的›的。一种事态与逻辑句子的一致,必须或者通过经验或者通过推论链而得到证实,否则,在逻辑学意义上,就不可能存在真理/真实性(Wahrheit)。基于上述的要与逻辑的矛盾法则相一致这一依据,逻辑句子‹雪是白色的›是没有矛盾的,即在思维上是正确的。另一方面,陈述«雪»是‹白色的›是真实的。这是逻辑句子相互不矛盾的前提。符合句法的德语句子"Schnee ist weiss"(雪是白色的)符合德语的语法规则。所以,它是正确的。

现在,我们来讨论句子"雪是红色的"的情况又如何呢?符合句法的句子"雪是红色的"在语法上是正确的,因此,在句法上是合理的。逻辑句子‹雪是红色的›在逻辑上是无意义的,因为它与‹雪是白色的›相矛盾。只能有一个逻辑句子是真实的。尽管如此,陈述«雪»是‹红色的›可以是真实的,如果沙漠的沙子通过一场风暴被旋转到空气中,并且以"红色雪"的形式作为冬天的降雪降落下来的话,就会出现这样的情况。

上面已经指出,在概念限定(Begriffsbestimmung)和定义之间也存在着区别。从严格的意义上讲,逻辑可能只是一种陈述和一种定义。一种定义是一种论断,它可能是真实的或者不真实的,或者根据规则,它可能是正确的或者错误的。

只有真实的或者正确的句子才能描述一种知识。与概念和本体论的描述相对应的有：

(1) 逻辑定义

(2) 本体论定义

4.3.1.4.1 逻辑定义

逻辑定义是一种肯定的概念描述，它由关于一个对象客体的个别陈述的总和所组成，它们涉及的是对象客体的个别特性。个别陈述把特征概念作为谓语概念，它们描述知识要素。总体上，定义经常以套叠长句、数学公式或者化学分子式或者图示的形式进行表达。这种网络化是对象客体世界特性网络化的结果，它在陈述中有所反映。

因为不同的逻辑句子可以分派给同一种事态，所以存在着等效的逻辑句子(见Ⅰ4.5.2.2)，就如同在普通术语学(ATL)中存在着一种对象客体的等效概念一样(见Ⅰ3.4.2.3 模型2)。

一种事态可以描述一种静止的状态或者一种运动状态(即过程)。在后一种情况下，"时间"这个特征作为知识要素出现(譬如，对象客体在时间上的变化、对象客体的地点改变等)。

4.3.1.4.2 本体论定义

本体论定义强调的是对象客体关系(见Ⅰ3.1.4)，它们由其叙述部分纳入到一个整体中去的个别陈述组成，或者由其叙述部分并入到邻近组成部分(Nachbarglieder)中去的个别陈述组成，或者其叙述的事件是由在时间上先后排列的个别陈述构成。

4.3.2 逻辑句子链

两个逻辑句子可以通过一个相同的概念相互联系在一起。这些句子中的每一个都对应于一种不同的事态。它们是两个不同的陈述。这些陈述的连接导致一种新事态的产生。

在逻辑学中，人们把这样的操作称为推论。若干个逻辑句子也可以相互连接在一起。于是，它们和与它们相对应的事态及其符号句子构成了一个陈述链（Aussagekette），人们称之为连锁推论（Kettenschluß）。

4.3.3 逻辑句子系统

逻辑句子可以组合成一个系统。它们和分派给它们的事态和符号系统一起，构成了一个陈述系统，它是每一种科学或者每一个专业领域的支柱。在大多数情况下，模型或者理论是在此类系统上建立的。

4.3.4 思维构成物的模型

思维构成物的模型是由概念、概念系统、逻辑句子及其逻辑句子连接和系统组成的结构。它是一个和谐的整体，它代表着一个对象客体结构或者事态结构。这个复合的构成物，它对应着相关的对象客体构成物和事态构成物，描述的是来自现实的一个片段。

这个模型能够代表一部分在现实中静止的或者运动的状态。例如，原子模型，太阳系模型等。

4.4 符号构成物

符号构成物是符号世界的一个构成物，它分派给一个思维构成物，在交流中，它代表着这个思维构成物。为了简单起见，我们在符号概念和符号形态之间不作区分,而只是简单地把它们都通称为符号。

有四种类型的符号构成物:

(1) 符号,它可以由符号要素组成。

(2) 符号复合体,它或者是一个符号句子,或者是一个符号句子的复合体。

符号复合体可以是:

——一个符号句子

——一个符号句子链

——一个符号句子系统

(3) 符号构成物模型

(4) 专业文本

4.4.1 符号句子

一个符号句子由符号形式组成,这些符号形式通过一个逻辑内涵(含义)集中在一起,并构成了一个整体。单个的符号是依据各自语言的语法规则,依照分派给它们的概念的功能进行排列的,在总体上,它们代表着句子的意义,句子的意义无非是与逻辑句子相适应的事态。

事态、逻辑句子和符号句子构成了陈述的三个组成部分。最简单的情况应该是有一个主语符号、一个句子纽带和一个谓语符号。

因为符号句子形式不仅可以代表事态,也可以代表逻辑句子,或者简单地代表符号句子链,所以与普通术语学类似,事态应该通过符号«»标明,逻辑句子应该通过符号‹›标明。

4.4.2 符号句子链

一个符号句子链是一个符号构成物,它描述两个或者若干个符号句子,它们通过相同的概念符号或者对象客体符号连接在一起。

4.4.3 符号句子系统

符号句子系统是一个符号构成物,它分派给一个逻辑句子系统,它代表对象客体世界片段的系统结构。

4.4.4 符号构成物的模型

符号构成物的模型可以由符号、符号系统、符号句子、符号句子链和符号句子系统的集合组成。它分派给思维构成物一个模型,这些思维构成物,代表着对象客体世界的一个片段。

4.4.5 专业文本

专业文本是一个符号构成物,它能够由符号形式的总体(譬如概念符号、符号句子形式、标准语言的词语符号和图像)组成,它们代表了一个观察的现实片段的思维构成物。标准语言(Gemeinsprache)的词语充当符号构成物之间的连接部分(Bindeglieder)。

4.5 对象客体复合体—概念复合体—符号复合体的对应

4.5.1 概论

知识是以对象客体构成物和思维构成物相对应的确实性为依

据的。这种确实性依赖于这种对应的等效性。不是每一种对应都描述一种知识。只有那种被证实了的对应才是真实的，并且描述现实的。

证实可能是一种证明（直接的感知觉），一种思维的必要性或者一个推论或者一个推论链。

知识理论涉及的是真理/真实性（Wahrheit）。

在Ⅰ4.2到Ⅰ4.4中，我们已经认识了对象客体复合体、概念复合体和符号复合体。现在我们谈谈它们的相互对应。

4.5.2 事态—逻辑句子—符号句子的对应

我们在Ⅰ3.4.2.1中已经认识了对象客体—概念的对应。事态—逻辑句子的对应则完全是另一种类型。通过句子纽带"是"，代表被考虑的对象客体的概念连接到了这个对象客体的一个确定片段（一个特性）上，这个对象客体由一个特征概念所代表，或者给连接到了另一个对象客体的概念上。通过这种方式，出现了一个逻辑句子，它对应到了一个相关的事态上，并且通过一个符号句子表达了出来。事态（Sachverhalt）、逻辑句子和符号句子共同组成了一个陈述，它们是它的组成部分（Bestandteile）。这些陈述是认识理论的关键所在。

与实际情况相对应，不同的概念可以对应于（同）一个对象客体（见Ⅰ3.4.2.3模型2），视对象客体有哪些特性用于概念的构成而定，具有不同概念结构的不同的逻辑句子可能与同一种事态相对应。

逻辑句子的主语概念还可以代表同一对象客体的另一个形式对象客体（见Ⅰ3.4.2.3模型4—7）。

在逻辑句子里,主语概念代表表明某种东西的对象客体。谓语概念表明这个对象客体说明的是什么。它借助于句子纽带,与这个对象客体或者这个对象客体的一个特性建立联系。在逻辑句子‹雪是白色的›中,概念‹雪›代表对象客体«雪»,这个对象客体表明的是,它具有«白色的»的特性。也就是说,概念‹雪›不是‹白色的›,而是对象客体«雪»是‹白色的›。

在科学和专业领域中的概念动力学,经常会促成新认识的形成,这些新认识是以证实了的陈述为基础的。概念是知识要素,它们在证实事实(Fakten)的陈述(Tatsache)中形成。但是,事实描述的不是知识,而是它与一个对象客体之间的肯定关系。

4.5.2.1 对应的模型

模型描述的是基本的逻辑句子。但是,每一个逻辑句子可以由若干逻辑句子的部分组成。

在描述中,我们使用下面的感官符号:

简单构成物:

△ = 对象客体

○ = 概念

□ = 符号

组合的构成物:

△—△ = Sachverhalt (Gegenstandsverbund) 事态(对象复合体)

○—○ = logischer Satz (Begriffsverbund) 逻辑句子(概念复合体)

□—□ = Zeichensatz (Verbund von Zeichen) 符号句子(符号复合体)

模型1:一种事态,一个逻辑句子,一个符号句子(单义的符号句子)。这是一种单义的情况。

在单义的陈述中,涉及的是一种事态和一个逻辑句子的对应关系,这个逻辑句子的符号句子只与这个逻辑句子相对应。

下面给出的是一个图示描述:

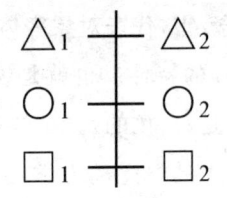

$$\begin{array}{c|c} \triangle_1 & \triangle_2 \\ \bigcirc_1 & \bigcirc_2 \\ \square_1 & \square_2 \end{array}$$

符号$\square_1$仅对应于概念$\bigcirc_1$,概念$\bigcirc_1$只代表对象客体$\triangle_1$。这一点同样适用于对象客体$\triangle_2$、概念$\bigcirc_2$和符号$\square_2$。

对于进行交流而言,这是一种理想情况:在这种情况下,事态$\triangle_1$——$\triangle_2$仅仅与逻辑句子$\bigcirc_1$——$\bigcirc_2$相对应,而且这个逻辑句子只对应于符号句子$\square_1$——$\square_2$。

模型2:一种事态,两个或者若干个等效的逻辑句子,每一个符号句子对应于每一个逻辑句子。

下面是模型2的一个图示描述。

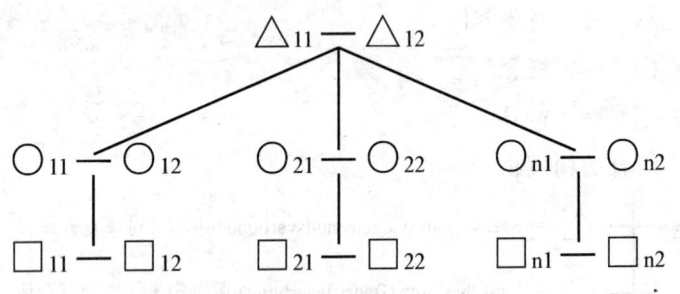

$$\triangle_{11} - \triangle_{12}$$

$$\bigcirc_{11} - \bigcirc_{12} \quad \bigcirc_{21} - \bigcirc_{22} \quad \bigcirc_{n1} - \bigcirc_{n2}$$

$$\square_{11} - \square_{12} \quad \square_{21} - \square_{22} \quad \square_{n1} - \square_{n2}$$

逻辑句子1($\bigcirc_{11}$——$\bigcirc_{12}$)、逻辑句子2($\bigcirc_{21}$——$\bigcirc_{22}$)……逻辑句子n($\bigcirc_{n1}$——$\bigcirc_{n2}$)对应于事态1($\triangle_{11}$——$\triangle_{12}$)。但也可以做到,一个逻辑句子由多于两个的概念组成,譬如,$\bigcirc_{11}$——$\bigcirc_{12}$——$\bigcirc_{13}$——$\bigcirc_{14}$,尽管事态是二元的。

事态也可能是多元的。

在符号层次上,逻辑句子 1($\bigcirc_{11}$——$\bigcirc_{12}$)通过符号句子 1($\square_{11}$——$\square_{12}$),逻辑句子 2($\bigcirc_{21}$——$\bigcirc_{22}$)通过符号句子 2($\square_{21}$——$\square_{22}$)……逻辑句子 n 通过符号句子 n($\square_{n1}$——$\square_{n2}$)表达出来。

一个二项的逻辑句子也可以通过一个多项的符号句子表达出来,譬如,$\square_{11}$——$\square_{12}$——$\square_{13}$——$\square_{14}$……

例如,一个以一座桥梁的形式存在的现实对象客体,在对象客体关系中,质量及其大小作为特性,也就是说,在一种关系中,一个现实对象客体和两个理想对象客体一并存在。

"桥梁"这个事态就是:《桥梁的质量是 1000 吨》。

下列的几个等效的逻辑句子与这个事态相对应:

(1) ‹桥梁重 1000 吨›(三项)。

(2) ‹桥梁是 1000 吨›(三项)。

(3) ‹桥梁有 1000 吨重›(三项)。

(4) ‹桥梁的质量总共是 1000 吨›(四项)。

(5) ‹ ›

……

(n) ‹ ›

所有这些逻辑句子都是有关这座"桥梁"的等效陈述。

尽管所有的逻辑句子都是不同的,但是它们都与同一事态相联系。

与上述的图示描述相对应,概念是连接起来的,例如,

(11) ‹桥梁›(主语概念)

(12) ‹是……(重)›(谓语概念)

(13)‹1000 吨›(状语概念/表语概念)

或者

(21)‹桥梁›(主语概念)

(22)‹重›(谓语概念)

(23)‹1000 吨›(状语概念/宾语概念)

……等等。

在符号层次上，符号句子通过与概念相对应的符号对应物而构成。它们的项数与逻辑句子相一致，因为一个概念与每一个符号都相对应。

模型2.1　多语性

模型2也可以用作使用不同语言进行翻译的模型。在那里，一个具有x项的事态(指的是其关系涉及的x个对象客体或者x个限定片段的事态)，通过划分为(x+n)或者(x−n)项的逻辑句子而在不同的语言中得以复述，因为，在大多数情况下，概念结构在不同的语言中是不同的。然而，相关语言的所有逻辑句子与有关的事态是等效的。

但是，相关语言符号句子的项数与逻辑句子的项数是相同的，因为，一个符号必须与每一个概念相对应。

模型3：一个符号句子，两个或者若干个逻辑句子与这个符号句子相对应，一种事态与每一个逻辑句子或者两个或者若干个逻辑句子相对应。

下面是模型3的一个简化图示描述。

事态、逻辑句子和符号句子可以有两个或者两个以上的组成部分。只是逻辑句子和符号句子的项数必须相同。

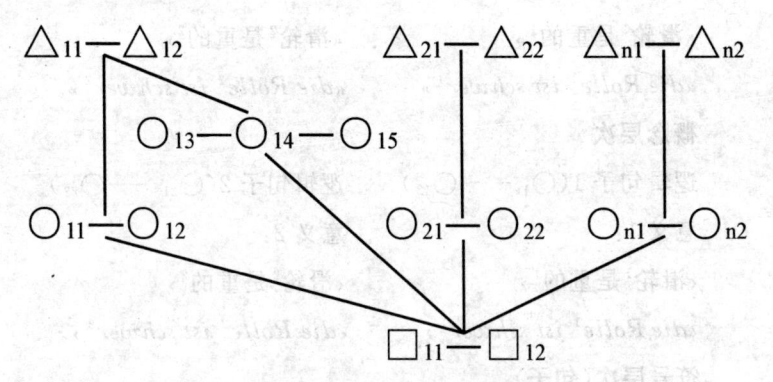

```
△₁₁—△₁₂            △₂₁—△₂₂      △ₙ₁—△ₙ₂
       ○₁₃—○₁₄—○₁₅
○₁₁—○₁₂              ○₂₁—○₂₂      ○ₙ₁—○ₙ₂
                        □₁₁—□₁₂
```

一个或者若干个逻辑句子与每一种事态相对应,也就是说,逻辑句子 1($○_{11}$——$○_{12}$)和逻辑句子 2($○_{13}$——$○_{14}$——$○_{15}$)对应于事态($△_{11}$——$△_{12}$),逻辑句子 2($○_{21}$——$○_{22}$)对应于事态 2($△_{21}$——$△_{22}$),逻辑句子 n($○_{n1}$——$○_{n2}$)对应于事态 n($△_{n1}$——$△_{n2}$)。

事态和逻辑句子也可以是多项的。

同一个符号句子($□_{11}$——$□_{12}$)对应于每一个逻辑句子。

例如,多项的符号句子

(1) 不同的事态(不同对象客体的复合体)。

(2) 不同的逻辑句子(通过不同概念的连接)。

(3) 不同陈述的相同的符号句子。

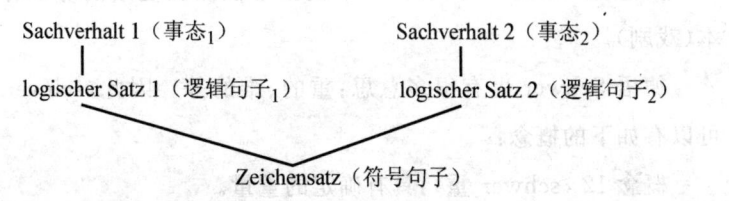

Sachverhalt 1(事态₁)   Sachverhalt 2(事态₂)

logischer Satz 1(逻辑句子₁)   logischer Satz 2(逻辑句子₂)

          Zeichensatz(符号句子)

对象客体层次

事态 1($△_{11}$——$△_{12}$)   事态 2($△_{21}$——$△_{22}$)

«滑轮¹是重的¹»　　　　　　«滑轮²是重的²»

«die Rolle¹ ist schwer¹»　　«die Rolle² ist schwer²»。

概念层次

逻辑句子 1(○₁₁——○₁₂)　　逻辑句子 2(○₂₁——○₂₂)

意义 1：　　　　　　　　　意义 2：

‹滑轮¹是重的¹›　　　　　　‹滑轮²是重的²›

‹die Rolle¹ ist schwer¹›　　‹die Rolle² ist schwer²›。

符号层次(句子)

滑轮是重的　die Rolle ist schwer

事态 1(△₁₁——△₁₂)：«Rolle¹ ist schwer¹»

事态 2(△₂₁——△₂₂)：«Rolle² ist schwer²»

逻辑句子 1(○₁₁——○₁₂)：‹滑轮¹是重的¹›‹Rolle¹ ist schwer¹›

逻辑句子 2(○₂₁——○₂₂)：‹滑轮¹是重的²›‹Rolle² ist schwer²›

符号句子(□₁₁——□₁₂)　滑轮是重的　die Rolle ist schwer

德语 Rolle 有很多意思：滑轮、角色、台词等。因此，Rolle 还可以有如下的概念：

概念 11 ‹Rolle¹滑轮¹›：圆盘形状的机器部分，周围带有接受绳索或者链条的沟槽(机器制造)。

概念 21 ‹Rolle²台词²›：一个剧本中供演员使用的那部分文本(戏剧)。

德语 Schwer 也有很多意思：重的、难的等。因此，schwer 还可以有如下的概念：

概念 12 ‹schwer¹重›：具有确定的重量。

概念 22 ‹schwer²难›：需要高记忆能力。

一个多义的句子指的是在符号复合体的符号多义性基础上，

具有多个专业意义的句子。在知识理论中,句子的多义性与普通术语学中符号的多义性相类似。

4.5.2.2 等效的逻辑句子

在概念意义上不同的、具有一定结构的逻辑句子可以与同一种事态相对应,这些逻辑句子是等效的(见Ⅰ4.5.2.1模型2)。这产生的后果就是:针于同一种事态,可以形成不同的逻辑句子,因为每次的概念组合总是不一样的,具有不同教育程度或者使用不同语言的语言共同体的成员,使用不同的方式对现实进行着自己独到的理解。

因为不同的语言共同体成员对现实的不同理解,是造成跨国家民族的交流中产生困难的根本原因,但不是唯一的原因。

不同语言间的文本翻译,是在各自语言中把具有不同结构的逻辑句子与同一种事态进行相互对应而得以实现的。在不同的语言共同体中,与对象客体世界相对的是一个有着差别的概念世界。从哲学的角度上看,对象客体世界对于所有的人来说,并不是同一个,每一个人都是塑造其对象客体世界的参与者。真理(真实性)的存在,并不在于我们能够越来越恰当地去仿制一个客观对象客体世界的概念世界,而在于我们能够通过我们的知识和经验去改变我们所感知了的对象客体世界,因为这个世界是和我们的精神世界相互联系而存在着的。

如果我们超越了"对象客体世界—概念世界"这种二元性,我们就会认识到,这个对象客体世界是受我们影响的,因为,它不是存在于我们之外,而是存在于我们的内部。逻辑的真理(真实性)不是绝对的真理(真实性)。正如伟大的哲人智者和神秘主义者从超精神的内心体验(Innenschau)角度出发而认识到的,在超越了"自我意识—对象客体世界"二元性之后,才能获得绝对的真理(见

Ⅲ4.5)。

4.5.2.3　组合的对象客体、思想和符号构成物

对象客体世界从整体的角度向我们表明：它是现实性的片段。正如我们在前面已经看到的，这些片段是对象客体构成物，我们把思想构成物与它们相对应，并在符号层次上（交流层次上）借助于符号构成物而使它们得到表达。

在普通术语学（ATL）中，存在着由简单的构成物组成的单位以及由要素组成的单元。通过这种方法，在对象客体世界中，对象客体作为单位存在，其特性作为要素存在，在思想世界里，概念作为思维单位，其特征作为要素，在符号世界中，符号作为单位。

在知识理论（WL）中，单位由复合构成物组成。在对象客体世界中，事态是单位，对象客体（特性集合）或者一个单个的特性是要素。在思想世界中，带有概念（特征集合）的逻辑句子（知识单位）或者作为知识要素的单个特征作为单位。在符号世界中，作为概念载体的符号是其要素，符号句子是单位。

所有这些复合构成物可以在对象客体层次上、思想层次上和符号层次上进行分解，我们可以运用知识技术（WT）对它们进行加工处理（见Ⅰ5）。

下面我们将详细地考察一下。

4.5.2.3.1　知识构成物

对于知识理论（*Wissenslehre*）来说，知识构成物和知识单位是基础。

知识单位（*Wissenseinheit*）是知识构成物的一块建筑砖瓦。它由一个基本的逻辑句子组成，一种恰当的事态与这个逻辑句子相对应，这个逻辑句子借助于一个符号句子而得以表达。

知识单位描述一个论断。

知识构成物或者是一个陈述或者是一个陈述复合体,这个陈述复合体是由一个概念复合体组成的,它代表着一个对象客体复合体,并且对应于一个符号复合体。

知识构成物可以是:

(1) 一个陈述

(2) 一个陈述复合体,也可以是:

——一个知识链

——一个知识系统

(3) 一个知识模型

(4) 一个知识构成物

4.5.2.3.1.1　陈述

陈述是与一种事态相应的逻辑句子,一个符号句子与这个逻辑句子相对。陈述描述的是一种论断。

4.5.2.3.1.2　知识链

借助概念,陈述彼此之间得以连接,通过这种方式,也就形成了一个知识链(推论结构),这个知识链造成了新知识的形成。

4.5.2.3.1.3　知识系统

我们可以依据不同的角度而把陈述拼合到一个系统上。不同逻辑句子中的句子成分的概念关系或者内涵关系(意义单位)起到的是整理排序的作用。

一种理论可以由概念系统、知识系统以及知识模型构成。例如,化学元素系统。

4.5.2.3.1.4　知识模型

所有的陈述、知识链和由对象客体现实(*Gegenstandsgege-*

benheiten)组成的知识系统可以拼合成一个和谐的整体,目的是为了描述静止的或者活跃的状态,描述对象客体现实的作用原理等。它们建立起的是有关这些现实情况(Gegebenheiten)的一个模型。

例如,原子模型、行星运动模型、在经济领域或者技术中的模型。

4.5.2.3.1.5 知识构成物

知识领域,即专业领域或者具体科学领域由概念、概念系统、陈述、知识系统和知识模型以及促成这种知识形成的方法所组成。事实(*Fakten*)(描述了知识要素的经证实了的谓语概念)构成了以专业为导向的领域的核心。

4.5.3 陈述的现实性和正确性

知识理论的目标是形成真实的陈述。我们已经看到,真理(真实性)是一个逻辑句子与一种恰当的事态之间的对应。于是,在对应的情况下,我们就说这个句子是真实的。如果这个句子与一种规则相符合,我们就说这个句子是正确的。

例如,"二乘以二等于四"。这个陈述是正确的,因为它符合基本的运算法则(加法法则)。

"一个三角形中三个角角度的总和等于两个直角的角度之和"。这个陈述只对于欧氏(欧几里得)几何学而言是正确的,而对于黎曼几何学(Riemannsche Geometrie)来说,它就是不正确的。

理想的和物质的(可觉察到的)对象客体世界描述现实。思维构成物与这个现实相对应。因为,我们的思维没有能力超越现实去得到一种确实性,因而这些思维构成物就代表着现实。由此出现的哲学问题就是:"对象客体正如它们本来的样子,是真实的吗?或者,存在着对象客体的一种本质(物自体,自在之物),从这一点来看,对象客体是否仅仅是现象?"

逻辑经验主义(维也纳学派)从基本原则出发认为:世界就是像我们所感觉到的那种样子。

与此相反,柏拉图的理念学说是从理念出发的,他认为:理念本身就是真实的,可觉察到的对象客体只是理念的现象。

一个逻辑句子和一种相关的事态之间的对应关键在于:主语概念和谓语概念必须是限定的,以求获得逻辑句子的真实。正如我们已经看到的,不同的概念可以对应于同一个对象客体。这些概念可能一直代表着这个被对应的对象客体,但它们的概念内涵通过不同的特征集合总是与各不相同的形式对象客体相对应(见 I 3.4.2.3)。

在"对象客体—概念"的对应中,我们已经看到,除了在个体概念的情况下(这个概念是对应于一个形式对象客体的,而这个形式对象客体只由一个确定的对象客体集合的共同特性集合所组成),这个确定的对象客体集合中的每一个对象客体,也能够具有另外的一些特性,而这些特性没有包含在共同的特性集合中。

下面的描述说明了这一点:

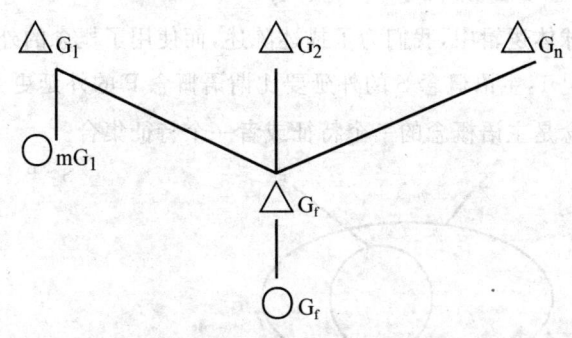

$$\triangle G_1 = \triangle e_1 G_1 + \triangle e_2 G_1 + \triangle e_3 G_1 + \cdots\cdots + \triangle e n G_1$$

$\triangle G_2 = \triangle e_1 G_2 + \triangle e_2 G_2 + \triangle e_3 G_2 + \cdots\cdots + \triangle enG_2$

$\triangle G_f = \bigcirc G_f$(对应:形式对象客体—概念)

$\triangle eG_1 = \bigcirc mG_1$(对应:$\triangle G_1$ 的特征—$\bigcirc G_1$ 的概念特征)

$\bigcirc G$ = 对应到对象客体上的概念

$\bigcirc mG = \bigcirc G$ 概念的概念特征

$\triangle Gf$(形式对象客体) = $\triangle G_1, \triangle G_2, \cdots\cdots, \triangle G_n$ 的特征共同集合

$\triangle e_1 G_1 = \triangle G_1$ 的特征

$\bigcirc G_f$ = 概念,它们由与 $\triangle G_f$ 的特性相对应的特征组成

$\bigcirc mG_1$ = 特征概念,它们与 $\triangle eG_1$ 特性相对应……

在特性 $\triangle e$ 中,从 $\triangle G_1$ 到 $\triangle G_n$ 存在着这样的一些特性,它们只在少数的对象客体中存在,因此,它们在形式对象客体 $\triangle G_f$ 中不存在。

这产生的结果就是:有关对象客体的一个确定集合的陈述,只对于形式对象客体而言会是真实的,而对于这个确定集合的单个对象客体 $\triangle G_1, \triangle G_2, \cdots\cdots, \triangle G_n$ 而言,则不是真实的。

在对应于形式对象客体 $\triangle G_f$ 的概念 $\bigcirc G_f$ 中,只有与共同的形式对象客体 $\triangle G_f$ 相对应的特征包含在里面。

4.5.3.1　球体逻辑(Sphärenlogik)

在球体逻辑中,我们为了描述陈述,而使用了概念的外延:

情况 1:主语概念 S 的外延要比谓语概念 P 的外延更大,或者谓语概念是主语概念的一个特征或者一个特征集合。

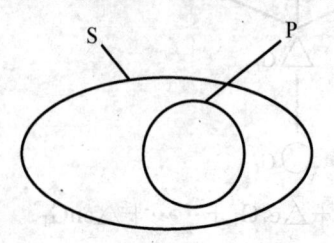

例如,黄金是黄色的。

如果谓语概念是主语概念的一个特征概念,那么,陈述就是真实的或者正确的,也就是说,与特征概念相对应的特性概念必须位于主语对象客体之中。依据康德的观点,这与分析判断相对应。

情况2:主语概念S的外延比谓语概念P的外延更小。

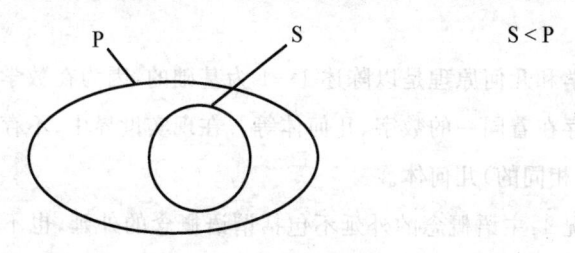

$S < P$

例如,黄金是一种金属。

如果谓语概念的概念内涵比主语概念的概念内涵更小,也就是说,如果谓语概念P的特征集合包含在了主语概念S中的话,那么这个陈述就是真实的或者正确的。于是,谓语概念的概念外延比主语概念的概念外延更大一些。从术语学的意义上说,这是一种不完全的概念描述。对于一种概念描述而言,起限制作用的特征必须有所说明,这些特征把这个概念(它是谓语概念的小概念)与同一概念序列的邻近概念区别开了。在上面的例子中,正是这些特征概念而把黄金、铁、铜等区分开了。

借助于一些这样的陈述,一个概念系统也就建立了起来。它确定了大概念—小概念的关系。

情况3:主语概念S的概念外延与谓语概念P的外延相同。

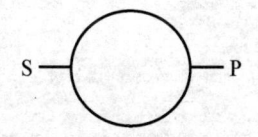

如果两个概念的内涵是相同的,那么,这个陈述就是真实的或者正确的。

例如,1 km＝1000m。这是一个名义定义。

特殊情况是具有同一性(Identität)的陈述(≡)。

例如,米勒先生≡米勒先生。也可能另有一位先生冒充是米勒先生。

数学和几何原理是以陈述 1≡1 为基础的,因为在数学或者几何学中存在着同一的数字、几何体等。在现实世界中,不存在完全同一的(相同的)几何体。

情况 4:主语概念的外延不包括谓语概念的外延,也不只是部分包含谓语概念的外延,但是主语概念的外延包含在一个包含了两者的外延中。

例如,红色不是蓝色。

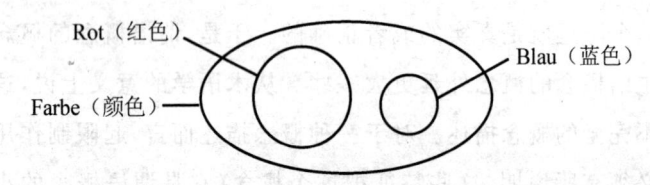

Rot（红色） Blau（蓝色）
Farbe（颜色）

红色的外延和蓝色的外延都是颜色外延的一部分。

5. 知识技术

5.1 概论

每一种知识领域和专业领域,也就是说人类的活动领域都有其专业性的概念、专业概念系统、专业概念符号、其专有的思维学说和方法学说以及思维模型。同时,对于所有的这些领域或者至少对于同类的这些领域来说,普通概念理论和符号学、逻辑学的普通思维理论和方法论、认识理论以及普通术语学和知识理论都是有效的。

正如我们在上面已经看到的,思维和知识是受个体制约的,也就是说,它们是心理现象。

然而,思维内涵和知识内涵是客观的。

5.2 知识技术的对象客体

知识技术是应用科学的一个分支,它研究个别知识领域和专业领域,说得更确切一些,它研究人类活动领域的思维内涵和知识内涵。知识技术包含了分析、领会理解、描述,以及借助于计算机进行的专业思维内涵和知识内涵的储存和复述。

因此,知识技术的目标在于借助机器手段(计算机)对科学知识进行利用、整理、进行系统化和描述,目的是为了重新找到已经获得的知识或者知识要素,并且获取新的知识(启发学)。

在这里,知识技术指的是知识信息科学和计算机支持的启发学(借助于计算机寻找新知识)。为此,知识资料即知识构成物必须要加以利用、运用或者整理、描述(见Ⅰ4.2到Ⅰ4.4)。

那么,知识技术究竟涉及的是什么样的知识资料或者构成物呢?

它们是:

——基本思维构成物:概念

——基本知识构成物:陈述

——复杂思维构成物:概念系统

——复杂知识构成物:推论、推论结构、方法、模型

基本思维构成物也称之为思维单位,基本知识构成物也称之为知识单位。复杂的思维构成物由思维单位(概念)组成,复杂的知识构成物由知识单位(陈述)构成。基本的知识单位是由要素、概念组成的,基本思维单位由概念要素、特征组成。

从这个角度上看,我们就能很清楚地了解到,什么样的含义是和与对象客体特性有着一定联系的特征相适宜的。就如同电视机图像中的像点一样,特征结构是每一种科学世界观的基础。

5.3 科学分析

科学分析指的是,将一个知识领域或者专业领域的知识构成物拆分成单位,并要揭示出它们之间的关系。这种知识技术的工作只能由相关知识领域或者专业领域的专家们来完成。这些工作

涉及包含着思维内涵的知识内涵的加工。为此,我们应该从基本概念而不是从派生出来的原则出发(见Ⅰ4.3.1)。

首先涉及的是一种事实分析。事实指的是对象客体特性的可证实的特征,在事实库(Faktenbank)中人们能够依据特征类别而找到它们。引导事实产生的方法也属于知识分析的范畴。

事实的形成取决于方法的选择。这些方法在方法库中可以找到。知识模型也属于方法,这些知识模型是一些与现实相关的思维构成物,它们作为陈述结构而组合在一起。

金属物理学中的例子:人们可以在事实库的确定特征类别里找到金属的特性,譬如抗拉强度、疲劳极限、电传导性等。

方法库中的方法描述的是人们怎样获取事实,譬如,检查抗拉强度的方法。另外也描述了生产这些金属的方法。

金属性能的科学基础包含在模型库里,譬如,以粒子(质子、中子、电子)形态以轨道模型形式出现的原子结构。借助把电磁波发射到原子栅上,借助于这种结构,金属的机械、电力和磁性的特性得到了解释。

5.4 知识描述

知识通过词语符号、概念符号、感官符号和图像符号(映像符号)而得到描述。在此,感官符号和图像符号起着极为特殊的作用。

为了描述与事态对应的知识内涵,术语学规则和句法规则是绝对不可缺少的。普通术语学为术语学规则提供了必要的基础。句法规则(见Ⅰ4.3.1.2),就其优点而言,有一部分优点我们可以归功于数理逻辑方法的使用。将各种关系和陈述尽可能地加以数学化是完全必要的(譬如,运用函数和自变量的方法)。然而,如果是去建立一种与现实世界的事态之间的对应关系的话,实现完全的数学化则是不可能的。通过术语学规则和句法规则,我们可以排除符号—概念关系的多义性,或者符号—构成物—逻辑句子这种对应关系的多义性。虽然,在知识技术中,语言分析不如像它在普通逻辑中那么重要,但是,为了避免因句法的使用而造成的多义性,与术语学相类似,在知识技术中,我们也有必要发展起一种专业语言学。

因为只有符号才可以借助计算机进行加工,因此我们必须精确区分所涉及的是符号、概念还是对象客体,正如在前面几个章节里我们已经阐述过的。概念是通过概念内涵的描述,对象客体是通过组成部分的描述,事态是通过一个真实的陈述而得以表达的。

5.4.1 知识领会、知识储存和发布

知识资料的领会、储存和发布依赖于所应用的知识系统。因此,算法程序要依据相应的知识系统的规则而进行编写。

5.4.2 知识系统

从以上的叙述我们不难理解,一个知识系统或者一个知识库是由:

(1) 知识构成物库

(2) 术语资料库

(3) 事实库

(4) 方法库

组合而成的,知识系统或者知识库包含了资料源的一种证据(Nachweis)。

(1) 知识构成物库

提供:陈述、陈述复合体、知识模型等(见Ⅰ4.5.2.3.1)

(2) 术语资料库

提供:概念、概念关系、概念系统、概念符号—概念的对应关系、概念符号、概念符号系统(如果是已知的)、对象客体符号、对象客体关系、组成部分描述以及其他的本体论对象客体系统。

(3) 事实库

提供:有关对象客体和事态的事实。事实是直接通过经验或者间接通过推论而得到证实的陈述。

譬如,材料资料库里包含许多材料的识别数据(Kenndaten)。这样的识别数据是物理的、化学的以及其他的数据,应用数据等。

(4) 方法库

这里储存了在知识领域或者专业领域中获取知识所必需的方法和模型。

目前在医学中已经有了知识库的实际例子。未来是知识系统的世界,因为知识系统使得研究和实践活动变得更加有效。

6. 附 录

附录1

概念内涵组成部分与陈述内涵之间的对照

概念内涵/组成部分(Begriffsinhalt/Bestand)		陈述内涵(逻辑句子)
(1) 功能	思维单位	知识单位
(2) 结构	概念:特征或者概念连接的复合体,它们没有系词连接。例如, (1) 概念:思维构成物,它代表着一个对象客体。 (2) 概念描述:内涵描述或者外延描述。 组成部分:对象客体关连体的描述或者组成部分描述。	通过系词连接的概念。主语概念、谓语概念、系词 例如,黄金是金属。
(3) 与现实的相一致性(只在概念内涵方面)	概念内涵只与一个对象客体或者对象客体部分有关,也就是与一个现实对象客体或者形式对象客体(思维对象客体)有关(见Ⅰ3.1.1.2)。一个对象客体的特性集合与特征相对应,总体上它们构成了概念。依据概念—对象客体关系,一个概念只可以是可能的或者不可能的。	逻辑句子与事态有关,也就是说,谓语概念与由主语概念描述的对象客体有关(见Ⅰ4.5.2)。 句子纽带在一个对象客体的片段和谓语之间产生连接,因而,要强调特性—特征的对应关系。 事态是对对象客体的每一次明确,或者是对象客体之间的一种关系。

(续表)

	不可能概念的例子： ‹四角形的圆圈›	依照逻辑句子—事态关系,来判断陈述是真实的还是虚假的(见Ⅰ4.5.3)。 现实性通过以下的方式而得到证实： ——思维证明 ——感知觉证明 ——推论
(4) 与现实完全的或者部分的相一致	概念可以部分地代表现实的不同片段,也就是说,它们可以代表现实对象客体或者它的一部分(形式对象客体),即:代表不同的特性集合。 a. 主语概念和谓语概念可以完全一致。于是,我们就说到限定的陈述或者定义陈述(见Ⅰ4.5.3.1情况3)。 例如,1km=1000m b. 谓语概念是主语概念的一个特征或者一个特征集合(见Ⅰ4.5.3.1情况1)。 例如,黄金是黄色的。 c. 主语概念是谓语概念的从属概念(见Ⅰ4.5.3.1情况2)。 例如,黄金是一种金属。	
(5) 系统化	概念:概念内涵确定了概念在概念系统中的位置。 组成部分中： 对象客体(观念的或者现实的)可以作为组成部分在一个本体论系统中得以考察。这样的系统是:组成部分系统(整体—部分)、作用系统、拓扑系统、按时间顺序排列的系统、功能系统等等。	

165

(续表)

(6) 概念内涵或者组成部分的描述	概念内涵可以通过概念限定或者概念解释而得到描述。 a. 概念限定指的是,借助于对直接的大概念和起限制作用的特征进行说明(陈述)(这些特征必须属于同一种特征类型)而进行的概念描述。它规定了(概念)在概念系统中的位置(见I 3.2.2.5.5)。 b. 概念解释指的是,借助于对与概念系统无关的特征进行说明而展开的概念描述(见I 3.2.2.5.6)。组成部分可以通过对属于它的对象客体进行列举而得到描述(见I 3.1.7)。	
(7) 陈述的类型(依据HESSEN 1950,1:128—130的观点)	概念内涵的描述 例子:钢:合金化的铁。 普通术语学的本体论关系(见I 3.1.4)。 并列关系(见I 3.1.4)。 拓扑关连体关系(见I 3.1.4)。 前后关系(见I 3.1.4)。 按时间顺序排列的关连体关系(见I 3.1.4)。 组成部分关系(见I 3.1.4)。 作用关系(见I 3.1.4,S.oo)。 功能关连体(见I 3.1.4)。	a. 分析和综合陈述 在分析陈述中,谓语概念包含在主语概念之中。谓语概念可以通过分析而获得。 在综合陈述中,是一个新的特征添加到了主语概念的内涵中去。 b. 定量陈述和定性陈述。 定量陈述只涉及主语概念的全部外延,或者只涉及外延的一部分。定性陈述可以肯定或者否定一个陈述。 c. 事态陈述 (1) 针对对象客体 (1.1) 表明一个对象客体是什么的事态。 对象客体的本质限定(定义陈述) 例子:钢是合金化的铁。

(续表)

	——特性、状态、活动。 例子:黄金是黄色的。 (1.2)有关"实在"的事态 例子:Transpluto存在。 (1.3)有关价值的事态 例子:汽车式样漂亮。 (2) 对象客体之间 (2.1)现实关系。它们是现实对象客体之间的关系: (2.1.1)场所关系 例子:A位于B的旁边 (2.1.2)时间关系 例子:A在B之前 (2.1.3)整体—部分关系 例子:A是B的一部分。 (2.1.4)因果关系 例子:A导致B的产生。 (2.1.5)目的关系 例子:A作为B的目的。 (2.2)理想/观念—现实关系 在这种关系中,关系中有一部分是理想/观念的(理想对象客体),另一部分是现实的(现实对象客体)。 例子:这棵树是苹果树。这棵树是一个现实对象客体,苹果树是一个理想对象客体(形式对象客体)。 (2.3)理想/观念关系 在这种关系中,关系中的两部分都是理想的/观念的,即:它们是理想对象客体。 例子:森林是植物共同体。

附录 2

术语编纂资料汇编的特征图

a
符号类型

- a1 概念符号
- a11 名称
- a12 感官符号
- a13 缩略符号
- a14 名字 1
- a2 对象客体符号
- a21 图像符号（映像符号）
- a22 名字 2
- a3 主题符号
- a4 图表

b
描述类型
（概念或者对象客体）

- b1 概念描述
- b11 内涵描述
- b111 概念限定
- b112 概念解释
- b2 组成部分描述
- b21 组成部分确定
- b22 组成部分分解

c
系统化

- c1 系统化
- c11 概念系统
- c111 清单形状描述
- c112 概念图表
- c12 组成部分系统
- c121 清单形状描述
- c121 组成部分图表
- c2 非系统化

d
专业领域

通过一个分类标志法标明的专业说明

e
语言

通过 ISO - 标准 639 的语言符号所做的标明

f
语言类型
（符号或者图形语言）

- f1 民族语言
- f2 计划语言
- f3 公式语言

168

f4 图形语言

i
i1 单个作者
i2 若干个作者
i3 委员会

h 权威
h1 推荐
h11 规定的
h12 标准化
h2 指定的
h3 非一规定的

k
k1 人工
k2 使用用计算机

g 项目的顺序
g1 实物顺序
g2 题目顺序
g21 题目框架+实物顺序
g22 题目框架+字母顺序
g3 字母顺序
g4 间接的字母顺序
g5 语言部分
g51 垂直项
g52 水平项
g6 依据语言进行的划分

j
j1 书籍
j2 卡片索引
j3 磁盘
j4 软盘

第 二 部 分

术语学和专业语言的交接点

0. 概论

从本书第一部分我们已经了解到,术语学是专业语言的一个基本组成部分。在过去的几十年里,因为人们受认识水平的限制,专业语言只当成是术语学与标准语言简单句法的相加。但是,在科学、技术和经济生活以及具体专业实践中,涉及的不仅是概念与对象客体的恰当对应或者概念和符号的单义对应关系,而且还涉及这样一类陈述:它们尽管也以前面提到的那些对应关系为基础,但是它们描述的却是论断。这就涉及真实或者正确这类问题(见Ⅰ4.5.3),也就是涉及真实或者正确的陈述。

术语学和专业语言学,研究对象客体世界、思想世界和符号世界的构成物。这些构成物在关系上是紧密相连的。

下面我们就对可以展开的例子进行详细论述,这些例子很适合在讲授单语或者多语术语学课程时使用。

多语系统所建造的专业语言句子,可以像概念系统那样用作多种用途,在信息系统和知识系统中,情况更是这样。

1. 对象客体——事态

1.1 对象客体(术语)

在术语学中,作为对象客体世界一部分的对象客体(见Ⅰ3.1.1)和对象客体要素(特性,见Ⅰ3.1.1.1)构成了术语学活动的基础。

1.2 事态(专业语言)

在专业语言中,描述对象客体复合体的事态构成了专业语言活动的基础(见Ⅰ4.2.1)。

2. 概念——逻辑句子

2.1 概论(术语)

在术语学中,描述一个思维单位的概念,构成了术语学活动的出发点(见Ⅰ3.2.2)。

术语是立足于对象客体—概念—符号的对应关系上的。

2.2 基本逻辑句子(专业语言)

在专业语言中,描述一个知识单位的基本逻辑句子,构成了专业语言活动的出发点(见Ⅰ4.3.1)。

专业语言立足于事态—逻辑句子—符号句子(语言句子)的对应关系。语言把事态作为状态或者作为事件而进行描述。在作为状态的情况下,一种特性或者另一个对象客体与这个对象客体相对应,譬如,"这个植物是黄色的(事态—状况)";"这个植物变黄了(事态—时间)";"这座建筑物(现实对象客体)是一座城堡(理想对象客体)"。现实对象客体所发生的具体、客观的事件,可以是对象客体在空间地点上的变更,也可以是对象客体在时间上的变化,譬如,躯体从 A 转向 B(空间),或者一只幼虫从蛹的阶段向蝴蝶的转变(时间)。在概念层次上,一个逻辑句子与事态相对应,一个符号句子对应于逻辑句子。

逻辑句子是一种论断,至少它由主语概念和谓语概念组成。谓语概念可以通过以下方式得到表达:

(1) 一个动词(譬如,坠落)

(2) 一个助动词+名词性表语(譬如,有……的重量)

(3) 一个助动词+形容词(譬如,是重的/沉的)

谓语概念是这样的一种概念:一种语言类别(时态)添加到它的上面,这种语言类别是与主语概念有关的。如果逻辑句子有一个恒定的含义的话,那么在专业语言中,由谓语概念就会产生一个专业语言句子或者一个专业语言习语。

如果基本逻辑句子与一个合适的事态(对象客体关系)相对应的话,那么这个句子就是一个知识单位。于是,我们说它是真实的。如果这个句子与一定的规则(观念上的事态)相对应的话,那么它就是正确的。对于一个概念,我们不能说它是真实的或者正确的,它只可能是等效于一个对象客体。知识理论所涉及的就是上面提到过的事态—逻辑句子—符号句子的对应关系。

不同的等效并且是真实的逻辑句子,可以与一种事态相对应(见Ⅰ4.5.2.1模型2)。这一点与术语学类似,在术语学中,不同等效的概念可以以一个对象客体相对应(见Ⅰ3.4.2.3(1)模型2)。

有一种极端情况,是由于现在、过去和将来时态以及不定式时态造成的。从术语学角度上看,它们是概念,它们通过若干个名称而表达出来。这些名称的概念是主要概念的特征概念。从专业语言上说,这种时态描述的是由若干个概念组成的语言复合体。举例来说,从术语学上讲,"*ballon fahren*"(乘气球)是一个概念,就像名称"*Ballonfahrt*"(乘气球)或者动名词"*Ballonfahren*"(乘气球)一样。但是,从专业语言学的角度上讲,"*ballonfahren*"却是一个语言复合体。

3. 概念系统——专业语言句子系统

在术语学中，概念系统给出的是有关专业领域或者具体科学领域概念关系的一种概况。与术语学类似，在专业语言中，可以依据专业语言句子的不同概念而建立起由这些句子(陈述)组成的系统。一个专业领域或者具体科学领域中的陈述系统描述的是这个领域的基本框架。

概念系统和由专业语言习语组成的系统，在专业文本加工处理和编辑加工中起着重要作用，对于知识系统而言，情况也是这样。为此，我们有必要把术语库、专业文本库和知识库网络化。在术语学中，为了描述概念外延，我们使用可以识别小概念关系的概念系统。前面提到过的不定式时态，就可以通过一个概念系统而得到精确的描述。在专业语言中，完全可以发展起与概念系统相对应的为专业习语建立的系统。

以下引用概念系统和专业语言习语系统的几个例子。这些系统可以依据不同的特征类型而建立。对专业语言而言，习语的特征类型可能是一个主语概念、谓语概念、状语概念、宾语概念、定语概念。

3.1 概念系统(术语)

3.1.1 名称是一个名词

划分视角:在媒质、传动装置等中的运动。

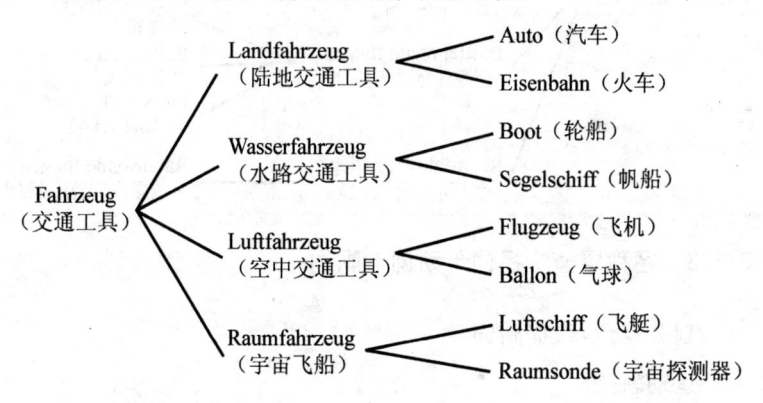

```
                    Landfahrzeug ─────── Auto(汽车)
                    (陆地交通工具) ────── Eisenbahn(火车)

                    Wasserfahrzeug ───── Boot(轮船)
                    (水路交通工具) ────── Segelschiff(帆船)
Fahrzeug
(交通工具)
                    Luftfahrzeug ──────── Flugzeug(飞机)
                    (空中交通工具) ────── Ballon(气球)

                    Raumfahrzeug ──────── Luftschiff(飞艇)
                    (宇宙飞船) ─────────── Raumsonde(宇宙探测器)
```

3.1.2 名称是一个名词+动词

划分视角:在媒质、传动装置等中的运动。

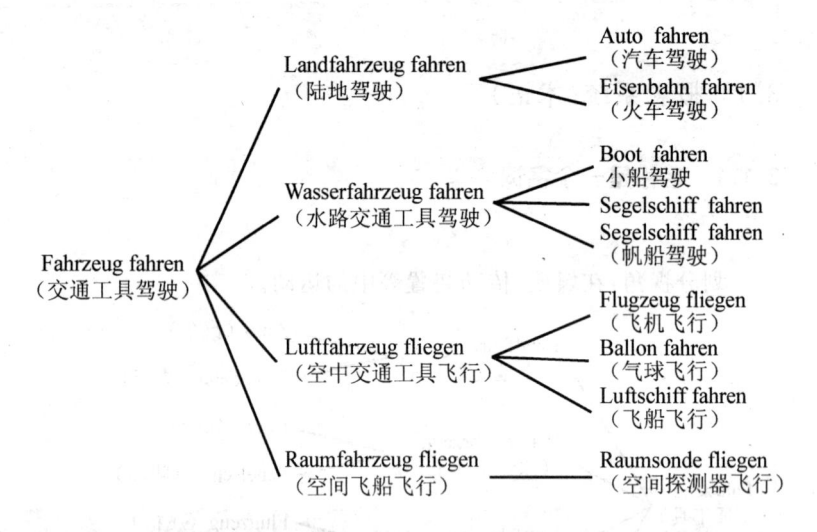

```
                                              Auto fahren
                                              （汽车驾驶）
                    Landfahrzeug fahren
                    （陆地驾驶）
                                              Eisenbahn fahren
                                              （火车驾驶）

                                              Boot fahren
                                              小船驾驶
                    Wasserfahrzeug fahren
                    （水路交通工具驾驶）       Segelschiff fahren
                                              Segelschiff fahren
Fahrzeug fahren                               （帆船驾驶）
（交通工具驾驶）
                                              Flugzeug fliegen
                                              （飞机飞行）
                    Luftfahrzeug fliegen      Ballon fahren
                    （空中交通工具飞行）       （气球飞行）
                                              Luftschiff fahren
                                              （飞船飞行）

                    Raumfahrzeug fliegen      Raumsonde fliegen
                    （空间飞船飞行）           （空间探测器飞行）
```

3.1.3 名称是一个名词＋动词＋副词

划分视角：依据副词。

运动轨迹

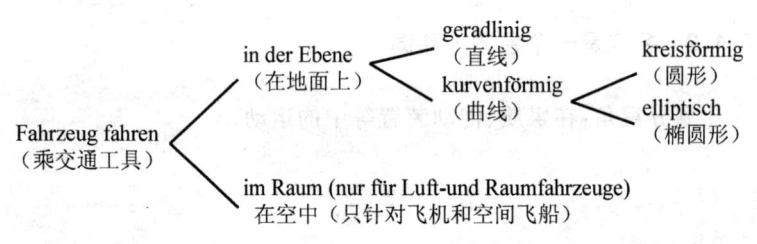

```
                                geradlinig
                                （直线）              kreisförmig
                in der Ebene                         （圆形）
                （在地面上）    kurvenförmig
                                （曲线）              elliptisch
Fahrzeug fahren                                      （椭圆形）
（乘交通工具）

                im Raum (nur für Luft-und Raumfahrzeuge)
                在空中（只针对飞机和空间飞船）
```

可以把概念系统的确定阶段组合在一起，譬如："船以圆形轨迹行驶"。

3.2 专业语言句子系统或者习语(专业语言)

3.2.1 由至少是主语概念+谓语概念组成的逻辑句子

依据与一个合适的谓语概念相连接的主语概念进行划分。
划分视角：在媒质、传动装置……中的运动。

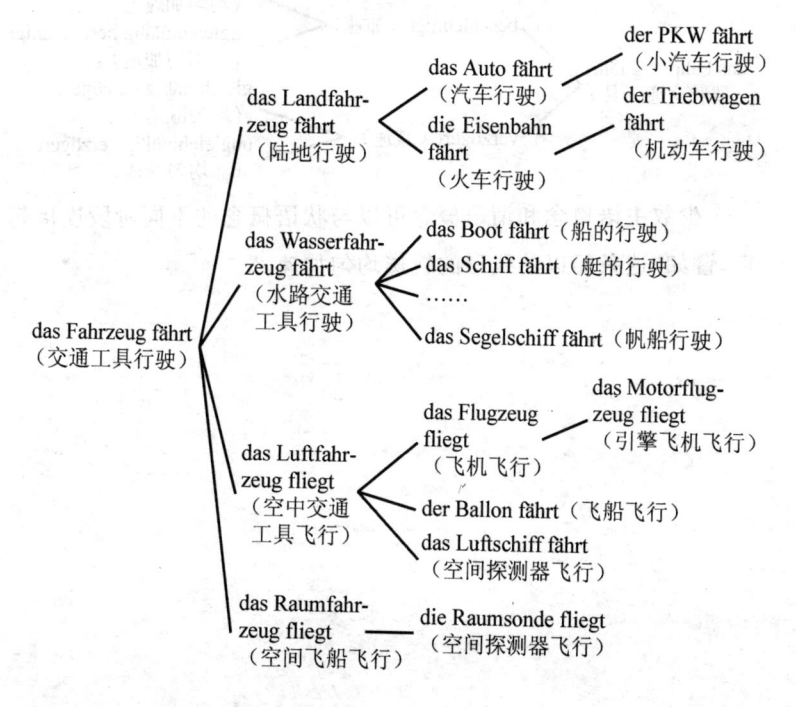

```
das Fahrzeug fährt ─┬─ das Landfahrzeug fährt ─┬─ das Auto fährt ─┬─ der PKW fährt (小汽车行驶)
(交通工具行驶)      │   (陆地行驶)              │   (汽车行驶)      └─ der Triebwagen fährt (机动车行驶)
                    │                          └─ die Eisenbahn fährt (火车行驶)
                    │
                    ├─ das Wasserfahrzeug fährt ─┬─ das Boot fährt (船的行驶)
                    │   (水路交通工具行驶)        ├─ das Schiff fährt (艇的行驶)
                    │                            ├─ ……
                    │                            └─ das Segelschiff fährt (帆船行驶)
                    │
                    ├─ das Luftfahrzeug fliegt ─┬─ das Flugzeug fliegt ─┬─ das Motorflugzeug fliegt (引擎飞机飞行)
                    │   (空中交通工具飞行)       │   (飞机飞行)
                    │                           ├─ der Ballon fährt (飞船飞行)
                    │                           └─ das Luftschiff fährt (空间探测器飞行)
                    │
                    └─ das Raumfahrzeug fliegt ── die Raumsonde fliegt (空间探测器飞行)
                        (空间飞船飞行)
```

3.2.2 由主语概念+谓语概念+状语概念组成的逻辑句子

依据状语概念进行划分。

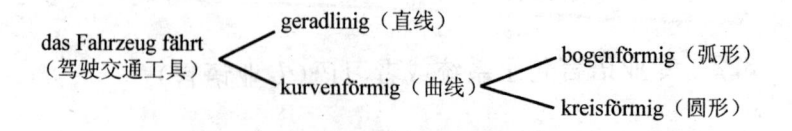

```
                          ┌─ geradlinig(直线)
das Fahrzeug fährt ──────┤                              ┌─ bogenförmig(弧形)
(驾驶交通工具)              └─ kurvenförmig(曲线)────────┤
                                                         └─ kreisförmig(圆形)
```

3.2.3 由主语概念＋谓语概念＋状语名称概念组成的逻辑句子

依据状语名称的概念进行划分。

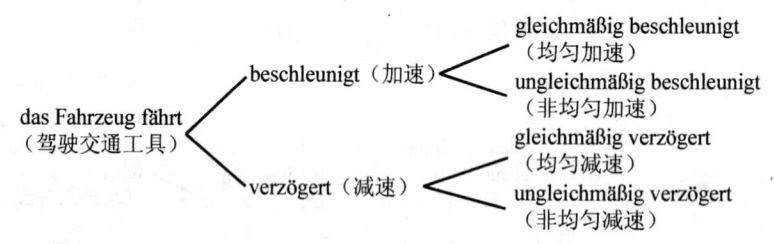

```
                                                  ┌─ gleichmäßig beschleunigt
                          ┌─ beschleunigt(加速)──┤    (均匀加速)
                          │                       └─ ungleichmäßig beschleunigt
das Fahrzeug fährt ──────┤                            (非均匀加速)
(驾驶交通工具)             │                       ┌─ gleichmäßig verzögert
                          │                       │    (均匀减速)
                          └─ verzögert(减速)─────┤
                                                  └─ ungleichmäßig verzögert
                                                       (非均匀减速)
```

少数主语概念和谓语概念可以与状语概念的不同阶段连接起来，譬如"这条船以曲线形的轨迹均匀加速。"

4. 概念描述或者组成部分描述——逻辑定义或者本体论定义

4.1 概念描述(术语)

一个概念可以借助其内涵或者借助其外延而加以描述(见Ⅰ3.2.2.5.3)。概念描述可以是概念的限定或者概念的解释(见Ⅰ3.2.2.5.5 和Ⅰ3.2.2.5.6)。

4.2 组成部分描述(术语)

组成部分的描述可以由对组成部分编排的描述和对组成部分的列举构成,也就是说,个别部分的位置可以在整体中得到说明。依不同的编排方式对组成部分进行编排,则可以形成不同的对象客体;这些对象客体相同的只是组成部分(见Ⅰ3.1.7.1)。

4.3 逻辑定义(专业语言)

定义是一种肯定的概念描述,它由有关一个对象客体的个别陈述的总体组成,它只与对象客体的个别特性有关(见Ⅰ4.3.1.4.1)。在大多数情况下,定义中的个别陈述是相互连接成网的,通过多级套句、公式或者图解而进行表达。这种网络化是对象客体世界中特性网络化的结果,对象客体特性的网络化在陈述中有所反映。一种表达可以是与一个对象客体状态有关的,也可以是与一种对象客体关系有关,但是,如果一种对象客体是与时间特征有关的,它的地点或者它自身随着时间的改变也发生了变化,那么这种表达就是有关一个过程的。后一种情况会产生一个新的对象客体。

在概念层次上,陈述是以逻辑句子的形式而得以表达的,在符号层次上,陈述是以符号句子的形式加以表达的,也就是说,陈述或者是一个语言句子(文本),或者是一个数学、物理、化学公式或者图表。

4.4 本体论定义

本体论定义是对一个整体的组成部分进行规定或者断定。它是一个论断(见Ⅰ4.3.1.4.2)。

5. 符号—符号句子

5.1 符号（术语）

符号是一种个体化的对象客体，它恒定地对应于另一个个体对象客体、概念或者事态，确切地说，它有代表性地表明了这些对应关系（见Ⅰ3.3.1）。

5.2 符号句子（专业语言）

一个符号句子由符号形式组成，这些符号形式具有与符号内涵相配的含义，并且构成了一个整体。

事态、逻辑句子和符号句子构成了陈述的三个组成部分（见Ⅰ4.4.1）。

6. 对象客体构成物—思维构成物—符号构成物

6.1 对象客体—概念—符号的对应(术语)

这种对应的模型在Ⅰ3.4.2.3中可以找到。

6.2 事态—逻辑句子—符号句子(专业语言)

这种对应的模型在Ⅰ4.5.2.1中可以找到。

第三部分

知识和智慧

——对术语学、知识理论和知识技术的哲学思考

比知识更高的,是智慧。因为,并不是世界上所有的知识都既能使人贤明,又能使人幸福。只有随着智慧的增长,人们的心灵才愈加恬静,心灵的力量才愈加强大,人们也才能渐渐主宰了生活。

——赛内加(SENECA)

1. 概论

知识和智慧是人类精神高尚的花朵。追求真理的人们,可以借助知识而达到智慧的境界。知识的内涵是可以教授也是可以学习的。与此相反,智慧只能借助理解领会和内心体验(Innenschau)才能获得。知识是受空间和时间限制的,需要我们去做精确的说明。智慧是不受时空限制的对纯粹存在的体验。知识与术语(即概念的限定)的关系紧密。术语是工具,通过它,对象客体世界里的对象客体借助概念而得到表达,概念与对象客体相对应。通过术语,对象客体就按概念顺序整理好了,并且借助于概念符号而为人们的理解交流提供了方便。由此,术语的存在是科学和知识技术的一个基本前提,是通向智慧的桥梁。术语工作就是为这种工具的发展服务的。关于术语工作,在《术语学理论和实践》(FELBER/BUDIN 1989)这本书中有详细的论述。但是,术语工作需要有一个理论基础,为的是使对象客体、概念和概念符号之间的关系更好地为人们所理解。为此,术语学孕育而生,它是一门交叉科学,它是在一系列学科(譬如,本体论、语言科学、符号学、信息科学以及专门科学)知识的基础上建立起来的。从严格的意义上讲,这些知识指的是对象客体学、概念理论、符号学和研究对象客体——概念——符号对应的学说,等等。它们是论述本体论、逻辑学、符号学是如何与术语工作的需要相适应的。这些学说已经在本书第一部分里详细论述过了。其中,也论述了术语学与知识理论以及术语学与知识技术的关系。在术语学的理论基础中也出现了一系列哲学问题,诸如现实性、存在、对象客体、思想构成物(概念、观念)等。这些只能从哲学的角度上得到回答。因此,它们是本书这部分该探讨的对象。

前面提到过的以实践为导向的书(《术语学理论和实践》),与这部书的第一和第二部分,以及本书第三部分一起构成了三部曲,它们囊括了实践、理论以及术语学和知识理论的哲学部分。实践家、理论家和哲学家需要对这些学说的本质做更深入的探讨。语言本身对思想及其表达精确性的要求(对概念和词汇的高度重视),为人们经过知识而到达智慧的境界铺平了一条可靠的道路。

对"知识"阶段的重视,不仅有古代的哲学家,诸如,柏拉图(HUBER 1990;RIEHL 1949)、亚里士多德(RIEHL 1949),也有近几个世纪(公元 1500 年至今)的哲学家,诸如,弗雷格(FREGE 1892,1966)、马赫(MACH 1900,1919)、石利克(SCHLICK 1979)、卡纳普(CARNAP 1928,1934)、维特根斯坦(WITTGENSTERN 1963)、迈农(MEINONG 1906,1906),其中有的是数学家或者物理学家、或者二者兼是,还有当代物理学家爱因斯坦(BERGMANN 1947)、海森贝格(HEISENBERG 1959)、卡普勒(CAPRA 1975)、海沃德(HAYWARD 1990)以及认识理论家博琴斯基(BOCHENSKI 1965),他们都试图把他们的认识形成为一种概念体系。

科学思维在后工业化时代和后现代时期经历过一个高潮,这也同时促成了人们对科学界限的冷静思考。

近代物理(科学思维的一种形式)(量子逻辑)在以客观事实为

依据的经验的基础上,对经久不衰的亚里士多德的逻辑(思维法则)产生了怀疑。物理学家马赫(MACH)和吕塞尔(RUSSEL 1923)(KEYSERLING 1965,6),对科学极为有益的有关意识资料(认识要素)的思想,更多的是感性的资料。一方面这使人们对现实对象客体世界的精确认识成为可能;另一方面,也通过人们在世界范围内开展的广泛研究,而产生出有关现实对象客体的大量资料,这些资料表明了这个世界是呈网络化的。有关对象客体世界大批资料的产生,也对我们的创造力提出了极为苛刻的要求。人们在揭示有关这个对象客体世界结构的新理论和新模型之间关系的过程中,感觉到人类的创造力越来越不能充分发挥作用了。大量的细微知识,越来越不太容易融入到全球化的、广博的、必须存在的那些知识当中去了。这也导致了理性主义和非理性主义(人们对感知觉的认同超过了对理解力的认同,现在这种倾向更为明显)关系的紧张化。这就如同在一种网状结构中,各种各样的道路向出发点折回,目的是为了寻求统一(Einheit),即寻求 Universitas。由此,也就产生了一个既无起点又无终点的圆圈。

随着以概念和基本原则的形式对我们知识界限的确定,也就产生了这样的问题:即这些界限对于"我意识"(*Ich-Bewußtsein*)来说是否是绝对有效的?或者是否存在着某种"有意识的形式",即是否有作为存在(*Sein*)的一个"超我"(*Über-Ich*)存在,这个"超我"可以逾越这些知识界限。我们断定,"我"(*das Ich*)是不稳定的,是可变的。然而,某些稳定的东西也肯定是存在着的,否则,所有的事情就会陷入混乱。这种稳定性是每一个哲学家、神秘主义者和寻找绝对性的人们所追求的目标,他们清楚意识到了知识的界限,并且努力逾越这些界限。人类文化中大量有关智慧的书籍就是明证。在古代(中国、埃及、希腊等)以及近代(印度、西藏等)智慧学派的例子举不胜举。

科学思维的发展可以看成是对对象客体世界进行感知觉的概念化。前科学思维是对这个世界的一种想象,是一种形象化的(生动的)思维。感知觉是与想象力、想象,即与图像相对应的。随着时间的推移,这些想象被无图像的概念所替代。苏格拉底(SOKRATES)是在对概念的限定中看待科学活动的。在概念之间划定界限,是科学的基础性工作。代之"世界观"(Weltbild)的,是"世界概念建筑物"(das Weltbegriffsgebäude)的出现,"世界概念建筑物"是一个由概念系统和逻辑句子系统形成的世界模型。

"世界概念建筑物"是对象客体世界的一种思维模型,它的形成取决于人们是从什么样的基本概念和基本原则出发的。

我们思维的界限就是我们知识的界限。但是,思维的每个方面都必须存在着一个存在(Sein)。因为,即使某种事物不是可设想的(nicht denkbar),那么这也不能证明,这种事物没有存在(Sein)。如果某种事物不是可想象的(nicht vorstellbar),那么它也可能是可设想的。如果某种事物不是可设想的,那么它也可能存在。

逻辑经验主义者(石利克、卡纳普以及其他人)认为逾越思维的界限是不可能的。但是存在着一个超越思维的意识状态。这是一个超精神状态,它是无时空的,在其中没有对象客体,既无开始,又无结束。

尽管思维的描述可以作为智慧的准备阶段而加以考察,但是,因为智慧是不可教的,是以内心体验(Einsicht)(Innenschau)为基础的,所以它只能被体验。在智慧小径上漫步着的哲学家和神秘主义者们,对于内心体验的描述,在此发挥了有益的作用,这些描述我们在第四章"智慧"里已经叙述过了。

这些文字试图揭示出意识是怎样从"我"(*Ich*)发展到"超我"(*Über-Ich*)的,是怎样从有关对象客体的知识而进展到智慧存在的。

2. 知识

2.1 概论

知识是人类意识的一种特性，也就是说，它是一种个体意识的产物。世界上不存在知识本身，而只存在一个正在认识着的意识。个体意识通过感觉、思想、想象以及通过一个超精神的精神状态而表达自身。感觉、思维、想象是有意识我（*bewußtes Ich*）的精神特性。超精神的状态是超意识我（*überbewußtes Ich*）的一种特性。知识是与思维和想象相联系的，我（*das Ich*）以此试图去探究非我（*das Nicht-Ich*）。知识是图像中或者概念中的我中非我（*das Nicht-Ich im Ich*）的反映。思维和想象是与我有关的，即它们是主观的。只有知识的内涵是与对象客体有关的，即它是客观的。科学是主观系统的知识，在客观上，它也是一个由客观逻辑句子组成的系统。通常，知识是一个思想构成物与一个对象客体构成物之间的单义对应。从严格的意义上说，它是一个逻辑句子与一个和这个句子对应的事态之间的单义对应。人类意识的思想世界由概念、观念和逻辑（概念的）句子组成，这些事物构成了这个世界的思想构成物。它们是每一种理论、方法或者模型的构成要素。这些构成要素代表着思维中对象客体世界的部分，并且有助于世界观（Weltbilder），说得确切些，是有助于世界概念建筑物的形成。

现实的对象客体和理想的对象客体是不同的。我们可以借助感官感觉到现实的对象客体,而理想的对象客体却只能是设想的(gedacht)。单个的对象客体是来自对象客体世界的一个片段,它本身不具有现实性。只有对象客体世界具有现实性。没有对象客体就不存在概念或者想象。

2.2　知识和对象客体

在术语学理论和实践中使用概念"对象客体"时,没有考虑到哲学的基本问题——对象客体是什么,也没有对此进行过详细地考察研究。只有 UJOMOV 在 1965 年,曾对概念"对象客体"有过较详细地科学考察。

在术语学实践(FELBER/BUDIN 1989)和理论(FELBER 1995)中,概念"对象客体"是在最广泛的意义上使用的,也就是说,对象客体是所有与意识相对立的东西。一个对象客体可能是一种思想(无偏见的)、一个物体(空间对象客体)、一种过程、一种状态、一种关系,等等。自古代开始,哲学家们就已经开始研究"对象客体"问题了。于是出现了本体论(die Ontologie),即存在的学说(die Seinslehre)——考察"存在者"(das Seiende),世界在我们面前是怎样呈现的。形而上学(Metaphysik)(可以追溯到亚里士多德)是有关存在本质或者存在本身的学说。逻辑经验主义者否认存在本身(das Ansicht des Seins)。在哲学中,"存在者"(das Seiende)是指所有是或者可能是的事物(das Seiende alls, was ist, oder sein kann)。从古代开始,哲学家们就对下面的问题进行着讨论:理念(Idee)或者对象客体或者两者,它们是否是真实的,或者一个只是另一个的反映。这产生的结果就是,直到不久以前,人们还认为亚里士多德的反映论(Abbildtheorie)是正确的:概念只是对对象客体的一种反映。今天,人们还倾向于把概念作为一项人类创造性活动的成果而加以考察,概念与对象客体一样真实,因为没有思维就没有对象客体。在科学中,人们可以把一种表象(Vorstellung)作为一个可感知的对象客体的图像,即作为一个物的图像看待,它可能是对一个对象客体的反映,或者是对一个对象客体本质的想象。例如,在化学中,对象客体本质的图像是以物质原子结构图像的形式出现的,或者在物理中,它们是作为电力线、磁力线等或者诸如此类的图像出现的,或者在不同的知识分支中,它们是作为模型的图像出现的。在过去的几十年里,在他们的认识理论研究中,研究过对象客体的学者有:迈农(MEINONG 1907),石利克(SCHLICK 1979),卡纳普(CARNAP 1928, 1934),维特根斯坦(WITTGENSTEIN 1963),等等。

柏拉图的认识论构成了他理念学说的基础,在他的第七封信中对此作了最清晰的表述(RIEHL,1949 年摘自 ANDREAE Fischer 在 1923 年于 Jena 翻译的柏拉图的信)。下面摘引了其中的重要一段:

> 每一个存在者(das Seiende)都有三类(dreierlei)。第一类是名字,第二类是解释(Erklärung),第三类是现象(Erscheinung),认识必须从这三类中产生,第四类就是认识本身。人们把存在者(das Seiende)本身放在了第五类上,所以,存在者才是可认识的,是现实的。如果读者想理解我们现在谈着的是什么意思的话,就可以找一种情况作为例子,而且要认为,所有的情况都是以此类推的。譬如,一种东西称为

Kreis，这种东西叫着我们现在说着的这个名字（即*Kreis*）。第二类是它的解释，由名词和动词组成：即它从边缘到中心到处等距离，这样的解释是针对 *Rund*，*Zirkel* 和 *Kreis* 这类德语词都适用的。但是第三类（现象 *Erscheinung*）是指，所有跟 *Kreis* 有关的东西，都是可以被绘制然后又被涂抹掉，可以被精心制作后又被销毁掉的，然而，*kreis* 还是它自身，对于它来说，什么也没发生过，因为，它是除了这些东西以外的另一种东西。第四类却是科学和精神（*Geist*），以及对这些东西的真实想象，所有这些被再一次作为一类放在了一起，不是以语言和躯体形状的形式，而是以灵魂（*Seele*）的形式存在，因此可见，很明显它（第四类）是另外的东西，它不是 *Kreis* 自身的本质，以及上述提到的三类。通过亲缘关系和相似性，精神（*Geist*）与第五类最接近，而其他的事物离之则远。总的来说，现在，它（第五类）与笔直或者弯曲的身形，与颜色，与优质的东西，与美丽或者正义的东西，以及每一个人造的和通过自然形成的躯体，与火，水和所有这类的物质，和全部的动物生命和灵魂本质以及和行为和痛苦是同样的了。因为，如果用了任何方式也没有领会到那四类的话，他就不会完全享受到第五类——存在者（*das Seiende*）。

在其哲学思想的基础上，柏拉图试图在 Syrakus 中去实现他的理想国（Staatsideal）。然而，他失败了。由此他醒悟到，他需要在哲学思想上培养人。因此，他转而去创立学院（名字来源于柏拉图捐资的地产）。它是我们今天大学的样板。在柏拉图理念学说的基础上，他的弟子亚里士多德写成了他自己的著作，有所不同的是，亚里士多德的著作是从外部物质世界的视角出发的，因而它具有新的含义。

里尔(RIEHL 1949)对此有所描述：

形成的外部世界在亚里士多德的全部思想和研究中占着统治地位。在柏拉图把古老的本质经历作为理念的'存在'插入到新的思维形式中后，亚里士多德把'形成—世界'(*Werden-Welt*)的图景作了长期的、有效而又详尽的陈述。依据亚里士多德的观念，柏拉图的理念是不够的，因为理念在它们的彼岸建立不了现实的事物。因此，亚里士多德对四种根源（根本原因）(*archai*-原则)进行了划分，形成的概念溶化于其中。首先是"形式"对应于柏拉图的理念，但不是"彼岸的/来世的"，而仅仅是一个自身存在于事物当中的"固有的"作用力。它们总是在"物质材料"中出现，它（物质材料）(本身是无质量的)接受了"形式"的特征（物质＝母腹）。然而，发展的外在的和直接的动机不是"形式"，而总是"已成为现实的东西"(生育出一匹马的只可能是一匹马，而不是理念)。所以，亚里士多德还区分了"运动着的原因"和最终的目的。因为，严格地说，这二者是以形式为前提的，所以最后只剩下了两个基本原则，它们作为"潜力"(*Potenz*)("能力",*Vermögen*,"可能性",*Möglichkeit*)而与"现实性"(*Aktualität*)(活动 *tätigkeit*)相对立。物质材料是纯粹的潜能，形式现实性——作为运动的目标也称之为"圆极"(*Entelechie*)(*entelecheia*＝进去—终结(*Hinein-Endung*))、尽善尽美，今天也称之为目的原因(*Zweckursache*)——从外部的现实性开始，亚里士多德现在在若干个阶段上建立起宇宙万物(*das All*)，从无机自然越过"植物性的"和"动物性的"灵魂而到达"思维灵魂"。在每一个更高的阶段上，出现了更纯粹的形式，它更优于"现实性"(纯粹的活动)和"潜能"(*Potentialität*)

(*Möglichkeit*),以至于最终它在那里只能依据形式存在着:作为所有目的的纯粹的精神,作为不动的运动者:上帝。

因此,在精神学说(*Geistlehre*)中,亚里士多德作了总结:作为柏拉图主义者(*Platoniker*),我们必须说,柏拉图把已存在的世界在其所有的现象形式中,作为富有意义的整体,在一个包罗万象的科学框架里进行了安排,这就为欧洲的全部科学发展奠定了基础;而且以后的阿拉伯哲学几乎全部是以他的著作为依据的。

在他的理念学说中,柏拉图已经作了阐述,只有理念才是真实的。感官可感知的事物只是理念的现象。他尝试着用洞穴比喻(Höhlengleichnis)的形式(RIEHL 1949,99)使其学说得到人们的理解。对于他的弟子亚里士多德来说,事物是真实的,理念只是和事物一起存在,但是不依赖于它们。

柏拉图和亚里士多德的不同的观点,引发了中世纪经院哲学中的共相争论(Universalienstreit)(FISCHL I 229,248)。对于亚里士多德的经院哲学逻辑而言,概念是形而上学本质的反映。中世纪经院哲学中的共相争论的核心问题是:概念是某种不依赖于我们思维的现实性的东西,或者不是?把概念看成是现实的人们,称之为实在论者或唯实论者(Realisten)。另一些把概念看成是不现实的,称之为唯名论者(Nominalisten)或者概念论者(Konzeptualisten)。实在论者主张,概念独立于事物存在,事物只是现象(universalia sunt ante rem)。对于唯名论者而言,概念只是语音构成物,即名字。对于概念论者而言,概念只是思维构成物。亚里士多德赞同一种温和的唯实论,它主张的是:概念只和事物一起存在,即概念只能与事物一起存在(universalia sunt in rem)。在今天,人们对唯实论含义的理解与此是恰恰相反的。一个唯实论者认为对象客体是真实的(wirklich)。对象客体是否是真实的,通过物理学知识,在量子论和相对论中已经得到了证实。

在远东哲学,像在印度教或者佛教以及道教中,人们把对象客体看成是非真实的。爱因斯坦的特殊语义场论也得出了这个结果。只有能量场是真实的,从这里,波(物质波)或者量子(能量包),依据概率法则自发地或者无缘由地在一瞬间(百万分之一秒)出现,又再一次转变为能量。这就又回到了能量场。也正是因为这个缘由,爱因斯坦不把物质看成是真实的,只看成是能量场。由此产生出的结论就是:在宏观物理中,只有对象客体世界才能作为思维世界的投影,在二元的意识状态中是真实的,而作为对象客体世界片段的个别对象客体则不是这样。这种思想与印度教或者佛教的摩耶(Maya)(假象)概念相一致。

在实验的基础上,量子理论又对概念进行了补充,这是由博尔(BOHR)最早采纳的:两个不同的对象客体相互对应,或者一个对象客体可以因为另一个对象客体而得以确定。在物质这种情况下,则称"粒子"或者"波"是互补的。通过这种方式,"物质是连续的还是不连续的?"这个问题又重新得到回答了,然而这次是通过对逻辑基本法则——矛盾律(它也是源于亚里士多德,并且经久不衰)提出怀疑的情况下进行的。这个法则说的是,一个对象客体不可能同时是不同的,就像"波"和"粒子"。依据这个法则,物质要么是"波",要么是"粒子",不能同时是二者。但是,实际上物质同时既是"波"又是"粒子"。这样,物质是连续的,又是不连续的。这就导致了量子逻辑(Quantenlogik)的产生,也就是说,互相矛盾是容易理解的,正如老子在《道德经》(MANGOLDT 1952;LIN YU-TANG 1955;WILHELM 1957)中一再表达的。在更精确的研究中，一个更进一步的逻辑法则——同一律（它同样是从亚里士多德那里起源的）产生了，它只对理想的对象客体适用，而对现实的对象客体无效。在由可觉察的对象客体所组成的世界中，不存在同一性，也就是说，没有相同的对象客体存在。人类的思维在理想世界中创造了同一的对象客体，以便于比较。我们的数学世界——它是一个理想世界——是以对象客体之间的比较为基础的，等式是最重要的数学运算程序。在思维中，一个理想对象客体与概念相对应，这个概念只是近似地与现实对象客体（可感知的对象客体）相一致。在可感知的世界中没有相同的对象客体，就像没有同一个模子刻出来的人一样。

在思想世界中，概念"对象客体"是存在者的最后阶段。对于现实的或者理想的存在而言，它是一个基本概念。在特殊情况下，这个没有特性的对象客体不会存在，也就是说，概念和对象客体构成了一个非二元的单位，这正如同时代的哲学家和智者所主张的一样。

一些物理学家在"真实的"（wirklich）和"现实的"（real）之间作了区别。他们认为，可感知的（已存在的）世界是现实的，观念的（die gedachte）世界是真实的。

理想对象客体为计数奠定了基础。因为，只有理想对象客体才可能是同一的。也就是说，可觉察的对象客体的可数性依据的是：我们在它们的位置上建立起相同的形式对象客体，它们是理想的，在思维当中它们各自对应于相同的对象客体概念。形式对象客体是作比较的基础。每一个对应于单个可觉察的对象客体的概念，在其内涵中，包含着作为基本概念的概念对象客体和起限制作用的特征，这些特征将一个对象客体与另外的对象客体区分开了。

这些区别性特征总是到了一个确定的阶段才会引起人们的注意。通过这种方式,也实现了在不同阶段上可以达到一致的状态。所以,从严格的意义上说,一个相同的概念与现实世界的不同对象客体相对应。由此,我们可以进行比较思维运算(数学中的同一律),我们也可以进行计算。另外,可觉察的对象客体可以依据挑选出来的起划分作用的概念进行排序。

自然科学对可觉察世界的对象客体的本质进行量化,也就是说,用数字对其进行表述。自然科学的目的是对可觉察的对象客体世界进行测量和称量,即用常规的观念对象客体去比较这个可觉察的对象客体世界。然而,量化意味着把对象客体理想化。对应于一个可觉察的对象客体的数字资料越多,我们离这个可觉察的对象客体就越远,也就是离它的质越远。概率运算的运用清楚明确地表明了量化的自然科学知识所面临着的难题。

爱因斯坦的相对论已经表明,空间不是由相同的空间单位组成的,时间也不是由相同的时间单位组成的,也就是并不像牛顿体系所假设的那样。我们对空间和时间的理解,是通过思想构成物来理想化我们的感知觉的。所以,相对论和量子论在科学中标志着一种新的进步,这种进步也对形式逻辑产生了影响。逻辑考察的是与纯粹对象客体、与具体科学、与理想和现实世界的个别对象客体相关联的思维法则。

逻辑的思维法则要对所有专业领域都适用。如果不是这样的话,思维法则就是不正确的,或者在相关专业中这种思维法则没有得到正确的运用。在相对论和量子论的例子里,存在着形式逻辑法则不适用的情况。知识是思维的成果。思维是思想构成物与理想的对象客体构成物或者现实的对象客体构成物之间的对应,说得更确切一些,是一种比较。思想构成物可能是思维单位(概念),也可能是思想图像(想象)或者是知识单位(逻辑句子)。涉及的对象客体构成物或者是理想的(设想的),或者是现实的(可感知的)对象客体,或者是对象客体的片段(形式对象客体),或者是在思想层次上通过逻辑句子表达出来的对象客体关系。正如我们在前面已经看到的,个别的对象客体不具有真实性,而只有对象客体世界才是真实的,具有多姿多彩可能形态的能量场描述着这个对象客体世界。这是可觉察世界"波粒二象性"的试验成果。

在物理学中,法拉第(FARADAY)引入了"场"(*Feld*)的概念,由此为科学带来了累累硕果,在科学理论中,"场"的概念具有基础性的意义,譬如在量子论和相对论中。这个概念也借用到生物(SHELDRAKE 1992)和自然哲学领域(BRANDSTÄTTER 1976)中。SHELDRAKE写道:

二十世纪二十年代,针对形态发生现象,若干个生物学家主张采用一种新的、整体性的思维,并由此得到了下面这些概念:胚胎场、发育场、形态学场。这些场就像物理学中著名的场一样,作为看不见的力量区域、带着整体性的特性而为人们所理解,但是,这些场又是一种新的"场"类型,物理学对它们是一无所知的。因此,人们假设这些场是在有机物及其环境中存在的,并且在场中建立了一个场的连环套等级:器官场、组织场、细胞场。形态发生场的理念是从发生生物学中完全采纳过来的,但是,这些场究竟有哪些特性,还不是很清楚。一些哲学家说,概念虽然是完全有用的,但是,从根本上看,还只是表明了"物理——化学相互作用的复合的时空模板",我们对这个模板还不能完全认清。依据形式构成原因("*Formbildungsursache*")的假设,物理学的场还只是些不为人们所熟知的类型,也就是说,它们是具有本质进化特点的场。譬如,长颈鹿的每一物种的场已经发展了起来,它们由更早的长颈鹿遗传给了现在生活着的长颈鹿。这些场中包含着一种共同的记忆,物种中的每一个个体可以从中产生,并且这个个体自身能再一次为其进一步的进化起推动作用。

在《今日心理学》杂志的一次采访中(1992),SHELDRAKE 说:

我的假设应该有助于人们去解释:顺序(Ordnung)在自然中是怎样得到重现的,它是依据什么样的规律而起作用的。这种假设与习惯相关联——并且,这意味着,自然过程到达某一确定程度时,是可以预言的。但是,习惯本身并不足以解释自然过程和人类的发展过程。因此,需要用这个原则作为创造性原则的补充,否则,什么变化也不会发生。即使如此,仍然存在着一个谜团,一种奥秘,那就是我们不知道,这个新的东西有着什么样的渊源,它在习惯中重复、再现,而发展成了顺序原则(Ordnungsprinzip)。物质是一个过程,这个过程被场统治着。而且心理过程也是由场形成的。精神和物质的过程两者都对形态场(morphische Felder)有着依赖性。

旧的二元论在场理论中被扬弃了。一张彼岸的上帝的旧图景过时了。如果上帝是造物主—天主的话,那么它必然是这个自然所固有的,它是起推动作用的、具有创造性的力量。而泛神论的观点是上帝是完全内在、固有的。但是,也存在着第三种观点,上帝是内在的,但它也占据着一个彼岸的方面,由此,它所描述的目标,是和其他两种观点中的上帝的目标相一致的。我自己更倾向于这种观点。

奥地利自然哲学家布兰德施泰特(BRANDSTÄTTER 1976)尝试着通过一个意识场的模型去描述世界的结构和精神的进化。意识既不是物质的,也不是能量的,而是一种精神赋予的能力或者就是一种精神能力。意识从一个精神场出发,从一种无意识越过一种自我意识(我—意识,人类)而达到上帝意识,并且汇入精神能量场中去(万物神灵)。为了使宇宙的等级结构变得容易为人们所理解,我们有必要依据一个从自然科学中推断出的力量场理论去描述宇宙中的梯级形状结构。目前,我们已经认识了十四个等级的力量场,它们向我们展示了一幅宇宙中有组织和有等级的结构图景。

布伦顿(BRUNTON)在他的书《超自我的智慧》(*Weisheit des Überselbst*)(BRUNTON 1986,11ff)中,对心灵主义(der Mentalimus)进行了描述。下面我们摘要式地复述一下其中的几段:

我们的哲学首先必须研究经验中的艰辛实情,而不要研究幻想的无抑制的、突然的念头。不以经验开始的知识,从来不可能达到确凿的程度,而只可能停留在假想、推测的领域里。

但遗憾的是,第一种实情是一件令人最不愉快的事:

经验本身不是像它看上去的那样真实。

人将每一种经验嵌入到他现存理念的形式里……康德以其抽象推论的方式,爱因斯坦以其科学的形式已经对我们教诲过:通常的人类感知觉是受纯粹的现象制约的……我们只知道感官告诉我们的东西。我们的经验纯粹是以感官为条件的。于是,我们通过事物从来达不到绝对的真理,而只是得到如何作用于我们感官的那种方式。

心灵主义表明,我们关于总体世界的经验,不是除了我们关于其思想之外的、其他别的什么东西。这些思想,正如详细阐释过的那样,并不具有相互关联着的存在,并且这些思想消失得毫无踪影,为的是能为另一些类似的(但不是完全一致的)思想所追随,这样的思想给予我们的是一种平滑流畅的关系的错觉……

受颂扬的、由感官在我们面前所建立起的稳定性和坚固性,是纯粹的现象——这是理性的判断。这就是形式不可避免的幻觉,这种形式接受了人的经验。

因为科学是充满真理的,所以,不久前科学的发展已经到了这种程度——以至于在对自然的描述中,我们认识到:自然不是由事物(Dingen)组成的,更确切地说,它是由一张事件的罗网所组成的,是由一个相互关联的事件系列,也就是由一个过程所组成的。

科学借助于精密的仪器所发现的东西,在2000多年前,只需借助于传统常规的思维方式,就已经由古代的智者们发现了。

2.2.1 知识和现实(可感知的)世界

有关现实世界(对象客体世界)的知识或者是以基本概念、基本句子、逻辑句子和模型为立足点的,或者是以源于视觉、听觉、嗅觉、触觉和味觉的感官感觉为基础的。每一种世界观(Weltbild)(以想象为基础)或者个别的世界概念建筑物(Weltbegriffsgebäude),都把前面提到的这些要素作为自己的基础。它们形成了世界观或者世界概念建筑物的意识世界的界限。从不同的基本概念和基本原则出发,则会形成不同的确定的世界观或者世界概念建筑物。因此,这两者(世界观或者世界概念建筑物)是数不尽的,或者我们可以说,每个人在某种确定程度上,都有着一个自己的世界观或者世界概念建筑物。基本概念指的是那些不能再进一步限定的概念。

基本句子指的是那些不能从其他逻辑句子中派生出来的逻辑句子。例如，像公理这样的逻辑句子。逻辑系统通过这样的基本概念和基本原则而成为开放的体系，因为这些逻辑构成物是不能再进行限定的，基本概念不能再通过一个大概念而受到限定。世界观或者世界概念建筑物的规范化是从学校教育开始的，并且在学校教育之前，如果没有一种独立的思维预先注入到某个人思想里的话，这种规范化将伴随一个人的一生。所以，重要的是对独立思维的传授，而不是对思维模式的理解、领会。如果考察人类知识的发展，人们就会发现，求知欲强的思想家才能一再地突破现存的思维模式，而不断进入到新的认识里去。

基本概念和基本句子构成了概念系统和基本句子系统，知识分支也可以通过这些系统得以描述。借助科学技术，也就是我们运用计算机可以把基本概念、基本原则作最新的连接，对它们进行储存和加工，这也为从一种世界观或者世界概念建筑物转向到另一种世界观或者世界概念建筑物创造了条件。运用这种方法，我们可以对世界观或者世界概念建筑物加以分析，并且与其他的世界观或者世界概念建筑物进行比较。这样的一种比较必然会对来自不同思想学派或者文化圈子的人们实现相互理解起到促进作用。同样，鉴于意识形态和思维模式的逻辑性和兼容性，我们也可以对不同的意识形态和思维模式进行相互比较和考察。对象客体世界可感知的内容（它们之间的区别可归于个体人所处的精神发展阶段的不同），通过个体意识镶嵌到一个宇宙意识领域中去，从而达到了某种和谐，乃至我们可以觉察到这个作为我们共同世界的现实对象客体世界。东方的哲学和宗教（道教、印度教、佛教等）对此都有所表述。WITTGENSTEIN（维特根斯坦）在他的"tractatus"逻辑哲学(logico-philosophicus)中,对人类的不同感知觉作了如下表述：

世界是我的世界,这表明语言的界限(这种语言只有我自己理解)意味着"我的世界的界限"。另外,他还指出,"我是我的世界",以及"事物的顺序不是先验地存在着的……"在这里,我们看到,唯我论(*Solipsismus*)——严格地说,是与纯粹的实在论相互重合的(WITTGENSTEIN(维特根斯坦) 5.62,5.64)。

从古希腊到二十世纪中叶,一直盛行着一种具有代表性的观点：自然顺序是人们规定出来的(亚里士多德),人类研究这种顺序的目的只是为了获得有关这种顺序的知识。这种顺序是人类智慧创造的成果。为了建立顺序,就要有思维上的对应关系,也就是说,要有概念系统和逻辑句子系统的发展。概念系统是在概念理论(它属于逻辑学)中,基本句子系统是在认识理论中得以考察的。逻辑学研究思维内涵,认识理论研究思维内涵与思维对象客体的对应关系。因为,基本句子系统一方面依赖于对基本概念或者基本原则的选择,另一方面依赖于在概念系统的发展中(说的确切一些,是在事态间关系的发展中)划分视角的选择。所以,每一次划分都会出现另一种部分世界(Teilwelt),我们把它用作我们所觉察的世界的模型。这些部分世界的组合最终会导致世界观或者世界概念建筑物的产生。随着知识的更新,世界观或者世界概念建筑物也会发生变化。这是一个动态过程,它受到基本概念或者基本句子选择的限制。有关这种顺序的知识是不断变化着的,这表明这种知识只是模型式地复述了这种顺序。在现实对象客体世界的另一侧,存在着以可觉察的对象客体形式出现的现实片段,它们由无限的特性组成,思想层次上的特征即思想要素是与这些特性相对应的。不同对象客体的这些特性以各式各样的形态处于关系之中,并且建立起了一张世界网络。因此,可觉察的世界呈现出多姿多彩的景象。通过时间和空间的融合,出现了形状和过程,人类把它们作为自己的感知觉世界而加以体验。然而,除了处于超精神状态之外,人类是不能逾越其感知觉的。

人一直处于思想世界中。人类的躯体本身就是一个投射到时空中去的思想形式。与其他的物体(时空中的现实对象客体)相比,人类的躯体与各自躯体中的意识有一种特殊的感知觉联系。除了柏拉图式的主张之外(这种主张认为,理念是现实的,对象客体只是这些理念的现象,这导致了中世纪经院哲学的共相争论(Universalienstreit)),还有康德式的主张,这种主张认为,对象客体都是现象,我们不能识别它们自身(Ansich)。康德称之为"自在之物"(*das Ding Ansich*)。维也纳学派的哲学家(石利克,卡纳普等)对自在之物(*das Ding Ansich*)却完全不予接纳。依据他们的主张,世界是以它在我们面前呈现的那种样子存在着的,也就是说,对象客体是真实的。所以,他们也拒绝每一种形而上学的观点。

对于我—意识(Ich-Bewußtsein)而言,对象客体也是真实的。如果我—意识进入到了一个宇宙意识之中的话,就像神秘主义者和瑜伽信奉者那样,或者像每一个发展了内心体验(Innenschau)的人们的经验所表明的那样,二元性(*die Dualität*)我—对象客体(*Ich-Gegenstand*)才被扬弃。在许多智慧书籍中,都记载有在超精神状态中人们的经验,意识和对象客体存在其中(Gegenstandssein)并结合成了一个无所不包的存在。在印度教的教科书中,这一点暴露得特别明显。就超精神的存在而言,个体对象客体的存在是不重要的。

逻辑经验主义者(石利克、卡纳普以及其他学者)和维特根斯坦(WITTGENSTERN 1963)都已经认识到,知识是有界限的。维特根斯坦(WITTGENSTERN)甚至谈到,他的语言界限,就是他世界的界限。

2.2.2 知识和理想(设想的)世界

我们已经看到,思维一直是集中在某种事物上的,这种事物称之为"对象客体"。为此,对象客体是在最一般的意义上为人们所理解的。理想世界由设想的对象客体组成,它们也是真实的。真实世界的对象客体是感官可觉察的,与此相比,理想世界的对象客体则不是这样的。在所有的知识分支中都存在着理想对象客体,特别是在数学、逻辑、哲学、价值学说(Wertelehre)等知识分支中。形式对象客体(它们与普通概念对应)也属于此。形式对象客体是可觉察对象客体的想象(设想)部分。在理想世界中,存在着同一的、可数的对象客体。而这样的对象客体在可觉察的世界中是不存在的。通过人类的劳动,几何学形状的宝库从理想世界投射到现实世界中来,我们所见到的部分是人类手工制作成的对象客体。形式对象客体是现实对象客体的一部分,它们与概念相对应,这些概念也是与现实对象客体相对应的(FELBER 1993)。因为一个概念是与一个现实对象客体集合的共同对象客体片段(形式对象客体)相对应的,这个现实对象客体集合包含着这个片段。现实对象客体是特性的一个开放的复合体,与此相反,理想对象客体可以是一个封闭的复合体。

借助于理想对象客体,我们制造出了现实对象客体的模型(它描述这个世界的片段)。我们把这些模型组合起来,也就形成了我们对现实世界的想象,或者形成了关于这个世界的概念建筑物。感知觉构成了制造理想对象客体模型的"建筑材料"。时间和空间也是理想对象客体,它们与现实对象客体相对应。随着我们思维的发展,出现了时间和空间的不同模型(EUKLID,NEWTON,RIEMANN)。模型可以是有图形的、形象化的或者是无图形的。一个形象化的模型是一种想象构成物,一个无图形的模型是一种概念建筑物。借助于思维,我们可以创造理想对象客体,它们能促成现实对象客体的产生。发明、创造就是以此为根据的。空间上的现实状况和时间上的过程,可以借助于想象(图形)加以形象描述,或者借助于公式(数学、物理、化学……)进行概念化说明,它们是理想模型的体现。由上我们可以看到,每一个我—意识(Ich-Bewußtsein)创造了其现实世界的模型世界,这或者是通过我自己的思维进行的,或者是通过对理想对象客体世界的借用,或者是通过知识的传播而进行的。然而,这始终会是一个与其他人相互协调配合的世界。如果不是这种情况的话,人类的共同生活则是不可能存在的。

2.3 知识和思维

柏拉图代表着一种超验的唯心论,也就是说,理念是高于(优于)事物的;与亚里士多德不同的是,他赞成一种内在的、固有的唯心论,也就是说,理念存在于事物之中。克劳泽(KRAUSE 1954)作了如下的总结:

柏拉图和苏格拉底是最早研究概念和理念的人。在柏拉图这里,理念是早期对话中的概念内涵(Begriffsgehalt)(逻辑学观点)。在成熟期,理念就提升为实体(Substanz),它成为一个现实的客观实体——这个客观实体赋予众多事物(Viele)以形成其本质的东西(本体论的观点)。在古代著作中,由于受毕达哥拉斯哲学的影响,理念与数字相提并论。理念是与一瞬即逝的感性事物相对的坚定不移、始终不渝的东西。它是原型、典范,个别的事物是它的映像。理念是概念的对象客体。理念世界构成了知识的对象客体和理性认识的对象客体,数字构成了智力活动的对象客体,感性世界构成了想象的对象客体,感性事物构成了信仰的对象客体,它们的幻影和镜像构成了推测的对象客体。一个真实的想象只有通过神授的灵感才可能实现。

所有的知识都建立在对理念王国中灵魂(Seele)的重新回忆的基础上,在其中,对灵魂的重新回忆在其减退前是在躯体之中的。只有理念世界中的生活才能给予人们真实的幸福。

在亚里士多德那里——人们公认他是逻辑学之父,包含在事物中的形式,构成了人类概念的现实对应物。认识通过感性认识和理性抽象起作用,它普遍存在于事物之中。知识与思维有着紧密的联系,它以思维为前提。思维是一种意识活动。我(das Ich)试图通过思维去探究非我(das Nicht-Ich)。非我——我们已经把它作为对象客体世界及其片段(对象客体)认识了。思维把概念分派给对象客体。概念是思维单位,它用来描述有关对象客体世界的思想,用来对对象客体世界的顺序进行排列,用来构成逻辑句子。知识一直与一个我(ein Ich)相联系的,也就是"与我相关联"。与对象客体相关联的仅仅是知识的内容。内容(内涵)通过一个逻辑句子而得到表达,它至少由两个概念组成,并由一个句子纽带

(譬如是)连接在了一起,它构成了一个知识单位。通过这种方式,一种对象客体关系的存在就得到了肯定,譬如:"金刚石是坚硬的"。逻辑句子对应于一种事态(对象客体复合体),并且在思维上代表着这种事态。但是,只有在逻辑句子是真实的(即它与事态是相对应的)情况下,知识才是存在着的。而且,它所需要的前提是:逻辑句子—事态的对应关系是单义的,并且与一定的事物相对应。这也就出现了下列的思想构成物:概念和逻辑句子。另外,还存在着作为可觉察对象客体世界的想象、或者作为理想对象客体世界想象的思想构成物。概念由一个特征总和组成,这个总和与对象客体的特性相对应。对象客体世界向我们展示了一张由对象客体的特性所组成的网络,这些特性浓缩密集成对象客体。在思想方面,在某个思想领域中,思想构成物的世界处于这个对象客体世界的对面。概念是无图形的,想象是有图形的、形象的。在符号层次上,概念符号对应着概念,词语、名字或者图形对应着想象,符号组群对应着逻辑句子,它们构成了精神单位。这种类型的符号句子就是陈述(说明)。概念是思维单位,逻辑句子是知识单位。思想图形是可觉察的或者可设想的对象客体世界的片段。它们是对象客体或者对象客体复合体的映像(表象),或者是对象客体(譬如原子结构、力场、磁场或者电场等)本质的图像(想象)。对象客体要素关系,在概念系统或者逻辑句子系统中有所反映。模型可以从这些系统中诞生,它们与对象客体世界的对象客体要素关系相对应。模型系统可表现为专业领域。于是,概念和逻辑句子受到基本概念和基本句子的限制,它们描述了我们思维的界限。基本概念指的是那些不能再从一个大概念里派生出来的概念。基本句子指的是不能再从别的句子里派生的逻辑句子。譬如,它们可以是科学上的假设或者数学公理。某个概念是通过隶属于一个概念系统而一直与一个基本概念相联系着的,因为所有的上级概念直到基本概念都包含在大概念里了。在概念系统中,特征的总数越往上走越少,直至达到无特征的纯粹的存在概念。从属概念与代表着某个现实对象客体的个体概念一起,处于系统的下限。个体概念是一个开放的特征系统。也就是说,我们总能发现现实对象客体的新特征,而这些特征总能够与这些现实对象客体相对应。由于这个原因,每个现实对象客体都是一个个体,它只能在思想上拆分成部分,因此与这个个体相对应的个体概念的部分概念就是这些部分。所有的概念或多或少相互交织成网状,并且也反映了现实世界特性的网络化。施潘(SPANN 1950)以如下方式描述了柏拉图的认识:

在柏拉图那里,我们就已经发现了概念的系统化倾向。柏拉图把理念世界看成是一个阶梯。显而易见的本质理念是以更高级的别的理念为前提(*Phaidros*)的,这个阶梯一直延续到相互连接的理念,如果人们连续不断地寻找下去,人们就很可能从一个理念出发而寻找到所有的理念(*Menon*)。柏拉图从概念和等级的角度对这种理念共同体或者理念的类型(属)(*Gattungen*)作了确定。从等级的角度上看,存在着一个大概念和小概念的阶梯结构(类型和种类)。从概念的角度看,几个概念可以相互连接,而其他的概念则不能。对于柏拉图而言,每一个在理念世界中的概念(理念)有其确定的概念(只能用智力了解的)位置(*topos*)。上级概念(更高的类型/属)包含了从属概念,所有并列着的概念相互排斥。因此,理念世界的连接法则(*Synagoge*)和划分法则(*Diaresis*)是已存在着的。把并列类别考虑在内的划分是分两个步骤的,而把属和种步骤结构考虑在内的划分则是连续的（*Phaidros*, *Soph.*, *Politikos*）。在判断中对概念（理念）的描述表现为作为上级关系、下级关系、并列关系的排列，它在定义中表现为直接的从属关系，在推断中则是（通过中间组成部分）间接体现的。人们对概念世界（理念世界）结构的全面认识，导致了人们对最普遍的概念或者最大属的认识、也促进了人们对范畴的认识。

我们已经看到，在科学中，真理（真实性）的概念与知识的关系很紧密，也就是说，只有一个与事态单义对应的逻辑句子，才能描述一种知识。我们还看到，只有个体概念是与现实对象客体相对应的。所有其他的概念则是与理想概念相对应的。从时空角度看，不存在相同的现实对象客体。时间和空间是理想概念，它们与现实对象客体相联系。在时间和空间中有其存在的对象客体，人们称其为物体（Körper）。然而，人们常常在对象客体和物体之间不作区别。科学中，除了真理（真实性）的概念之外，还有现实性的概念。现实性具有存在。与此相对，图像（Bild）则仅仅是一种依赖于存在的现象。

在科学中，真理（真实性）是相对的，因为我们关于对象客体世界的知识是在进步着的。我们可以说，我们在向达到绝对知识的方向迈进。知识是与我（das Ich）相联系的。随着我自身的改变，知识本身也得到了改变，或者知识改变了我。我们从经验中获悉，我自身是变化的。非我（das Nicht-Ich）变得更加众所周知，直到非我撕下它的面纱（露出真面目）。这是我自我认识的道路，这种自我认识在一种超精神（宇宙的）意识中可以导致我的产生。在超精神状态中，二元性的我—非我不再存在。与我相联系的知识，不是超—我（über-Ich）的特性，对于超我而言，不存在对象客体世界。所以,印度教哲学家认为,对象客体世界只是摩耶(Maya)(假象 Schein)(见Ⅲ4.2)。从我的角度看,对象客体世界是真实的。对于超精神的超—我而言,对象客体世界与易变的我一样不真实。对于科学而言,宽泛的概念(即有序的概念)在起着重要作用。在所有重要的世界宗教和哲学中,有序的概念(宇宙)和无序的概念(混乱)都能找到。顺序(Ordnung)是科学的一个基本组成部分。不协调的数据资料几乎形成不了知识。在每种秩序背后,存在着一种法则或者一种为这种秩序提供基础的规则。顺序以一种对象客体关系或者一种对象客体要素的关系为基础,这些关系在概念顺序中有所反映。概念可以在形式上(譬如,依据特征的数量),或者在内涵上(依据相同特征的现存量)在不同的概念中排序。概念排序中的等级(高低)取决于在一个所考察的概念关系中有多少相同的特征。

顺序的等级(die Rangordnung)也称之为"Hierarchie"。一个概念占有的特征越少,它在顺序等级中所处的位置越高,这一直延续到无特征的存在——最高的基本概念。粗浅的认识(Kennen)是与知识(Wissen)或者认识(Erkennen)相区别的。粗浅的认识是一个来自记忆的思想图像(表象),它对应于一个可觉察的对象客体或者一个对象客体的映像,或者对应于一个名字或者对象客体符号。如果我泛泛地知道一棵树的图像或者它的名字,从严格意义上讲,我还不认识这棵树。只有一个概念与这棵树形成一种单义的对应关系(这棵树通过一个特定的概念系统,表明了它与其他树的概念之间的关系),认识才可能形成。因此,人类的认识,从感知觉(感性的了解)发展到了认识(思维)。随着科学的进步,一个概念化的过程出现了,也就是说,出现了世界概念建筑物的结构,世界概念建筑物越来越取代了世界观(*Weltbilder*)(*Weltan-schauungen*),世界观只是图像式地、形象地反映着感知觉。以这种方式,出现了一种由前科学的表象到科学概念的转变,也就是说,出现了从世界观到概念建筑物的转变。表象越来越为概念替代。无图像替代了图像化。我们一方面可以拿 EUKLID 和 NEWTON(牛顿)的空间想象,另一方面也可以拿 RIEMANN(黎曼)的空间概念作为例子。因为是有图像的,所以空间想象还是可想象的,而空间概念则不是这样。这就是为什么现代物理学模型越来越不直观的一个原因。但是,借助于数学公式它们则是可想象的。所有在概念中可以表达的东西,都是可设想的(在想象中是可能的)。但是,可设想的不仅是现实对象客体的概念,理想对象客体的概念也是可设想的。然而,如果某种事物是不可设想的(不可想象的),那么也没有证据可以证明它是不存在的,正如逻辑经验主义者所认为的那样,他们的界限存在于思维之中。我们不是一种我们不能逾越的(亚里士多德的)形式逻辑的俘虏。

海沃德(HAYWARD)在其《变化着的世界,转变着的思想》("*shifting worlds,changing minds*")(HAYWARD 1992)一书中,考察了自然科学的历史及其世界观(宇宙观)。

在追求客观性的过程中,从 16 世纪开始,观察者越来越避开对世界的直观感觉,或者他被一个统一的客观我所替代,每一种感觉从我出发,一幅客观的世界图景由我描绘出来。当今,人们试图通过归结(Reduktion)方法去解决复杂性问题,也就是说,心理学问题借助于生物学,生物学问题借助于化学,化学问题借助于物理学去解释。这是与概念"出现"(*Emergenz*)一起发生的,也就是说，视不同的观察水平，宇宙显示出了不同的规律性。

人们必须把意识资料作为特殊科学的资料加以考虑，也就是说，观察者参与决定了对对象客体的观察。于是出现了这样的问题：如果没有人看到太阳光，那么太阳就根本不存在吗？如果人们说，观察者对他的资料有影响，这并不意味着除了观察者的观察结果之外，世界就不存在。这个世界是观察者的观察和存在在那里的事物（譬如，康德将其称为对象客体的自在之物（Ansich des Gegenstands））共同作用的产物。我们所描述的存在在那里的事物是相对的。

对于佛教徒来说，存在着 Shunyata，也就是四大皆空（Leerheit），概念的空洞（没有意义），但这不是虚无（Nichts）。出现什么则取决于观察者，观察者的知识结构决定了正在出现着的事物的结构状况。但是，出现的事物不仅仅由观察者创造出来，它还同时随着观察者一起出现，对应的概念是"共同—出现"（Ko-Emergenz）。针对同一类型的观察者则存在着同一类型的特性，譬如，对人类适合的水、对鱼适合的水，等等。人类和非人类生物的感觉世界是不同的，不存在绝对的感觉世界。概念"*Shunyata*"应该是紧跟着绝对而产生的。所有的世界观或者世界概念建筑物是从基本概念和基本句子出发的，并且通过它们而事先确定了的。

BUTLAR(1993 165 ff) 在《伊甸园的守护者在世界公式的车道上》(*Die Wächter von Eden. Auf den Spuren der Weltformel*)一书中，描述了一种新思维。以下是对第 8 节"戴着假面具的（隐蔽的）现实性"中重要段落所作的摘要式复述：

当我在 1972 年小心地假设一个无所不包的'精神领域'的命题时，我受到了几个批评家冷嘲热讽的攻击……

我们不断接受、编造、获得、知道、领会的东西,是受精神支配的。因为,每一种有意识的经历,首先是一种通过"精神眼睛"的观察。因此,物理学的、生物化学的和自然发生的事情,对于我们来说,也基本上是某种精神的东西。甚至我们对我的理解和对同一性的($Identität$)理解,也是一种精神类型的想象……

我的意见是,在外界的某处不存在着已经确定的、已经完全发展起来的数学精神。更确切地说,我们制订出有关自然的不同方面的数学模型,然后把这些模型投射到自然中去,由此,幻觉产生了,它是外部的现实性……'意识是这样的一种重要现象',在牛津大学,罗杰·彭罗斯($Roger\ Penrose$)先生对我是这样说的,'我简直不能相信,它只是偶然地通过复杂的数据处理过程出现的。它是意识现象,它使我们从根本上感觉到了宇宙的存在……'。

'未来的人将是神秘主义者——否则,他将不存在',已经去世的耶稣会长老和禅宗大师 Hugo ENOMIYA-LASSALLE(1898—1990)预言式地解释说。因为,一旦他(未来的人)懂得,他是一个整体的一部分,所有的事物都是相互连接着的(恰恰这是神秘主义的世界经验),那么他就可以负责地对待他自己和他的环境……

……元—思维($Meta\text{-}Denken$)是心和理性的综合。简而言之:我们必须再学习,用心去思考,用理性去感知……

因为我们常规的、理性的"思维"明显是不够用的,为了在其整体中领会到万能的宇宙($Holoversum$),这种新的世界观还要求运用一种新思维,即对整体的理解。这种'新的思维'将直觉($Intuition$)和理性($Ratio$),理智($Vernunft$)和感觉,左右大脑半球连接成一个整体,即连接成一个'元—思维'。它为我们了解一个更为深入的、隐含的现实性,了解万能宇宙的全息图打开了一扇窗户……。'元—思维'为我们启程走向新的精神维度提供了可能。它使我们有能力深入到超越时空的维度里去。未来的人类(*Homo Cosmicus*),同样能够向内部空间进军,就如同探索外部空间那样……

2.4 知识和语言

以上我们已经看到,知识是一个逻辑句子和一种事态的单义对应。自然科学和形式科学认为概念"语言"是思想构成物和对象客体构成物之间的对应,譬如,一个逻辑句子和一种对象客体之间关系的对应。所以,石利克(SCHLICK 1979)一直把概念说成是代表一个对象客体的符号。于是,出现了数学语言、物理语言、医学语言等,它借助于通过一种句法而相互连接着的概念,来描述对象客体世界的对象客体关系。弗雷格(FREGE 1892)是从与知识建立联系的意义上,对语言进行考察的先驱者之一。他研究表意文字(义符系统)和概念句法。

在语言学上,我们对语言的理解则采用着不同的概念。对于语言学而言,语言是充当意义载体的符号链。符号及其含义具有重要意义。

符号是一个对象客体,它与另一个对象客体或者概念永久地对应着,并且在思维上代表着这个对象客体或者概念。因此,我们是在与那种"语言"概念发生着联系,注意到这一点是很重要的。

马赫(MACH 1900)是第一个谈到描述事实的意识资料(即明显的谓语)的人。在马赫和弗雷格思想的基础上,卡纳普(1928)

创造出他有关世界逻辑结构的概念建筑物。维特根斯坦(1963)(他是以弗雷格、吕塞尔、马赫的工作为基础的)把世界看成是事实的总和,事实是事态的存在,它们是对象客体(事物)(Sachen, Dingen)的连接(WITTGENSTEIN 1963)。

在这个世纪(20世纪),著名的物理学家们,对于现实性和语言有过深刻的思索。薛定谔(1963:116):

……但是在所谓的精密科学中,在大多数情况下,可能是这种思想占据着优势:在思维图像中,完全实现对自然的仿制从来都是办不到的。我们在这里认识到的和肯定了的东西要更多。诚然,在人类成员之间要做到一种完全准确的、不产生歧义的相互理解是不可能的,这只是一个目标,我们一再靠近,但是我们从来不可能达到。甚至基于这个原因,从来都不可能有真正意义上的精密科学存在。

对于术语学而言,对象客体—概念—符号之间的关系是知识和知识传授的基础。通过这种"三位一体",知识和语言之间的关系得到了清晰表达。一方面,这涉及了概念和对象客体之间单义的对应,另一方面,这也考虑到了符号和概念之间的单义对应。

哲学和科学中所产生的种种误解,在大多数情况下要归咎于多义性。诡辩者的言论就足以证明这一点。逻辑经验主义者已经证明,许多哲学问题是无意义的。因此,只有对象客体、概念和符号之间单义的对应才能确保知识传授和知识掌握的正确。在这里特别应该提到的,是通过推论而获得间接知识。许多诡辩问题的产生,可以仅仅归咎于在作出推论时所使用的概念符号表现出的多义性,以及这种符号含义的无系统性。因此,在科学和技术中只有一种立足于术语学的语言,才有可能实现我们所希望的表达的清晰性。因此，我们要对语言使用目的进行区分——是为了日常生活，还是为了科学技术的需要。就日常生活语言而言，语义学是重要的，对于专业语言而言，作为方法使用的概念理论是重要的。语言以对象客体、概念和符号三种要素为基础，前两个要素在日常语言中，合并成了一个含义复合体。数不清的对象客体的紧密结合——它们以对象客体的特性为基础，在事态中反映了出来，它们与由逻辑—句法连接的概念相对应，这些概念描述思想构成物。在符号水平上的符号链与这些概念链相对应。语言是思想世界与符号世界之间的一种连接，思想世界和对象客体世界的关系由此也就得到了表达。

3. 知识和内心体验

无论是知识,还是智慧,它们都使用自己的方法来实现各自的目的。知识是以思维和逻辑法则的应用为基础的,与此相反,智慧是通过内心体验获得的。在这里,体验(Schauen)(非二元性的状态)和看(Sehen)(感官感觉)是两个不同的概念。在这一节中,我们要描述一座从知识通向智慧的桥梁,许多科学家都已经从这座桥上走过,并且由此他们变成了哲学家或者智者。近来,首先是物理学家对这座桥梁进行了利用。在他们的研究中,借助这座桥,依据现实性,现实的对象客体世界越来越转向成了理想世界,越来越多的物理学家着手探讨哲学家和神秘主义者的内心体验。而通过这种方式,认识逐渐向一种内心体验变化。

卡纳普(CAPRA)是这类物理学家的一个代表,在他的书《物理学中的道》(CAPRA 1975)中,他在目前达到的物理学知识和东方神秘主义的内心体验(Innenschau)(Einsichten)之间作了平行考察。当然,其他诸如此类科学家的例子也是数不胜数的。

下面是对卡纳普著作中重要段落的复述,以作为向本部分第4章节"智慧"的过渡:

在我们对现代物理和东方神秘主义作平行对比考察之前,我们必须向我们自己提出这样的问题:我们是否能够把运用现代数学这种清晰的语言所表达的精密科学完全与人文学科作比较,精密科学主要以默想（Meditation）为基础并由此形成，它们的知识是不能用语词传授的。

当西方科学家和东方神秘主义者谈到知识的时候，他们想到的是不是同样的东西呢？科学家从观察的角度出发，也就是从实验事实、方程式和理论出发，然而神秘主义者从醒悟（Einsichten），也就是从宗教作品、古老的神话和哲学论述出发。

人类精神对两种类型的知识或者意识经验是熟悉的：理性的知识——它是科学的对象客体，直觉知识——宗教以此为依据。

"奥义书"（die Upanishaden）（印度的智慧学说）谈到了高级的和低级的知识，佛教谈到"相对的"和"绝对的"知识，或者有条件、受限制的或者先验的真理（真实性）。

中国哲学再次强调直觉和理性的互补特色，这个特色在对立的"阴"和"阳"的配对中有所表达，并且构成了中国人思维的基础。理性知识从与我们日常生活中接触到的对象客体、从与环境中发生的事件有关的经验中获得。智力的任务是，对理性知识进行区分、等分、比较、衡量和划分成组。为了能够对多种多样的形状、结构和我们周围的现象进行比较、分类，我们必须对它们所有的特征进行考察。但是，我们只局限于最重要的。

所以，我们只设计跟现实性有关的智力方案，在这个方案中，对象客体可以借助纲要而简单地得以描述。因此，理性知识是由抽象概念和符号组成的系统，它们构成了一个直线型的和连续发生的结构。自然界是多样的和复杂的，它不是由直线和有规律的形状组成的。所发生的事件也不是先后连续的。因此，譬如物理学向我们讲授说，空洞的宇宙空间是可以弯曲的。由此得出：

我们有关抽象思维的抽象系统，从来不能全面地描述或者理解现实。

因为我们对现实的描述要比现实本身更容易理解,故而我们容易把这两者混淆,容易把概念和符号当成是现实。东方神秘主义的主要目标之一,就是把我们从这种混淆中解放出来。禅宗——佛教徒认为,我们需要一只手指,以便能够指向月亮。但是,如果我们已经认出了月亮,我们也就可以忽视这只手指了。

东方的神秘主义研究的是来自现实的直接经验,它们不仅超出了理智的思维,而且也超出了感官感觉。佛教徒不是从智力的区别、抽象和分类出发,而是从不作区分的、未分开的和不确定的"这样"(*Soheit*)的直接经验出发。对于这种"这样"的全面理解不仅是东方神秘主义的核心,而且也是所有神秘主义经验的主要标志。东方神秘主义坚持这样的事实,即刚过去的现实从来不可能是可以证实的知识的思维对象客体。使用词汇从来不足以描绘这种现实,因为它处于感官和智力的领域之外,我们的词汇和概念是从这里产生的。尽管人们对理性知识的依赖日益增长,但是,人类并没有变得更智慧,这种事实就足以证明,通过词汇传授绝对的知识是不可能的。因此,绝对的知识是现实的一种完全非智力的经验,它产生于一种不寻常的意识状态——我们称这种意识状态为默想或者神秘状态。

在物理学中,知识是通过科学研究获得的,它贯穿了三个阶段。第一个阶段是为要解释的现象寻找实验的证据。第二阶段,为实验事实配备上数学符号,一个系统化的排列由此拟定了出来,这个排列精确而又协调一致地把这些符号连接了起来。人们称这样的一种排列为数学模型。如果它是全面的,我们就称之为理论。如果它能够成功地预言实验结果,物理学家们就会对它相当满意。

要是它与实验结果相矛盾的话,物理学家们就必须废除这种理论而拟订出一种新的模型。然后,他们必须把这种数学模型用一种通常的语言表述出来。然而,思想活动不仅表明了科学活动的主要部分,它还经常地与一种直觉相伴随。但是,在物理学中,如果直觉的醒悟不能纳入到一个数学框架中去的话,并且也不能用一种日常的语言表达出来的话,它们则是无意义的。日常语言的主要问题在于词汇的不准确性和多义性。科学追求的目标是概念限定的清晰性以及概念和对象客体之间的单义关系。语言通过对其词汇含义的限制,和通过对与逻辑规则相对应的词汇结构的标准化,而得到进一步的概括。最后的抽象阶段通过数学实现,由此,词语为符号所替代,符号连接受到了严格的定义。以这种方式,科学家们可以把信息以方程式的形式加以浓缩,也就是说,将其变为几行符号,为此形成若干页常规性的文字也是在所难免的。

以东方人的眼光,数学以其高鉴别力和严格定义了的结构成为我们反映现实的概念图表的一部分,而不是作为现实的一个特征看待。现实,正如神秘主义者所体验到的那样,是完全不确定的,并且是不能得以辨别的。我们必须为抽象的科学方法——它是一种卓有成效的方法,付出一定的代价。我们对概念系统定义的越精确,我们建立的关系越严格,我们越能使自己与现实世界相分离。

在科学中同样存在着直觉的因素,在神秘主义中也存在着理性的因素,譬如,吠陀哲学(印度哲学)(*Vedanta*)就是一个非常有才智的学派。

就在科学家们之间展开合作,并借助于科学仪器的使用,从而给科学结论带来更大的精确度的时候,神秘主义者却觉得,其受过训练的意识已经足够用了。

如果理性的精灵沉睡了,直觉就唤出了一种不寻常的意识;周围的环境就不经过我们抽象思维的过滤而让我们感觉到。与环境完全一致(Einssein)的体验,是默想的主要特征。它是一种意识状态,在其中,每一种分离了的形式都被终止,并且这种意识状态汇入到一种"统一"(Einheit)中去。神秘主义者主要是对有关现实的经验感兴趣,而不是对这种经验的描述感兴趣。

4. 智　慧

4.1　概论

在本书第三部分的第二章,我们对有关知识的根本性的问题进行了阐述。我们已经看到,知识是可以教授的,也是可以学到的,从根本上说,它是以思想性的东西与对象客体之间的对应为基础的。我们思维的界限就是我们知识的界限,也就是说,基本概念和基本句子是我们知识的出发点,并且它们形成了知识的界限。划定界限和进行比较要么使它们易于理解,要么导致矛盾的产生。知识以我意识的活动为基础,我意识经历了一次转变。但是人类的意识能够从易变的我,通过沉思(苦思冥想)(Kontemplation)——它是获得内心体验(Innenschau)(Einsicht)的方法——发展到不再变化的超我。

就像存在着身体形态的变化一样(进化),同样也存在着意识的(精神的)发展。知识由精神意识承载,它通过界限和对照而得以标明:

我,主体—客体,基本概念(不可派生),基本句子(不可派生)。这是一个直线的发展,它结束于无限。就精神意识的发展而言,存在着思维学校(大学),它们的目标是为了传授和发展知识。在思维学校中,思维形式通过教师的传递,转变成了精神意识的发展。

意识的进一步发展,导致了超精神的意识(超我)的产生,它可以看成是完整的内心体验。这种意识不受一个我的限制,它是一种宇宙意识。主体—客体的对立被扬弃了。这是一种发展,在平面上它可以借助于一个圆圈,在空间上可以借助于一条螺旋线而加以描述。就促进超意识的发展而言,过去和现在都存在着精神学校(智慧学校),它们注重精神体验的发展,也就是注重宇宙意识的发展。在认识过程中,二元性主体—客体是(获得)知识的一个前提,与此相对,在精神体验(默想,沉思/苦思冥想)中,出现了"正在认识着的"和"已经认识了的"的事物的融合。精神学校的学生由用图形和比喻的形式(这些形式,使得学生们能够将只有通过自己的体验才可能得到证实的东西变的可以预知)——引向了宇宙意识。在东方和西方,现在和过去,这样的学校都存在。在大多数情况下,它们是在隐蔽状态下活动的。古希腊哲学的历史表明,那时已有精神学校(Geistes-schule),这样的例子可以举柏拉图和毕达哥拉斯(PYTHAGORAS)的例子,他们除了指导着思维学校(Denkschule)之外,还指导着精神学校。大多数的精神学校将其教学内容的部分披上了抒情诗的外衣(用抒情诗的形式进行表达),譬如,印度教中的《庄严之歌》(die Bagavad Gita),中国的普济主义(Universismus=Universalismus)中的《道德经》(见 III 4.6)。精神学校里学生道德的高度发展在精神学校中就已显露了出来。那在精神学校中发展起来的内心体验是与超我的"顿悟/弃恶从善"有关的。佛教的名字(Buddhismus)本身就表明了这一点(budh-的意思是"苏醒,觉醒,唤醒"的意思)。

在过去几十年里,越来越多的物理学家努力对知识的界限进行着超越。他们断言,科学中的许多陈述是与智慧体验"平和相处"的。令人惊讶的是,在现代物理学的陈述中,以及在道教、印度教和佛教的智慧体验中,我们能找到太多的相似之处。

犹如从物理学角度进行考察一样,在这部分的第三节里,我们从宗教的角度也建立了一条从知识通向智慧的通道。

下面以文章段落的形式,试图从智者的视角,对世界观进行一些阐述。为此,作者从几个伟大的哲学家、智者和神秘主义者那里摘取了几个特别的文章段落,并在下面作了叙述。

4.2 印度教(NIKHILANANDA 1958)

(注释:主体—客体对立的扬弃以及由此产生的存在的统一,在印度教中也有清晰的表述,这正如印度教的四个主要原则所表明的那样。外界世界的多样性,只存在于我意识之中。对于这种世界观而言,具有重要意义的是内在的体验,也就是精神经历。)

印度教的四个主要原则是:
——非二元性
——心灵的神圣
——存在的统一
——宗教的和谐

根据印度教的观点,宗教是经验,而不是对具有旧威望的教义和信条的接纳、容忍。

在早期的吠陀时代,印度日耳曼人的(印欧语系的)思想家就已经从两种经验层次出发考察了现实的本质。其中,一种层次可以称为是绝对的、非宇宙的或者超验的,另一种层次可称之为是相对的、宇宙的或者现象的。

在现象层次上,人们认为多样性的宇宙万物是真实的,并且人们意识到了个体我的存在,相反,在超验层次上,所有的差别都进入到一个无法解释的、统一的意识中。这两种经验层次,从它们各自的立场上看,都是现实的,尽管在一种层次上觉察到的,在另一种层次上可能会遭到否认。

在吠陀中,在超验层次上体验到的现实称之为梵(Brahma)。这种表达表明了一种非二元性的、纯粹的意识,它可以穿透宇宙。尽管如此,它却存在于宇宙之外。人们把梵描述成了最高的原则,所有的事物从它这里派生出来,所有的事物又包含在里面,最后,它们又重新消失在梵中。仅仅在梵中,现象世界表面上的差别统一了起来。依据非二元性的吠陀哲学的观点,梵是与人的自我(Atman)相一致的。

"Atman"的含义是人所具有的意识,它在清醒状态下可以觉察到粗大的东西,在梦境中可以意识到更细微的东西,在无梦的睡眠中可以体验到满心的喜悦,这源于二元性的主体和客体发生的错误。

如果我们把这个感官可觉察的世界作为现实接受了,那么我们就把梵作为这个世界万能的和无所不知的创造者、维护者和毁坏者。不过,如果我们感觉到这个世界是不存在的——就像在深度的默想中那样,那么我们就把梵作为无条件的绝对来体验。

在正常的清醒状态下,人们崇拜具有特性的梵,但是人们在体验没有特性的梵时,人们就丧失了其特有的个性。已经认识到梵的人,可以知道所有的事物。如果没有一个恒定不变的存在的基础,无论是虚幻的还是具体的对象客体也都不可能存在,这种存在就是梵。摩耶(Maya)(假象)(Schein)并不意味着,世界是一种幻觉。幻觉是由我们自己产生的,如果我们把形式和结构、事物和发生着的事件看成是我们周围的自然现实,而不是去识别出,它们只是我们正在测量着的和支配着的智力所产生的概念。摩耶就是把概念当成是现实而产生的错觉。

在这两种梵之间,不存在着真正的矛盾。因为,梵是没有第二性的,并且它既可以让人们从超验的立场上,又可以从现象的立场上对它进行考察。

4.3 佛教(西藏的安魂书 EVANZ-WENTZ,1971)

(注释:"西藏的安魂书"描述的是死后灵魂的经历。由此借助于几个关键性的概念,而把佛教人生观勾画了出来。)

佛教不承认灵魂的观念。因此,个人的不朽是不可能的。个人的存在仅仅是一种变化不定的流动和持续不断的变幻交替。这是因为佛教是立足在错误的观点见解上的,即认为现象、状态和本质是现实的。它从根本上认为,个体精神或者个体意识是不能识别现实的。只要精神是有人性的、是个体的,只要它认识到自己是单个的,并且自己是与其他的个体相分离的,精神就生活在无知之中,它就是摩耶(假象)的一个玩具球。这种无知对精神起着误导作用,误导着它把处于从生到再生的轮回(Samsara)内的、带有感官错觉的存在的全景看成是现实的。闪米特人教派的追随者,依据他们的习俗接受的是一个关于灵魂的理论学说,而且他们认为,个人死后在天堂和地狱,以及在人格化的神和造物主那里是不朽的。认识现实所要具有的前提条件是:精神世界里已经净化掉了错误和虚假的信仰,精神从而达到了这样一种状态,在这种状态里,主要的幻想消失了(这种幻想是指:在天堂、地狱或者世界里的现象是现实的)。所有的形状逐渐变为非形状的东西,所有的现象逐渐变为现象彼岸的东西,所有的无知给驱散掉了。个性的存在终止了,个体的实在(Dasein)也结束了,人们已经认识到精神和物质是一致的,现世的意识成为超世俗的了。

4.3.1 有关现实的学说(西藏的安魂书,ASVAGHOSA 1971,307)

关于无知:现实天然就是独一无二的,但是无知的程度却是无止境的。一旦人们以现实为依据去发现,客观的世界是不存在的,无知也就消失了。如果错误的理念没有浮现,那么从前的客观世界也就结束了。如果力量停止存在,那么尘世灵魂的虚假的威力也就停止存在了,这就称作涅槃/圆寂(Nirvana)。

关于现象:所有的现象天然存在于精神之中,而不具有外部的形式;因为,在那里的不是形式。如果认为某种东西在那里,则是个错误。没有精神就没有客观的存在。也就是说,来自不完全理念的所有实在(Dasein)是在我们的精神之中出现的。

如果受到限制的精神行动了,那么所有类型的事物也就出现了;如果精神停止行动,那么所有的事物也就终止了。

关于空间(Raum):人们必须认识到,空间是没有的。它没有现实。它是一个不同于现实的概念。

关于精神和物质:精神和物质永远是同一个。就像精神的本质是智慧一样,物质的本质是没有形式的,它称为智慧的体现。虽然所有的东西一向既不是精神的,也不是物质的,既不是无限的智慧,也不是有限的知识,既不是存在着的,也不是不存在着的,而且归根结底,它们是无法表达出来的,尽管如此,我们还是要说这样的话:我们应该知道,佛陀熟练而又内行地对词语进行使用,目的是为了对人们进行引导,促使人们放弃他们的猜测,回到绝对的现实里来,因为关于所有这些事物的最美好的人类思想只受时间的制约,而且它不是绝对真理。

关于原始精神的天性:精神从一开始就是纯粹的自然,但是因为是从一个受到限制的立场出发对它进行观察的,因此受限制的观点把它弄污浊了,它的图像也给弄得模糊了。虽然这种污染(不洁物)是存在的,但是精神原始的、纯粹的天性却通过人类的思想而永恒。如果我们经过思考并且清楚地认识到了这一点,绝对精神不需要诸如人类思想那样的思想,那么我们就踏上了达到无限的正确道路。

关于绝对的自然:正如自然在所有的经验后面没有开端一样,它也没有结尾,这就是真实的涅槃/圆寂。

佛教经验的本质是:超出智力差别和对象客体世界向外扩展,并且尽力达到 ACINTYA(不能思维)的境界,在此,现实是作为不分割的和无区别的这样在(*Sosein*)而出现的。

4.4 水晶路——有关佛经(SUTRA,TANTRA 和 DZOGCHEN)的学说(NORBU,1989)

(注释:如果我们踏上佛经(*SUTRA*,*TANTRA* 和 *DZOGCHEN*)的道路,我们就能获得精神的经验。在印度教和佛教中,所经历的基本过程相当类似:非二元性、存在的统一性、没有形状的超我(没有个性的结构))。

在别的地方,而不是在自己的意识中找到佛陀——这是完全不可能的。

每个不明白这一点的人,愿意在外面寻找,但是如果是在别处,而不是在自我本身进行寻找的话,这怎么可能找到自我呢?

谁要是在外面寻找其自身的本质,这就无疑像个傻瓜,他在一群人面前露面时,竟忘记了他自己是谁,然后到处寻找,目的就是为了找到自我。

认识的瑜伽学说(PADMASAMBHAVA)
……

在这里,使用了概念"根源/根本原因"或者西藏语中的"Xi",目的是为了像在个体层次上一样,便于在普遍的层次上去说明存在的基本根据。两种层次在本质上是同一个:如果人们认识到一种层次,人们也会认识到另一种;如果你认识你自己,你就能认识宇宙天地万物的本性……

在我们日常生活经验的层次上,可以很清楚地看出,因果报应的循环是从哪里开始的:它开始于每一个瞬间,在这一瞬间,我们进入到了二元性的状况,如果我们进入了原始状态(它是所有界限,包括时间、言语和意图等界限……的彼岸),那么这个循环就刚好结束了。

但是,如果单个人由于对现实的基本错觉而陷入到二元性的混乱中去了,那么,原始的意识——实际上它是领悟(茅塞顿开)的源泉,就给俘虏到了这个人自己的投影里,而且这个人还把这种错觉看成是一种外在的现实,这个现实是与他自己相分离存在的。所有各种各样不可抑制的激情都是由于这种基本错觉造成的,并且迫使个体持续不断地陷入到二元论里去……

但是,通常人们用来解释现实本性的所有例子只可能部分获得成功,因为这样的现实是超然于言语和概念之外的(超越了言语和概念的界限)。正如 MILAREBA 说过的,我们可以把精神的本性与宇宙(das All)作比较:二者都是空洞的。但是,精神是有意识的,而宇宙没有意识。

认识不是关于宇宙的知识,而是有关宇宙本性的生动的经验……

……

然而,所谓的"纯粹的幻象"却有过恍然大悟(突然醒悟)的体验。这种恍然大悟(突然醒悟)的本质,位于二元论的范围之外,并且它识别出根源(原始原因)原来仅仅是潜伏着的状态,并把它变成了现实。醒悟过来的人们始终停留在纯粹幻象的原始状态,他们在尽善尽美地表达着这种状态的同时,也把对原始原因的阐释用口头方式一并传递了下去……

根源(原始原因)作为本质而加以说明的,是它根本的空洞。实际上就是说,如果人们体会一下他们自己的情感就会发现,存在的每一种思想在过去、现在和将来的三个时期内都可以看成是空洞的……如果人们搜寻一下思想待着的地方,就会发现什么也没有;而且如果人们搜寻一下思想去过的地方,也会发现什么也没有——真空。这并不是说:存在着某种"空洞的东西",人们能够说它本身是某种类型的"东西"或者"地方",所有的现象是精神事件,或者从表面上看来"在外表上"是与实际的对象客体相吻合的,即使它们也是如此完好地显现着的,但是从它们的本质上看,它们却是空洞的、变化无常的,它们只是短暂存在的。人们能够看到,所有的"东西"是由其他的东西组成的，等等。从无限大到无限小，此间到处，所有看成是存在的事物都可以认为是空洞的。

换句话说，这种空洞（真空）就像一面镜子的基本纯净度和清晰度……。无论出现什么，精神空洞的本质从来不会丧失，也不会受到损坏或者污染……

某种思想或者事件也许想要出现（但是未能出现），因为它没有触及到精神的本性。因为精神的本性并不是像镜子的本性那样简单地反映着同类事物。

"Zal"指的就是这种情况，在这种情况里，能量在个体面前的显现就如同外部世界一样。一个进入到了二元性状态的人，会有这样的体验：他生活在一个封闭的自我里，显然是与"那外部"的世界相分离的，这个外部世界是作为另一个世界加以体验的。这个人把他自己感觉的投影当成了那些事物，这些事物是与束缚着这个人的自我分开存在着的……

……

在真理（真实性）中不存在着什么外来的事物或者与个体分离的事物。确切地说，"什么是"（Was ist）的根本是存在于"Dzogchen"中的事物，也就是在伟大的完善中得以体验的事物……

……

尽管个人的能量在根本上是无形的，但是因果报应的作用（这种作用在个体的意识流中是作为责任的后果而存在的）产生出某些作为躯体、声音和精神等能感觉到的事物，以及作为外在环境的事物。这些事物的特性通过理由而确定了下来，它们是在无数生命中累积起来的……

进行"Dzogchen"修炼的本身，就是一种沉思（内省）的练习。

为此，人们处在不间断的自我解放的、非二元性的状态里，这种状态处在精神活动概念层次边界的彼岸，并且尽管如此，它连所谓"正常"的记忆活动或者理性思维活动都包围了。虽然在沉思（内省）中可能出现、也出现了思想，人们并没有受到这些思想的影响。思想自己解放自己，人们允许它们以本来的面目存在。在人们进行沉思（内省）的时候，精神却丝毫没有忙着心灵的工作。没有什么事情必须做或者不做。一个自我完善着的事物，就是以它本来的样子显现着的事物。在"Dzogchen"教义中，人们对"默想"持有另一种理解：它指的是众多练习中的那些练习，在这些练习中人们进行着某种方式的精神活动，其目的是为了能够进入到沉思（内省）的状态。

……

在梵语/梵文（Sanskrit）中，*Prajna* 从字面上讲是"超级知识"或者"通向彼岸的知识"的意思。展开后的含义是，我们必须才智过人，为的是理解获得的学问是什么；要有敏锐的直觉能力，为的是可以瞭望到，并且可以踏上理论中语词所指向的彼岸。这意味着，我们自己进入智慧……

……

人类六种感官的每一种都和与它相关的对象客体相互依赖着，如果我们对此情形有所理解，我们就能明白，二元性的幻觉本身是怎样保持其原貌的：在每一种感官那里，主体缄默不语地包括着客体并且掉转过来，直到最终，所有包含了精神的感官共同创造了一个外部世界的幻觉，这个幻觉与感觉着的主体分开存在……

如果我们认清了自我，那么我们就认识了宇宙的本质。二元性的存在仅仅是一种幻觉，如果幻觉不再存在，那些带着宇宙本性的特有天性的原始单元就为我们所认识并变为现实。通过内部和外部的一体化,灯体(den Lichtkörper)也就显露了出来……

4.5　宇宙意识(HILARION 1962)

(注释:以下文字是从下面著作的第四卷中挑选出来的。它为人们理解精神体验(直觉/灵感)是怎样被唤醒的(以作为从精神层次到超精神层次的过渡)提供了范例。在这里,人们采用的是抒情诗的形式。全部的文字由五卷组成,以"默想和沉思——通向宇宙意识的向导"为题:

第一卷——极昼(午夜12点的太阳)(成为宇宙意识的灵魂的觉醒)

(用古埃及的光符号 Ra Ω 和古印度的悲伤符号 卍 表示)

第二卷——灵魂的光亮(寻找光明的人,痛苦和解脱)。

(用古埃及的象形文字 ♀ 和原始基督教的保佑符号 ✝ 表示)

第三卷——看不见的教堂(在无限堤岸上的宇宙的祈祷)

(用古印度的默想词语 Aum 和六线形印记 ✡ 表示)

第四卷——你心中的上帝(从永恒到我们、人类和宇宙之中)

(用印记符号 ☆ 和古汉字符号 ⊙ 表示)

第五卷——伟大的情侣(智慧的大师,觉醒者的光环)

(用智慧符号 ⊕ 和神符号 △ 表示))

默想和沉思

五角星形的护身符保佑着您,它的枝杈伸向无限——去寻求那无法衡量的"一"。

斯芬克斯(狮身女怪)的肖像保佑着您,我向它袒露了我自己的秘密：

斯芬克斯在我心里，这尚未认识的神！

我还会是斯芬克斯——只有一半变了样。

半人马的星座——一半是动物，一半是神！

你是感官符号，但在你这里，它却超出了人类意义，它是从神的精神那里来的，既不能意会，也不能教授，而是可以唤醒的。

出于我对你的爱，永远鲜活地表白着你自己的斯芬克斯，你那内心的生机觉醒了，还有你那对我的存在（这更深奥的谜团）的认识也唤醒了。所有的觉醒者呼唤：认识你自己！实现你自己！做你自己！

你只有在你这里能够找到最后的认识，而不是在隐蔽的殉教者的墓穴中或者庙宇中。

在你之外什么也没有：既没有得到拯救的解脱，也没有协调一致的统一，更没有上帝！但是，只要你的目光还盯视着那转瞬即逝的我，你就认不出你真实的自我——那个在你这里永恒的人。只要你没有在神学和宗教之间作分离，你就没有达到你心中的永恒。神学用其词句辨明了上帝和人类之间的界限，即永恒的既无法认识，也无法探究。

觉醒的人们知道，上帝是精神，对于每一个人来说，它是如此地可以接近和亲近，就如同每个人呼吸着的空气那样。他们知道，人类不需要什么外在的仪式和方法，以期达到上帝的境界，他只需要近旁存在的上帝，需要人类生机勃勃的、在内心内化的现在，为的是使人类与上帝的统一和人自身的安全变得确凿无疑。

神学谈论的是通往上帝的道路，它隐瞒着它自身可以变成是通向上帝的道路，为的是在这种自我转变中体验旅行者、道路和目的地的统一。

永恒是在你心里的——没有什么外在的东西能比你对它更了解了。

这是从神学到宗教的跨步。神学不是宗教,而是人类的作品。
宗教是上帝的工作:是现实的体会和对完全一致的确信。
神学寻求的是对上帝的论证。
宗教是上帝的自我证明。
东西方世界所有觉醒了的人们,都谈着与永恒共生的完全一致。它是伟大的我——是超我,它是与宇宙一我一起永恒的。

在看得见的宇宙中,地球就像一个微小的原子,故而,如果尘世—我也反映着世界—太阳的话,那么,尘世—我只是超意识海洋中的一滴微不足道的水滴。它是上帝在你这里的最后的外壳。

如果这最后的外壳脱落了,那么统一也就达到了。
觉醒者列出灵魂的五道枷锁,它们期待着上帝激情的燃烧:
时间——形式——空间——我——实在——意识。

时间牵制着灵魂,因为它使永恒的现时宇宙持续下去了,而且,它经历了那不是作为永恒的关键,而是作为在"已经是"和"正在形成着"之间流动的界限的瞬间,灵魂使得时间的流逝变得可以觉察。

随着从不公开的神灵中涌现出明显的万物世界,出现了时间和时间意识。

只有追求外在的人思考时间、忍受时间,为时间而心碎,而追求内在的人则不是这样。

形式也牵制着灵魂,因为具体的、伸手可及的物体和形状(在其中灵魂能够找到自身和所有事物相同的本质)终身是作为可体验的现实的伴随者出现的。物质性和形式意识引诱着灵魂去估量它在对象客体中的情形……

同时灵魂制造出每一种形状和位置令自己忧伤的局限性,因为,所有的形式都只是部分,它们从来都不是整体。

因为与形式密切相连,灵魂只看见外在的东西,而看不到内在的东西;只看到外壳而不是内容,只看到腐烂的东西,而看不到本质的东西;只看到已经起了作用的,而看不到正在起作用的和现实的事物……

所有的形式都是存在的外表、包装和遮盖物,它是物质的,它包含了本质,它受时间的制约,但在空间上是相互隔绝的。

因为捕捉到的,不是现实,而只是现实的"表现"。

可以见到的,只是映像——而不是塑像者,那无定形的正在塑造着的自我……

然而,只有当我们从受注视的进一步迈到不能看见的,从形状到本质,从本质到精神,从精神到上帝,我们才能到达那无形式的原始存在的起源。

因为形式是二元性的,在大多数情况下,精神是一元性的,这就需要你从并行走向交错,从那里走向统一,回转到带有"一"的完全一致。

一旦形式的幻觉破碎了,你就觉醒了,你就从受形式牵累者转变成了无形的自我。

觉醒者高居于所有的形式。当形式生长而又消逝的时候,觉醒者也在永恒的统一中安息了。

空间也牵制着灵魂,因为永恒的这里在这里和那里的毗邻关系中,上下分开。空间的彼岸是无空间的内部——没有时间、没有地点也没有形状。

内部非远非近。

空间是可分的。

内部是不可分的,是那静止不动又不再扩展的宇宙——这里,从何处来,又到哪里去……

空间是分隔的存在,是为一自己一分开了的一存在。

内部是那由自身出发存在着的不可分隔者,是那不可分割的"一"和宇宙一存在。

空间是状态和假象。内部是存在的原始状态。

你,是那内在的人,是那自我,是无空间和无界限的。你是无所不在的——是在所有中的所有,在所有中不可分,并且高于所有……

我也牵制着灵魂,因为灵魂误以为,只有在我中才能意识到灵魂的自我,只有在我中,才可能体验到这个世界,才可能体会到生活中生物的和谐相处及其进化、发展。

当自我在世界的早晨从神灵处走出来,它想寻找它的自我,它自己亲眼看到了它自己——并且形成了它自我的形象。

我诞生了,和它一起诞生的还有灵魂的衣裳和躯体……

……在我呆着的地方,呆着自我一掩饰、自我约束、名字、特殊存在。

只要我说"我",这指的就是非自我和孤独的。

我一苏醒过来变成自我本身,我就成了非我和独自的。

那实在一意识也牵制着灵魂,因为它使灵魂相信,灵魂只能从实在($Da\text{-}sein$)和这样在($So\text{-}sein$)到达上帝——意识与人类相互交融的自我存在和确凿存在。只要我做梦,实在就紧连着实在……

……只有当我自己觉醒过来,梦就结束了,处于所有这里在(*Hiersein*)和实在(*Dasein*)彼岸的现实序幕就拉开了。

时间和形式、空间、我和这样在意识是追求外在的人的隶属物,外部的道路是以世界旅程的面目出现的,所有这些在现实中却表现为内部的运动和变化。

追求内在的人——这你中的火焰神,则不受灵魂五种枷锁的拘禁。只有图形和比喻是可预知的,但它们只有在自身经历攀往可靠性的坡道上才能形成。

(对 4.6 到 4.10 的注释

超精神意识的经验,它们在本质上是与感官可觉察的经验,也是与精神经验相区分的,它们是用感官图形和感官符号或者用抒情诗的形式(为的是表达思想)进行描述的。感官可觉察的经验和精神经验都是以二元性(主体—客体)为基础的。超精神的经验(在其中,二元性被扬弃了,并且把思维引向了沉默)从超我出发,并且借助于感官图形和感官符号,在沉思或者默想中得到体验。作为帮助超精神意识发展的过渡手段,借助于思维,人们采纳了抒情诗或者格言警句的形式。

下面就列举了在不同时代里,在中国、印度和西方国家里的几个例子。)

4.6 道教(道德经)

(来自不同出处的引文)

道＝绝对的精神,神的原则。

德＝世界精神

无名的是天堂和尘世的起源（道）。
人带着名字塑造诞生了（德）。
因此
只有谁不受事物的约束，谁才能理解精神；
如果谁仍旧追求事物，那么他就只能抓住表皮。
在起源上这两者都是"一"，区别只在它们的名字里。
深邃的奥妙就是这个"一"。

　　（格言1）

还在有天堂和尘世之前，
就有了朦胧不清的"一"，
有了那无名的、缄默的、永恒不朽的、完美的东西，
有了那所有事物神秘莫测的根源，
有了那我无能力领会的东西，我称之为道的至高无上者。
人类按照尘世的旨意做事。
天堂按照道的意志行道，
道依照自己的意愿行事。

　　（格言25）

不用跨过门槛，我就能认识世界。
不用通过窗户向外张望，
我就看到了天堂的道。
你向外走得越远，
你就会认识得越少。

245

所以,智者走得不远,

然而他无所不知。

他不向那边看过去,

然而他胸中有数。

他什么也不做,

然而他完成了一切。

　　(格言 47)

精神是所有的东西,

它在所有的事物中起作用,

然而,它超出了所有事物的总和。

它没有溶化到这些事物之中,微弱程度,

就如同那些沉没到语词中的思想一样。

精神产生统一。

统一产生二元性。

二元性产生三体合一。

三体合一产生所有的创造物。

　　(格言 42)

三十个轮辐在轮毂中一起运作。

在它们的空隙中存在着轮子的本质。

黏土塑造成了器皿。

在泥土的空洞中存放着器皿的本质。

人们在墙里打造出门和窗户。

在墙的空洞中存在着空间的本质。

因此

那可见的存在所具有的好处是,

让那不可见的存在,向事物最先吐露出本质。

　　(格言 11)

当人类出生的时候,

他是柔软的和娇嫩的。

当人类死亡的时候,

他是僵硬和枯瘦的。

所有的事物,草地和树木,

在它们出生的时候是柔软和精美的,

在它们死亡的时候,却是枯萎和干瘪的。

因此,僵硬的和干枯的,

是死亡的弟子;

柔软的和娇嫩的,

是生命的门徒。

　　(格言 76)

4.7　印度智慧

奥义书(Upanishaden)(意思是:秘密会议、秘密学说)
(RIEHL,1949)

人的自我(Atman)知道,它驾驶着马车。

马车是躯干。

指引着道路的是佛教徒。
Manas 知道,它就是那缰绳。
称为感知觉的是那骏马,
感性的事物是骏马的道路。

  (Khartaka 奥义书 3.3)

无需教导,就可获得人的自我(Atman),
不用借助理智和犹太教经师的费心教诲,
Atman 只选择出能理解他的那个人,
他把人的本质显露给了人。

  (Khartaka 奥义书 2.23)

只有那眼睛从来看不见的东西,
不表达任何的思想和言语,
在不可认识的事物面前,
最优秀教师的本领也会变得黯然失色。

  (Kena 奥义书 3)

那思维无法想象的东西,
思维本身才去思考它,
作为梵你应该知道的东西,
另一个人却未必崇拜。

  (Kena 奥义书 5)

4.8 希腊智慧

（里尔 RIEHL，1949）

走掉吧：如果你巡视所有的街道，
你会找不着灵魂的界线。
它理性的本质,触及得如此之深（逻各斯—理念）。

  （HERAKLIT 片断 45，DIELS，前苏格拉底弟子未完成的作品）

听到的不是我的,而是理念（逻各斯）的声音，
承认这一点是明智的：所有的都是"一"。

  （HERAKLIT 片断 50）

这世界的秩序（kosmon）——对所有的事物它都是一样的,
不创造上帝和人,
它是永久的,它在过去、现在和将来都是熊熊燃烧的火焰，
这火焰依据尺度燃烧,依据尺度熄灭。

  （HERAKLIT 片断 30）

"存在者"思考,并且存在,这是同一件事。
只有存在才是可表达的和可想象的。
存在必须存在,相反,不存在则不存在。
我认为这一点应该牢记在心。

  （PARMENIDES 片断 5 和片断 6）

真正的存在者是无色、无形状、无料的，
精神只是使它可见。

（柏拉图 Phaidros 27）

宇宙中存在着一种动因，
它完全有权赢得这样的名字：智慧和理性。

（柏拉图 Philebos, 30c）

我们说到事物，它们可见，但是不可认识，
相反，说到理念，它们可认识，但是不可见。

（柏拉图 国家(Staat)，VI，506B）

4.9 基督教的神秘主义

JOHANN SCHEFFLER（ANGELUS SILESIUS）（英雄，1949，第三卷）

没有什么东西，是它使你运动，
你自己就是那轮子，
从自我深处自己开始运转，
并且没有停歇。

（I, 37）

它不在外面，
头脑简单的人在外面寻找它，
它在你这里，

你将它分娩了出来。

在每个人那里，
都有着一张他该成为什么样的图景，
如果不是这样，
和平安宁就不够完美。
因为我该看到那真正的光亮，
——就如同它本来的样子，
所以我必须是我自己，
否则什么也不会显现。
　　II，46

如果我该找到我那最后的终结、
和最初的开始，
那么，我就该在上帝那儿琢磨自己，
而上帝也必须探究我的内心，
而且，如果要还原我本来的面貌，
我必须是表象中的表象，
词中之词，
上帝中的上帝。
　　I，6

上帝是一个喧嚣的虚无，
现在和这里都无法打动它，

你对它了解得越多,
它离你越远。
　　　I,25

请停一下,你跑向哪里?
天堂在你这里,
你到别的地方去寻上帝,
你会永生误入歧途。
　　　I,82

4.10　西方国家自然科学家们的智慧

明白,它不是别的什么东西,
只不过是不寻常的明了向寻常的不明了的追溯。
—— 恩斯特·马赫(ERNST MACH)(物理学家)

我只能认识形式和数学的依据,
但是辨认不出真正的原因(die causa vera)和形而上学。
——艾萨克·牛顿(ISAAC NEWTON)(物理学家)

我相信,作为伟大生活一部分的那种生活,
我们理解不了。
我把意识看作是一种基本的东西。
我相信,物质是从意识中派生出来的。

我们不可能到达意识的背后，

但是，所有我们谈论的东西，所有我们看成是存在着的东西，都是以意识为前提的。

——马克斯·普兰克（MAX PLANK）（物理学家）

18世纪以来，在人类精神的不同研究领域中，与人们严格遵循着的那种划分方式相反，我预见到，对立矛盾的思维将占据统治地位，理性的智慧将和整体性的神秘主义经验相综合，这会成为我们努力的目标。

这个目标，是那唯一的、与我们的时代实现了的、和未实现的神话都相吻合的目标。

——沃尔夫冈·泡利（WOLFGANG PAULI）（物理学家）

5. 对普通术语学和知识理论哲学基础方面的贡献

5.1 概论

　　普通术语学(ATL)和知识理论(WL)的理论基础,对于这两个知识分支的进一步发展而言,都有重大意义。普通术语学是从术语工作实践中发展起来的,以旨在为实践制订出术语学的原则为其特殊目标。在过去的几次工作会议上,我们已经讨论过理论性问题,但是,我们从来没有同时考虑到,普通术语学的哲学基本问题也应该得到详细、深入的探索,或者为了这个目的,我们应该建立起一个工作委员会。毫无疑问,这其中要有哲学家们的参与。

　　从全世界范围看,有许多哲学家可能已经个别性地提出了与术语学相关的问题,也就是说,他们对这类问题已经进行了思考。但是,缺乏一种对所有因素全面的、系统的深入研究,这些因素对于术语学来说是很重要的。

　　在认识理论领域中,石利克(SCHLICK 1925)从逻辑经验主义的角度,在他的著作«普通认识理论»里对此进行了详细的研究,同时,他汲取了在他之前的哲学家已经研究了的思想。认识理论还研究诸如对象客体、概念、符号这样的基本概念。因此,石利克的著作对于术语学理论而言,也是很重要的。

在哲学中,存在着两种基本方向:唯心论(*Idealismus*)(ἰδέα＝处于时间、空间彼岸的、事物恒定不变的本质和原始图景;感官感觉不到,而只是在精神上可见。也叫本质概念,普通概念),经验论(*Empirismus*)(ἐμπείρτά＝经验;依据这种观点,经验是我们知识和认识的唯一源泉)。

下面指明的是一条把这两者协调起来的道路。经验论代表着一种世界观,这种世界观是通过外部世界表达出来的,它从人类的意识中派生出来。唯心论从人类意识内部的理念出发,在人类思维的协作下,促成了一种概念化的世界观(不是外部世界的映像)的产生。对于逻辑经验论而言,思维构成物(它们是从外部世界借助人类的思维而给呼唤出来的)是那最后可体验的现实。在概念层次上,逻辑经验论和灵感唯心论相遇。由此,经验论和唯心论相处得很融洽,尽管它们的哲学出发点不同。这为普通术语学和知识理论奠定了良好的哲学基础。

持逻辑经验论观点的物理学家们,在 20 世纪之交,已经形成了一种基础性的新认识,这种认识对认识理论产生了影响。这种影响是:

观察者和观察活动构成了一种统一,而且这二者不可相互分离。

关于单个对象客体(个体)的陈述是无法作出的,而只能把某个个体行为,放在一个更大的、由个体组成的集合中才可说明。这需要使用统计概率知识。

在量子物理学中,不存在现实这个概念。举例而言,在对光进行描述时,光的波和粒子的矛盾仅仅是表面上的。人们已经使用概念互补性解决了光的问题,也就是说,两个不同的对象客体相互对应,或者一个对象客体能够为另一个对象客体而得以规定。在物质这种情况下,这就叫作粒子和波互补。因此,概念波机械学这看似矛盾的叫法,是有充分理由的。所以,如果光一方面在波实验中,另一方面在粒子实验中得出了不同的结果,那么一种结果允许理解为仅仅是对另一种结果的补充。这些结论不是对立的。为了解释光的现象,单单是使用一种观念,或者单单是使用另一种观念,都是不够的,而应该是同时使用两者。

同样,对于普通术语学(ATL)和知识理论(WL)而言,也要找到一条互补性的道路。维斯特描述的是一条经验论的道路(见III 5.3.1)。在III 5.3.2节里,我们试图在整体性学说的基础上,描绘出一条将这两种理论进行互补的道路,当然,它还并不完善。

下面,介绍几位对普通术语学和知识理论起过重要作用的哲学家及其基本观点。

5.2 两种哲学基本方向

从严格意义上讲,存在着两种哲学基本方向——唯心论和经验论。所有其他的哲学形式都是以这两种方向的结合点为基础的混合形式。这些混合的方向不是连贯的和无矛盾的,而且并未纳入到一个统一的概念系统里。

唯心论把超感觉作为感觉的本质基础。因此,对于唯心论而言,超感觉的概念,以及由此进一步产生的超感觉和感觉这二者之间关系的概念限定,必须是所有问题和思维任务的最后一项,这种关系是否以某种像带有柏拉图的理念学说和本体论的较完善的形而上学的形式出现,或者像在康德那里,仅仅是处在可想象的事物的边界上,作为自在之物(Ding an sich)和先验(Apriori)的事物出现,则无关紧要。唯心论是从灵感基础出发的。对于经验论而言,则不存在超感觉和感觉之间的关系,因此,也就不存在形而上学、本体论、理念学说以及与之相应的事物。有的仅仅是可体验到的事物的一种肢解,也就是说,只存在一种认识理论(思维和存在)。然而,在人类认识过程中,灵感基础也扮演着一种本质性的角色,就像伟大的科学家在创造出新知识时迸发出灵感的火花那样,在优秀研究工作者的创造发明中,也有体现。

抽象知识的形成也以灵感为基础,然后才是抽象化的加工过程。灵感是一种精神的体验,它通过某种思维过程而导致了概念的产生,这些概念经过抽象加工而成了知识(形成陈述)。

如果没有比思维更高的原则存在,我们就无法对思维过程进行考察。

下面描述的是几种重要的哲学基本观点,以起到启发作用。其详细内容可见施潘(SPANN)的《哲学家明镜》(*Philosophenspiegel* 1950),以及《哲学家历史》(FISCHL 1948,1950b,1953)。

基本上,我们可以划分出两种认识道路:抽象认识(概念化认识),也称之为抽象知识(概念化知识)($\epsilon\pi\iota\sigma\tau\eta\mu\epsilon$);或者感性认识,也称作观点看法($\delta o\xi\alpha$),它们来自经验。感觉的世界是相对的(诡辩家),对于感觉的世界,我们不掌握有把握的知识,拥有的只是一种观点看法($\delta o\xi\alpha$)。然而,正如我们在前面已经提到过的,也存在着哲学的混合形式。在抽象知识中,人们谈论的是一种唯心论的世界观,而在感性知识中,人们谈论的则是一种经验论的世界观。

在哲学的发展过程中,人们曾尝试着用以下的方式去解释世界:

——目的论的世界观(teleologische Weltsicht)(亚里士多德),通过目的。

——因果关系的世界观(文艺复兴时期),通过原因和结果。

——非因果关系的世界观(定量理论、概率)。

其他比较新型的认识方法我们在前面已经叙述过。

在 III 5.2.4 中,我们将讲述唯心论(或者与此有着密切关系的理论)哲学家的基本观点,在 III 5.2.5 中,将讲述经验论(或者与此有着密切关系的理论)哲学家的基本观点。

5.2.1 抽象认识或者感性认识

在抽象知识中,所涉及的是一种心灵的或者更高的精神能力(灵感、直觉等),也就是一种直接知识。这是一种整体性的世界观。

在感性认识或者所谓的观点看法中,涉及的是一种心理的或者更低层次的精神能力(正在加工、正在推论着的思维过程),也就是说,所涉及的是一种间接(非直接)知识。这是一种经验论的世界观。

5.2.2 现实(存在或者假象)

存在学说(Seinslehre)(本体论)(Ontologie)研究的是现实(Wirklichkeit)。与概念和对象客体有关的哲学基本问题是:"什么是现实的?感官可觉察到的对象客体还是精神概念?"在这里,人们是在最普遍的意义上对对象客体进行理解的。如果概念不是从自己的意识中产生的,它也同样可以是一种精神对象客体。它可能来源于另一个人的意识或者来源于某种集体意识,对自己的意识而言,它则起着精神对象客体的作用。

不仅对于经验论,而且也对于唯心论来说,基本问题是:什么是现实?这具有基础性意义。

经验论只承认可体验的事物(首先是感官可体验的事物),在逻辑经验论中,还把思维构成物归到观念的可体验的事物中去。

"世界就像我们所感觉到的那个样子",这种观点越来越退居到幕后。亚里士多德的世界观是这种观点的代表。因此,在过去我们需要这种观点,凭我们感官能感觉到的面目去描述这个世界,以求达到真实。但是,从康德以来,人们越来越赞同这样的观点:我们无法客观地描述这个世界,而只是共同塑造了世界观。莱布尼茨就是这种观点的代表:概念的形成不仅是描述的结果,而且也是一种富有创造性的行动。

寻求存在的现实性问题,在中世纪的经院哲学中,引发了共相争论。争论一方持这样的观点:一种理念、一种概念或者一种精神的东西是最后才可认识的某种事物,它们在物质层次上的投影,是一个个体对象客体。这一派称为实在论者。他们对现实(*das Reale oder Wirkliche*)的解释与今天我们对现实(real)的理解不太一样,他们所指的现实,并不是感官可感觉到的个体对象客体,而指的是概念、理念,等等。实在论者奉行的观点是:概念是独立于事物而存在的。争论另一派所持的观点是:在物质层次上个体对象客体是现实的。因此,概念、理念等仅仅是这种个体对象客体的投影或者名字。这一派称为唯名论者或者概念论者。这一派奉行的是:概念并不存在,而只存在名字。对于实在论者而言,现实是一个像"die Eichheit"(橡树的整体)这样的普通概念。对于唯名论者或者概念论者而言,现实是单个的事物,譬如"die Eiche"(橡树)。亚里士多德采取的是一种中间立场,他代表着这类主张:理

259

念是包含在个体对象客体之中的。他主张的是:概念只能与事物一起存在。

现实/真实(Wirklichkeit)可定义为:具有存在的对象客体。现在我们的思维还不能证实,思维构成物(概念、陈述、说明等)或者感官感觉是具有存在的。只有一种超越思维的原则可以解决这个问题。东方哲学,譬如婆罗门教和佛教,承认这类的高级原则(高级的 manas(婆罗门教),budhi(佛教)),它具有存在,并且作为低级意识的思维(低级的 manas)是从此发源的。这种低级的意识使得思想和感觉世界以及与之相伴的人类意识的外部世界得以产生。在大多数的东方哲学体系和宗教体系中,把人类意识的外部世界称为摩耶(*maya*)(假象 Schein),它不具有存在。高级的存在在精神智慧世界中定居,低级的意识在思想世界中安家。

5.2.3 精神世界和思想世界

在哲学研究中,要区别精神世界和思想世界。思想世界仅仅是精神世界的一种划分,是精神世界在思维世界中得到的反映。在人类的意识中,在人类的思想世界里,一方面,精神世界的灵感,另一方面,感官可觉察世界的感知觉,是可抽象加工和可整理利用的。我们如果想从精神世界中获得对感官可觉察世界的认识,如果离开了有意识的或者无意识的灵感(精神体验)的参与则是不可能的。因为,许多人的精神体验是无意识发生的,它一般不容易识别。但是通过默想(*Meditation*)或者沉思(*Kontemplation*)人们可以意识到它,这正如东方和西方的宗教体系所证实了的。西方的许多自然科学家也在这条认识道路上探索着。

5.2.4 抽象认识和抽象现实

(1) 唯心论——苏格拉底、柏拉图、亚里士多德、莱布尼茨

苏格拉底(469—399v. Chr.)

他是第一个研究思维和感觉之间差别的哲学家。他在概念中看到了那普遍适用的东西,并把科学思维表述为运用概念进行的工作(*Arbeiten mit Begriffen*)。在一个事物所有最相矛盾的观念中,也存在着某种对于所有观念和见解来说都具有共同性的东西。这种共同性的东西存在于概念之中。所以,所有科学工作的目标是限定概念,即进行定义。因此,每一种科学研究都归结到了对"一种事物究竟是什么"的考察中。(FISCHL,1948,71)

柏拉图(427—347v. Chr.)

柏拉图的世界观是由理念铸成的,这些理念对他来说是真实的。这些理念不是通过感知觉而为人们所认识,而是通过概念,这些概念已经在苏格拉底那里构成了科学的本质。

不同于苏格拉底的毕达哥拉斯定理的例子,柏拉图指出,在物体世界中没有数学关系,因此,数学关系也不可能从那里推断出。理念的本质铸刻在先于其尘世存在的灵魂意识中。理念世界与物体世界之间的比较,就如同存在(*das Sein*)与形成(*das Werden*)之间的比较一样。理念是原型,物体世界是仿造物。理念描绘全部的范围,单个事物只起了参与作用,这只要看单个事物对理念的回忆能持续多长时间。(FISCHL 1948,87)

在 III 2.2 中我们描述了认识过程,在 III 2.3 中我们对概念系统化也作了描述。

亚里士多德(384—322 v. Chr.)

亚里士多德公认是"逻辑学之父",科学语言的奠基人。亚里士多德逻辑的思维出发点是:

真实存在着的事物(存在者)存在于普遍性之中,我们只能在概念中理解它。

总的说来,单个事物只有在它对普遍性有所参与的情况下才可能是存在的,因此,大体上只有当把它从普遍性中推导出来时,它才能获得理解。

普遍性不仅是存在的基础,同时也是思维的基础。如果某人想证实逻辑的必要性,那么他只能这样做:从普遍性中推导出单个的事物。从普遍性中推导出特殊性是亚里士多德最基本的科学理论。

概念理论

单个的概念(种概念或者小概念)只能这样获得:我们从最接近的高级概念(属概念或者大概念)中把它(单个的概念)推导出来。我们通过下列方式获得种概念:在属概念上加上种的差异。也就是进行定义。如果一个概念不能再从更高级的概念中推导出来的话,譬如存在概念(*Seinsbegriff*),那么就不再能给它下定义了。必须通过进一步的、从内涵丰富的概念到内涵贫乏的概念的抽象,才可能找到最大的概念。这条途径汇成十种类型(*Kategorien*),它们描述的是那些最高级的和最大的概念,从这里,可以推导出所有其他的概念。

判断学说

判断是一个主语概念隶属于一个谓语概念。有个别判断、限制判断和普通判断之分。

推论学说

从普遍性中推导出特殊性,这在推论中表达的最清晰。在每一

个推论中,从两个普通判断中推导出一个特殊判断。前提条件是:

这两个普通判断(前提)由共同的中间概念概括成了思维基础单位。

矛盾律

在同一种状况下,如果把某一谓语赋予给了一个对象客体,就不能又同时否定把这同一谓语赋予给了这个对象客体。

已存在的事物和新形成的事物,我们的思维只能理解已存在的事物,然而产生不了新的事物。

形而上学

因为物体可以变化而且可以接受新的形状,所以,在它们之中,必须采用一种双重原则。一重原则是不变化的(针对物质),另一重原则是发生了变化的(针对形状)。由此,理念世界与现象世界的鸿沟就给填平了。只有这样,单个事物才可能存在,因为它是通过形状而变为现实的⋯⋯单个事物由此也变成了真正存在着的事物。普遍性(精神指向它),不是在事物之前,也不是在事物之后,而是在事物之中。根本存在着的事物是那在单个事物中实现的本质。

我们在定义中表述的这个本质就是形状。事物具有对形状的所有限定,因此,也只需对它们定义一下就行了。借助概念,我们认识的不是一个与单个事物分开的现实(譬如,柏拉图的理念),而是具有普遍性的本质,它以现象的形式实现。在现象世界中这种对本质的实现,亚里士多德称之为圆极(圆满实现)。

(FISCHL,1948,108)

莱布尼茨(LEIBNIZ GOTTFRIED WILHELM)(1646—1716)

符号学

正如我们为了清晰表达数学思路,而在数学中使用数学符号一样,从原则上讲,我们也需要使用其他的符号,以求我们人类的思想得到根本清晰的表述。所有这些符号放在一起,就形成了人类思想的字母表。数学符号学要拓展成一种普遍符号学(*characteristica universalis*)。这些符号是我们内在的思想,同时,它们也是我们渴慕已久的统一语言(*lingua universalis*)。

当今各民族的语言,不仅在一个民族和另一个民族之间存在着差别,而且就是针对科学领域而言,它们也是不适用的,因为各民族语言在使用时是多义的,同时它们对思想的表达不够深刻,也不够数学化。我们需要找出一种原始语言(Ursprache),创造出一种无所不包的"普遍科学"(Universalwissenschaft),在其中,所有的学科都有着足够的位置,我们用数学符号描述的理念,也与某种现实事物相对应着。

动态的世界观

近现代的动态世界观取代了中世纪的静止世界观。事物的存在处于事物的活动之中。

单子论

物体最后的组成部分必须既是现实的,同时又是不可再分的点,莱布尼茨称之为单子(Monaden)。单子是永恒的,不可改变的。

单子的本质存在于它的活动之中。有三种类型的单子:

——裸体的单子,它们不能升格为有意识的观念。

——灵魂,它们有着有意识的观念和记忆力。

——精神,它们可以升格为自我意识和对普遍理念的认识。它们的观念具有数学的清晰精确。

每个单个的单子,其观念的内涵是整个宇宙。每个单子都是小型的宇宙。最高的才智可以看透最小单子的观念,并且从而了解到世界大事:所有的一切,都具有现在、过去和将来。

真正的科学无非是对上帝造物蓝图的深思熟虑。

思维法则

单子在其活动中遵循四种法则:

——充足理由律

如果我们同意,事物和事件是现实存在着的(实在)(Dasein),而且也同意,它们的面貌就是它们现在的这个样子(这样在)(Sosein),那么,事物和事件就是现实的。这样的一个充足理由是存在的(principium rationis sufficientis)。

——同一律

——稳定性法则

所有的事件在最小的过渡中无空隙地、没有跳跃地相互排列在一起(提醒:这与量子物理学相矛盾)。

——唯一性法则

在世界中,所有的事物只存在一次。

(FISCHL,1950b,253ff)

(2) 批判唯心论或者先验论

康德(1724—1804)

他使我们的认识经受批评的考验,并且他考察了我们认识的起源和范围,旨在说明:认识是否具有可能性,认识的界限在何处。这就涉及那些独自为科学提供了根据的判断,因为它们说明某种新东西。在此涉及两个概念的连接,它们确切地表达了科学上的某种新事物。综合性判断是对经验所作的扩展性判断,然而,它们

265

不提供科学可靠性。与此相反,分析性判断提供绝对的科学可靠性,但是产生不了新知识(譬如,圆圈是圆的。在概念"圆圈"中已经包含了概念"圆")。

康德的基本问题是:

综合性判断在先验上怎样才是可能的。综合性判断在先验上是这样的一种判断:它们讲述新事物,并形成一种可靠的科学说明,譬如,直线是两点之间最短的连线(这个判断只对欧几里得几何学有效,对球面几何学则不适用)。在康德这里,空间和时间不是概念,而是直观现象的形式。比认识先行的事物,只有它才使认识成为可能,因而它不受经验的偶然性影响,康德称之为先验的。直观现象是先验的。在每一种直观现象中,主体和客体都有参与。纯粹的直观现象形式,譬如,空间、时间从主体中来;而感知觉从客体中来。

感知觉和经验

在感官印象的总和中,可以发现一种确定的规律性,然而顺着这条思路,我们得不到任何一种自然规律。最初的感觉判断(譬如,房间是温暖的)必须转换成经验判断(太阳使得房间变得温暖)。这种转换是借助于理解力在判断中进行的。

感觉、理解和判断

理解不是从自然中获取它的法则(先验的)的,而是给自然规定法则。不是理解以事物为准则,而是事物依照理解行事。理解不产生内涵,它只通过感官感觉已具有的内涵并且与判断相联系。

所有的认识从感官感觉(Sinne)开始,从那里到达理解(Verstand),最后结束于理性(Vernunft)。

在我们这里存在着三重认识能力:感官感觉作为观察能力,理解作为判断能力,理性作为推论能力。感官把感觉材料以直观现象的形式排列了起来,理解把直观材料列入到理解的十二种类别中去,而理性把理解认识的总材料整理成最后的和绝对的统一:理念。

两种世界

有两种世界:现象的世界和自在之物(Dinge an sich)的世界。因果关系法则仅仅在现象世界中有效。

(FISCHL 1950a,224)

(3) 整体学说

施潘(SPANN OTHMAR)(1878—1950)

确定整体本质的六种指导原则是:

(1)——这类整体不具有实在(Dasein)。

这类整体,整体本身从来不可见、不可把握、不可称量也不可测量,从来不能作为"在那里存在着的"而让人们找得到。

我们也找不到这类生物,但是可以发现单个的生物。譬如,作为属的整体的马不可能得到,但是我们可以找到个体的马。

我们理解:如果我们设想,除了部分之外,整体也该作为某种特有的事物出现的话,整体则是不可能出现的。

(2)——整体在部分中诞生

因此,我们必须提出这样的问题:如果整体不是某种特有的东西,那么它从哪里得到实在(*Dasein*)呢?答案是整体在部分中得以体现,它在部分中诞生。谁理解了整体的秘密,谁就拥有了理解全部整体学说的钥匙。只有部分才拥有绝对的实在。而整体不拥有它。因而,整体好像给否定掉了。而实情是像这样的整体——作为特有的某种东西,是无法存在的,但是,又偏偏是它在部分中得到了体现,自我获得。因此也同样,部分从来不能是某种单独的事物,从来不能独立地存在;它们只是整体的划分。亚里士多德在其政治学中,援引了这样的例子:一只被砍掉的手,就不再是手了。

(3)——整体在部分之前

同样,整体作为精神的现实,存在于部分之前,或者高于部分。在这里,不允许从时间上或者从遗传学意义上去对"之前"(Vor)进行理解,而必须在抽象意义上依据其本质去理解它。世界是原子的相互碰撞……;概念是特征的相互碰撞,单就这些特征的现实部分而言,其本身是由纯理性的概念(*Vorstellungen*)组成的;判断是概念的相互碰撞;……

(4)——整体没有在部分中沉没

整体不囿于它的部分;它没有泅到部分里,也没有在部分中石化。因此,思想可能规定了口头的词语,但是思想没有淹没在词语中,而是作为思想继续存在下去。

(5)——整体是部分的根本

整体保留着对部分的统治权。

(6)——整体是"所有中的所有"

所有的在整体之中,整体在所有的之中。整体和部分的关系问题,在形而上学中向来给处理成了上帝—世界的关系。下列的几种对立观点是众所周知的:

自然神论(世界虽然是一种创造物,但是它是自己管理自己的),泛神论(上帝在创造物的心中是如此的深入,以至于它不在创造物之外),一神论——也称为宇宙寓于上帝之中的学说(*All-in-Gott-Lehre*)或者(*Pannentheismus*)(上帝没有泅到创造物的心里,但是所有的都包含在上帝之中)。采用整体学说的方法,整体和部分的关系问题就可以准确无误地得以解决。

(SPANN 1950,11—16)

《哲学全集的摘要》Das Philosophische Gesamtwerk im Auszug. 里尔,施潘 RIEHL,H.(Hrg.). 著,OTHMAR SPANN.

维也纳:Braumüller,1950,S. 11—16

5.2.5 感性认识——感性现实性

(1) 经验主义——培根、霍布斯、洛克、休谟

培根·弗兰西斯(BACON FRANCIS)(1561—1626)

他的伟大成就在于对自然科学新方法进行了系统描述:归纳法(是在假定存在着一系列相同类型的事物,而其特性对于这同一类事物是特有的情况下,从特殊到一般的逻辑推论)。其著作的题目是 *Novum Organum*,为的是强调它与亚里士多德的著作 *Organum* 中的逻辑相对立。

科学应该形成新的知识和创造新的发明。科学不应该只为了科学自身而进步,它应该造福于人类。当某种事物是有用的时候,它只是在大体上是真实的。在生活中最有益的东西,在科学上则是最真实的东西。亚里士多德在他的逻辑推论中是对形成推论的概念进行拆分,而不是对自然本身进行拆分。拼合成新的人造构成物的只有概念。

真实的科学防止了四种假象:

(1) 属的假象(它针对的是人类的理解力)。

(2) 作为个体天赋或者教育结果的假象。

(3) 市场假象(人类生活在共同体中。在语言中存在着一些

为并不存在但误认为是真实的事物制定的词语。另一方面，人们又用不正确的词语对现实事物进行着说明、描述。这就引发了围绕词语，而不是围绕事物展开的各种争论）。

(4)在采纳各种意见时形成的假象。

我们须尽力根除这四种假象，以求达到对自然本身的真实解释。这就要通过试验的方法。偶然指的是那些我们不用寻找就能遇见的简单一些的经验。我们刻意要去寻找的经验，那就是试验。新型科学必须从试验出发，要从自然中真正存在的事物出发，也就是要从具体的单个事物出发。

归纳（*Induktion*）

一个具体的单个事物有着许多种形式，就像在事物中存在着的特性。因此，科学的任务就是确定事物的特性，以求发现它们产生的形式。(FISCHL 1950b,95)

霍布斯·托马斯(HOBBES THOMAS)(1588—1679)

他赞同经验论，但是也青睐唯理论（*Rationalismus*），他试图从意识中推导出一切。当时正在萌芽的自然科学(GALILEI)对他产生了最强烈的影响。他的哲学是有关物体及其运动的学说。他认为，只有当事物和事件归结到物体和运动上时，它们才可获得科学的解释。

有三种物体存在：

——自然物体，这一类的东西，我们在尘世间可以找到。

——人造物体，是人类自己生产出来的。

——人类，他们处于这两种物体之间。

所有的科学都通向哲学。

认识

我们把记忆力的内容称为纯理性概念(Vorstellungen)。它们是我们所感受的过去。从记忆中,我们再度建立起整个世界,因为这个世界在我们的眼前已经逝去了。我们期望着,在将来,一种纯理性概念可以以类似的方式重新出现,因此我们谈到了经验。

(FISCHL,1950b,239)

约翰·洛克(LOCKE JOHN)(1632—1704)

他审视人类的理解力,以求从中找出我们认识得以存在的可能性、界限和确实性。他是认识批评的奠基人。他的哲学可以归结到认识理论中去。从严格意义上说,他是唯名论者,他只承认个别的事物,而不承认具有普遍性的事物。

简单理念

不存在天生的理念。我们的灵魂就像一张白纸。

有两种经验:外部的和内部的。外部的经验向我们报告着来自外部世界的感觉、知觉。内部经验向我们叙述着灵魂自身的发展过程。首先来临的是外部的经验,然后是内部的。因为存在着外部的和内部的经验这两扇大门,因而我们要区分清下列的一些简单理念:源于唯一外部感官感觉(颜色、声音、嗅觉、味觉、热度)的理念;源于来自若干种外部感官感觉(范围大小、形状、动作)的理念;来自内部感知觉(思维、感觉、判断、信仰)的理念。所以,更确切地说,理念不是外部感官感觉的对象客体——这些对象客体现在通过内部的感官再一次得到了处理,而是内部感觉自身的活动,它们通过这个新的源泉(内部感觉),也只有通过这个新源泉,而使我们对这些对象客体熟悉起来。能够踏上上述三条途径的理念,都经过了外部的或者内部的经验,经历了一个或者若干个外部的感觉:有兴致和缺乏兴致等。所有的感觉都是外在力量的作用。存在着两种类型的感觉:一类感觉,它必须将一种理智的思索判给事物本身,因为如果没有这种理智的思索,我们就不能想到物体,诸如质量、范围大小、形状、运动。这些特性是事物现实特性或者原始特性的复制品。它们通过若干种感官向我们"作着报告"。还有另一类感觉,它们只通过一种感官向我们袭来。它们"报告"的是这类特征,这些特征我们是完全可以将它们与事物相脱离的。它们只可能是物体的作用原理或者确定的力量:颜色、声音、嗅觉、味觉、热度。这可以追溯到原始的特性。在现实中,这涉及最小的物质微粒,我们不能详尽地看到它们的形状和运动,但是它们能够在我们这里转变成颜色、声音等感觉。如果不再有眼睛可以观看,不再有耳朵可以聆听,不再有味觉可以品味道的话,那么,所有的颜色、声音、味觉也都消失了。剩下的只是有着原始特性的物体。洛克没有在思维中看到精神的本质,因为依据经验,精神不是一直在思考着,尽管如此,精神却是一直存在着的。我们全部的精神生活是由理念建立的。不存在另外某类高深的思想,在这种思想中,思想的组成部分(die Bausteine)经证实不是简单的理念。在理念的组成中,理解力可能也是活跃的,然而从一定意义上讲,它从来都不是具有创造性的,以至于它可以超越简单的理念。理念组成的前提条件是记忆力。通过删去所有非本质的特征(抽象化),我们得到了相似的理念。许多组合在一起的理念——可以用简单的理念构成的,可以排成了三组:modi(条件、特性)、实体(特性的载体)以及关系。

真理(真实性)

理念只是现实事物的符号。事物虽然是灵魂中理念作为其效果而生产出来的原因,但是,理念和事物之间的一致性,其微弱程度就如同在我的精神中思想与表达了这些思想的书写符号之间的一致性一样。

所以,真理(真实性)只是符号的连接或者分离,这要看事物与它们(符号)相符合与否。现在存在着两种类型的符号:理念作为代表事物的符号,词语作为代表理念的符号。由此也就存在着一种双重的真实性:理念的真实性(思想的真实性)(truth of thoughts)和词语的真实性(truth of words)。前者指的是与事物的一致,后者指的是与理念的一致。因为符号的连接或者分离一直是一种判断,所以存在着两种不同的判断:实物判断——它主张事物之间的一致;词语判断——只表达理念之间的一致。我们称理念是现实的(wirklich)——如果它们与外部事物是一致的;称理念是真实的(wahr)——如果它们能够毫无矛盾地连接在一起。

就词语的完整意义而言,在数学中存在着真实性。数学的真实性一般不一定由现实的事物决定,而是颠倒过来。另外,它有赖于事物的真实性,在自然科学和实际生活中跟我们打交道的是事物的真实性。因为,原则上我们从来无法认识到现实事物的实质,所以,我们不可能说,我们的理念是否曾经与现实的事物相一致或者不一致。但是,因为外部事物一直以相同的方式作用于我们的感官,并且一直产生出相同的感觉,所以我们必须把外部世界当成是现实的。

确实性

如果真实性与确实性相联系,它就变为知识。

——存在着三种程度的确实性

——直观现象—确实性

——证据—确实性

——感觉—确实性

直观现象—确实性(直觉确实性)产生出最清晰和最可靠的知识,人类对此可以掌握。证据—确实性(示范性的确实性)无法再直接看透两种理念的一致性,这种确实性必须借助于某第三种理念(证明方法、中间概念)的帮助才能证实这种一致性。感觉—确实性(敏感的确实性)指的是:借助于这种确实性,我们可以获悉外部世界的存在。

概率

在知识的光明和无知的黑暗之间,存在着概率(可能性)(舆论的信任)(faith of opinion)的曙光。

知识的界限

如果把我们知识的范围理解成是我们的理念、理念间存在的可能性和一致性,它就不会延伸的太远。

(FISCHL 1950a,11)

休谟(HUME DAVID)(1711—1776)

他把感知能力(perceptions)划分为两组:第一组,我们可以直接意识到这种感觉——他称之为印象(*impressions*);第二组,它们只是第一组的脆弱复制,他称其为纯理性概念(*Vorstellungen*)(*ideas*)。(理念(*Idee*)是一种意识内涵,我能够对其有清晰的想象)。

我们可以把二者从生动程度上加以区分,譬如,真实体验到的疼痛(原始的),以及对这种疼痛的记忆(复制)。印象从何而来,我们不知道。印象是否是通过外部世界借助于我们感官的通路而来到灵魂中的,它是否是在灵魂中由上帝直接生产出来的,或者是我们自己在灵魂中把它创造性地生产了出来,我们还不能断定。借助于直接的感觉,我们感受到印象,这本身再一次是我意识的一个印象。

不存在没有先前印象的纯理性概念(观念)(Vorstellungen)。精神也许可以把纯理性概念组织在一起,但是它不能产生独一无二的理念。然而,如果我们在灵魂中发现有这样的理念,我们不再能为它们指明原始的经验(印象),那么,它们就是假理念。

理念的联想法则

在灵魂中形成的理念,不是孤立存在的,而是依据相似性而连接到新组成的理念上的。

理念的连接

针对理念连接,存在着三种法则:

——相似性原则。理念依据相似性原则相连接。

——时间或者空间联系的法则。一个理念引出另一个理念,如果两者在时间或者空间上一次性地连接起来的话。

——因果法则。一个理念引出第二个理念,它与这第二个理念起初是联系在一起的。

真理(真实性)

印象在我们的意识里是已经直接存在的。因此,这个问题——这些印象是否是真实的,或者它们是否是现实的,可以不予考虑。

事实

对事实的认识给我们带来了可靠性。一种事实只可以得到肯定或者遭到否定。因此,对事实的认识给我们提供的一直是一种可能性。全部自然科学给予我们的只是一种可能的知识。

现实中的那种对数学的应用,在纯经验的哲学中则是不可能的。

知识的范围

在纯经验的哲学中,知识的范围变得相当狭窄。只有在数学中才存在着对必然性和可靠性的要求,但是,数学不能向我们报告任何有关现实的东西。

因果关系

因果关系既不能从逻辑上,也不能从经验中得到证实。

认识理论

休谟使用严格的逻辑方法,他把经验论的原则在所有的领域中贯彻了下去。他的哲学成为了实证论的样板。

(FISCHL 1950a,87)

(2) 实证论——孔特

孔特(COMPTE AUGUSTE)(1798—1857)

一门学科只有当它全部变成了经验哲学,只以经验为依据,并使用精确的自然科学方法,它才是富有成果的。实证论者的世界观是观察事实,并且从统一的法则出发,试图去把握事实。

(FISCHL 1953,129)

(3) 新实证论——马赫、维特根斯坦

新实证论超越了休谟的思想。在这里,不仅是自然科学的经验句子,而且还有逻辑和数学的分析句子,都给作为真正的科学看待了。

哲学以其句子而与数学等价。哲学中的句子,数学中的计算和变换,深入去分析则不能看成是知识,而只该看成是同义反复

(Tautologien)。我们在结论中发现的,只是我们在开始时已经知道了的内容的另一种表达而已。带有推论(导函数)和变换的逻辑句子,其内涵也是空洞的。它们没有向我们表述任何有关现实的内容。它们只是用另一些词语一再说出相同的内容;它们是同义反复。因此,不太可能只运用逻辑而不借助于感官感觉的帮助,就建立起一种世界观的。新实证论最早是在维也纳学派那里发展起来的,新实证论致力于将逻辑与自然科学相结合。维也纳学派将所有无意义的句子排除在外。

一个句子是有意义的:

——如果它可以得以检验;

——如果它是跨主体的,也就是说,它至少可以由两个观察者进行检验;

——如果它与句子结构的规则相对应。

维也纳学派是在石利克(SCHLICK)的研讨会中诞生的,它在1929年随着《维也纳学派的科学世界观》(*Wissenschaftliche Weltauffassung der Wiener kreis*)的小册子的出版,而为公众所熟悉的。1930年,这个学派的杂志《认识》(*Erkenntnis*)创刊。在它诞生后的七年时间里,维也纳学派召开过七次会议。因为学派的领头人是犹太人,所以1938年学派被迫解散。

马赫(MACH ERNST)(1938—1916)

科学是借助概念而对所观察的事物作出说明。与我们的感觉相分离的外部世界则是不存在的。

思维肩负着这样的任务:帮助我们在解释世界的过程中节省气力。我们可以采用双重方式而实现思维经济学的要求:通过剔除不必要的概念;以及通过构建省力的符号和法则。

(FISCHL 1953, 235)

维特根斯坦(WITTGENSTERN) LUDWIG (1889—1951)

如果说得更精确一些,维特根斯坦是维也纳学派的真正奠基人。由于他的影响,维也纳学派接纳了数学和语言逻辑,由此实现了从实证论到新实证论的转变。

他认为所有可供提出的问题可以分为三组:有关物的问题(自然科学)、有关语言的问题(哲学)、有关超感觉的(先验论的)问题(形而上学)。

所有的哲学只是语言批评,也就是对自然科学语言的批评。它依照逻辑法则而对科学成果进行整理。但是它一直只局限在语言表达的范围内,并且从来没有超越这个范围而到达事物本身。由此可见,哲学是自然科学的逻辑或者科学逻辑。语义学研究词语的含义。我们可以借助于熟悉的词语去定义一个不熟悉的词语的含义。但是,我们最后获得的才是我们体验到的东西。经验是词语真实性的最后证明。句法更为重要,它探究的是,词语是怎样正确连接到句子上的。人们不再谈论语言本身,为此人们需要的是一种超语言。

(FISCHL 1953, 245)

七种原则是:

——世界是以所有可能出现的情况本身的样子呈现在我们面前的。

——这些情况指的是事实,即事态的存在。

——事实的逻辑图像是思想。

——思想是富有意义的句子。
——句子是若干基本句子的一种真实性功能。
——真实性功能的一般性形式是$[p,\xi,N(\xi)]$
——人们不能谈论的东西,人们必须对此只字不谈。

(维特根斯坦 1963)

(4) 逻辑实证论——石利克

他是维也纳学派的奠基人之一(维也纳学派另外还有卡纳普(CARNAP)、哈恩(HAHN)、诺以拉特(NEURATH)以及其他人)。他在《普通认识理论》(*Allgemeinen Erkenntnistheorie*)(石利克 1925 年)中对自己的理论有所叙述。

他认为只有在经验上是可证实的,或者在逻辑上是严谨的陈述才是有效的。他的认识学说是认识理论实在论(Realismus)的基础,同时也是逻辑实证论的哲学基础。他对自笛卡儿(DESCARTES)以来的哲学认识理论的所有传统都进行了深入探讨。

他的理论全面考察了认识问题:

主体—客体、直观现象、观察和概念、概念和符号、概念和判断、定义和证明、真理(真实性)和现实。

认识到处都是一。

原则一直是相同的。

每一种符号肩负的使命都是充当所标明的事物的代表,即代表所标明事物的位置。

概念的本质在于它们是符号,我们在思维中把它们与对象客体相对应,我们借助它们进行思维。所以,人们推测判断也是一种符号。

判断是代表事实的符号。每当我们作出一种判断的时候,我们愿意说明一种事实情况,也就是我们愿意说明一种现实的或者抽象的事实情况,因为我们作为一种事实情况去理解的,不仅有现实对象客体的情况,而且还有概念间关系的实在(Dasein)。

因此,每一种判断都用来说明一种事实。如果一个新符号分派给了某种事实(也就是说,在这种事实情况中出现了一个概念,它是为了说明这个事实情况才给发明出来的),那么这描述的就是定义。但是,如果在另外一些场合下,我们使用的纯粹是已经使用过的概念,那么由此得到的就是认识。

我们给对象客体对应上概念,为的是能够运用这些概念作出判断。我们还把判断作为符号分派给事实情况,以求它们可以代表这些事实。

在思维中,我们支配着世界,也就是说,我们支配着所有的思想和判断——这些我们用作代表着所有对象客体和事实的符号。然而,从来不允许使用同一种符号去说明不同的对象客体,也就是说,符号与对象客体之间的关系必须是单义的。对于判断与事态之间的对应关系而言,也应该是单义的。

单义说明一种事实的判断,我们就认为它是真实的(Wahr)。

单义性是某种对应关系的唯一本质性品质,并且,因为真实性是判断的唯一品质,所以,在名称的单义性中也必然存在着真实性,判断应该起到这种作用。

某种错误的判断也是某种对应关系多义性的结果。我们必须彻底消除这种思想:好像与符号相比,判断在某种程度上更适合于描述、表达或者反映事实。

思维可谓是概念和现实或者概念和其他对象客体(在最广泛

意义上对象客体也指关系)之间的对应。

对现实的认识意味着,在另一种现实对象客体中再次发现一种现实对象客体,并且归根到底总是回到再认识,回到对直观的或者非直观的意识内涵的确认上。

因此,现实的事物从来都不是通过某种类型的认识而让我们知道。而是,它先于所有的认识而存在在那里。被标明者首先是标明者。这个句子本身以及我们一般想就这个句子所作出的所有判断,一直只能起标明的作用,而不能起限定作用,也不能起创造作用。关于现实本质的知识,借助于对现实的认识我们则无法获得。(石利克,1979)

5.3 普通术语学理论(ATL)和知识理论(WL)

理论分成两类:一类,能产生一种抽象认识(知识)(επιστημε),或者产生一种感性认识或者观点(δοξα)。

5.3.1 维斯特的理论

从严格意义上讲,由维斯特创立的普通术语学理论由两部分组成:

——以实践为导向的术语学原则学说(术语学原则是术语学工作应该遵守的准则)。

——理论(它们研究这种原则的基本问题,譬如,概念、对象客体、符号等)。

维斯特把普通术语学理论建立在逻辑经验论的基础之上。逻辑经验论在思维构成物中看到了最终的可表达的范畴。

5.3.1.1 对象客体

所有人类的思维指向或者可以指向的东西,我们称之为"对象客体"。对象客体可以是可感觉的(物质的)或者不可感觉的(非物质的)。对象客体也可以是事态。

将人类团团围住的对象客体有着这样的特点:它们是唯一的,从时间角度上看,它们的存在是确定的。人们称之为个体(Individuen)。所有的个体一起组成了一个复合体,也就是组成了一个独一无二的颇为综合的个体。如何拆分它主要取决于人类的需要。拆分是人类的杰作。只有在有些时候,复合体的部分才是清晰分开了的,譬如,天体。

一种物质的或者非物质的复合对象客体,它在思想上的拆分以及概念与对象客体各部分之间的对应,就像维斯特(1959/60)所说过的那样,是世界话语(die Worten der Welt)(世界认识)的第一步。与此相对的,通过将个体添加补充到另一个个体之上(一体化),可以出现复合的对象客体构成物,譬如,由砖瓦造成的房子。

5.3.1.2 概念

如果一个个体的对象客体不在场,人也能把它回忆出来。如果这样的回忆以及这一类的感觉带有直观的印象(譬如,颜色、形状等),那么,它就是想象(Vorstellung)。如果相反,它是非直观的并且记录了个体的众多本质——这对于确认这个个体来说是必要的,那么,这种回忆就包含了一个概念。一个个体对象客体的概念是一个个体概念。由于每个概念自身的非直观性,这类对象客体的个体概念在思想中就相互结合在一起了。于是,它们不同的特征也就略去了。从这些个体概念中出现了具有唯一性的普遍概念,它体现了落在这个普遍概念下的个体的总特点。概念是观念的(精神的)(gedachte)(=geistige)对象客体。从时间角度上看，它们的存在是不确定的。因此，通过概念外延的扩大或者缩小，可以建立起概念，也就是说，通过删去概念的一些特征(抽象)(Abstraktion)就出现属概念(大概念)，通过添加概念的一些特征(限定)(Determination)就出现种概念(小概念)。概念间的关系借助于概念系统而得到描述。

5.3.1.3 符号

符号是为概念和个体对象客体设置的代用对象客体。符号所标明的是它的含义(概念)或者是它的名字(对象客体)。如果一个对象客体是人的感官无法感觉的，那么，就只有这个对象客体的个体概念可供使用。这个个体概念只能借助于一个代用对象客体(符号)而让人们感觉到。

5.3.1.4 四部分的词语模型

维斯特用四部分词语模型对他的理论进行了描述(维斯特 1959/1960)。在这个模型中他是从概念出发的，在这里存在着两个层次：

——概念层次

——个体对象客体层次(个体)

见下面的示意图：

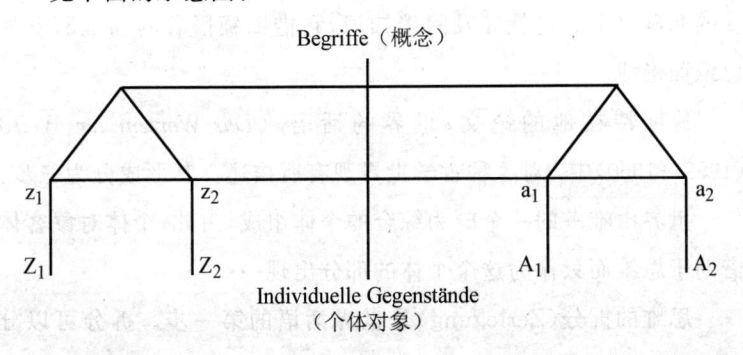

Begriffe（概念）

z_1 z_2 a_1 a_2

Z_1 Z_2 A_1 A_2

Individuelle Gegenstände
(个体对象)

$A_1 = $ 个体对象客体 A_1

$A_2 = $ 个体对象客体 A_2

$a_1 = A_1$ 的个体概念

$a_2 = A_2$ 的个体概念

$a = a_1, a_2$ 的普通概念

$z = z_1, z_2$ 的普通概念

$z_1 = Z_1$ 的个体概念

$z_2 = Z_2$ 的个体概念

$Z_1 = $ 个体对象客体 Z_1

$Z_2 = $ 个体对象客体 Z_2

感官经验(外部的感觉)通过眼睛、耳朵、鼻子、味觉、触觉以及情感、情绪(内部的感觉),致使思维构成物或者情感构成物(譬如,喜悦、痛苦等)的形成。维斯特用两种基本关系确定了自己的哲学世界观。一种是个体和概念之间的关系,另一种是符号和含义之间的关系。

5.3.1.5 维斯特的哲学世界观

我们可以把维斯特的哲学世界观归结到逻辑经验论里去。这种经验论以理智的思维为依据,它建立在作为最后经验的感官经验的基础之上。这就涉及间接知识,它借助领悟着的和推断着的思维而形成。

维斯特在他的论文《世界的话语》(*Das Worten der Welt*)(1959—1960)中,对这种哲学世界观有所描述。其形成分为三步:

世界由唯一的一个颇为综合的个体组成,由此,个体对象客体借助于思维而只作为这个个体的部分出现……

思维的拆分(Zerlegung)是世界话语的第一步。拆分可以分

许多步骤进行,由此就产生了一个组成部分系统,譬如,植物→树木→粗枝→细枝。

反过来通过"联取"(一体化)(Integration)(思维的结合),也就是通过许多部分的衔接拼合,则可以出现一个整体,譬如,通过许多国家的拼合就可以出现一个更大的单位(欧洲)。由一体化可以产生一个复合个体。

一体化过程和拆分过程描述的是一种思维结构主义(eine gedanklichen Strukturalismus)。在这里,概念的特征和对象客体的特性相对应。于是,概念特征的总和就构成了概念的内涵。借助于抽象(对对象客体特性的遏制),从感官可感觉的对象客体中就产生出了个体概念……借助于抽象,从不同的个体概念中可以出现一个普通概念,它的内涵是抽取出来的特征集合。借助于抽象,从若干个普通概念中,同样也能产生出一个具有更高抽象程度的普通概念。随着这个过程的继续,会出现一个概念系统。具有更高抽象程度的概念的内涵一再减少,直到它们在理论上达到无特征的概念,这个概念对应于无特性的对象客体。

有两种完全不同的途径可以形成概念:抽象导致基本概念的产生;而限定(Determination)则导致个体概念的产生:

在抽象中,概念的外延扩大,也就是说,概念特征的数量缩减。与此相反,在限定中,概念的外延缩小,也就是说,概念特征的数量扩大。概念的内涵和外延处于一种反向关系中。

在限定中,新的特征给添加补充上,这样也会出现最终不体现感官可以感觉的个体的概念,譬如,希腊神话中的半人半马怪。

抽象是世界话语的第二步。

为了能够谈论那些对于谈话伙伴来说看不见的个体对象客

体，人们则要使用替代对象客体。这种替代对象客体就是某种符号。为此，一种普通概念以一种语音符号或者书写符号的方式出现，则是最合适不过的了。普通概念完全可以只借助于符号而得到确认。如果我们指向一个普通概念的个体代表，那么，我们获得的只是这个(个体)代表的个体概念。

因此，给出符号(Zeichengebung)是世界话语的第三步。

5.3.2 一种知识世界的哲学模型

以维斯特的普通术语学(ATL)和以类似方法建立起来的知识理论(WL)为基础，一种为知识世界建立的哲学模型发展了起来，它使得经验论和唯心论世界观容易为人们所理解(FELBER 1995,1999)。

知识始终具有对象客体，那就是人们所知道的事物。这种对象客体就是一种事实情况。人们无法知道一种对象客体、一种特性或者一种关系。对象客体、特性和关系在概念中、事态在逻辑句子中才得到反映。因此，概念还不描述知识(BOCHENSKI 1965)。

每一种认识都是一种陈述。陈述是概念的连接。所以，普通术语学(ATL)为知识理论(WL)建立了先决条件。经验论世界观以个体出发点，而在唯心论的整体性世界观中，个体则是经划分产生的。譬如，通过对对象客体世界的划分，产生了对象客体；通过对概念世界的划分，产生了概念；通过对符号世界的划分，产生了符号。部分不具有现实性，只有整体才具有现实性。

5.3.2.1 在普通术语学(ATL)和知识理论(WL)中的四种世界

对于普通术语学(ATL)和知识理论(WL)而言，存在着四种世界。有三种世界对于普通术语学(ATL)和知识理论(WL)是共同的,第四种只对知识理论(WL)是特有的,它综合包含了其他三种世界。

这四种世界是:

(1) 对象客体世界;

(2) 思想世界;

(3) 符号世界,它是对象客体世界中为了便于交流而形成的人造部分。

(4) 由知识构成物的整体组成的知识世界——它由上述三种世界的构成物组合而成。

对象客体世界是由划分出来的对象客体构成物组成的整体。

思想世界(思维世界)是由划分出来的思维构成物组成的整体。

符号世界是由划分出来的符号构成物组成的整体。

知识世界是由划分出来的知识构成物组成的整体。

5.3.2.2 四个世界的构成物

在这四种世界中,部分构成物(Teilgebilde)是通过划分产生的:

有四种划分来源:

——来自对象客体世界——对象客体构成物。

——来自思想(思维)世界——思维构成物。

——来自符号世界——符号构成物。

——来自知识世界——知识构成物。

(1) 对象客体构成物

在普通术语学(ATL)中,对象客体构成物,指的是一个概念对应着的对象客体,或者一个对象客体集合,譬如,社会、森林。

在知识理论(WL)中,对象客体构成物是对象客体复合体,它包括:

——事态

——事态链

——事态系统

——对象客体构成物模型(对象客体和对象客体复合体的集合)

(2) 思维构成物

在普通术语学(ATL)中,指的是概念或者构成一个整体的概念集合(譬如,概念系统)。

在知识理论(WL)中,指的是概念复合体,它包括:

——逻辑句子;

——由逻辑句子组成的链;

——由逻辑句子组成的系统;

——思维构成物模型(概念集合和概念复合体)

(3) 符号构成物

在普通术语学(ATL)中,指的是符号,符号汇编(符号表)

在知识理论(WL)中,指的是符号复合体,它包括:

——符号句子;

——由符号句子组成的链;

——由符号句子组成的系统;

——符号构成物模型(符号集合和符号复合体);

——专业文本

(4) 知识构成物

——陈述及其复合构成物;

——知识链；

——知识系统；

——知识模型；

——知识领域和专业领域

5.3.2.3 构成物的相互对应

思维构成物对应于对象客体构成物，符号构成物对应于思维构成物。

正如上述所言，在普通术语学（ATL）中，一个概念对应给对象客体或者一个对象客体集合，一个符号或者几个符号对应给这个概念。以这种方式，就出现了术语学的三位一体(三种事物的组合)对象客体—概念—符号。这种对应的模型见Ⅰ3.4.2.3。

在对象客体——概念的对应关系中，可能会发生这种情况，不同的概念对应于同一个对象客体。发生这种情况是因为为了形成概念，来自同一个对象客体的不同特性都给考虑到了。举例来说，某对象客体可以拆分成形式对象客体，来自不同专业方向的专家把不同的概念与这些形式对象客体相对应。这些概念描述的只是各自专业领域中的形式对象客体，也就是描述总体对象客体特性集合所对应的特征集合的一个片段。举例来说，物理学家、水文学家、化学家使用一个概念，这个概念对应于各自专业的形式对象客体。此外，一个对象客体的不同概念可以是等效的。这就关系到概念特性集合的特征复合体的派生特征。

在知识理论中，一个概念复合体(譬如逻辑概念句子)对应于对象客体复合体；一个符号复合体对应于概念复合体。在最简单的情况下，这是一个知识三位一体：事态—逻辑句子—符号句子。

这种对应的模型见Ⅰ4.5.2.1。

　　还存在着更高级别的知识三位一体,譬如,事态系统—逻辑句子系统—符号句子系统。这是一种以分析性描述出现的知识系统。在综合性描述中,一个知识系统由陈述组成,它们构成了一个由知识三位一体组成的系统。

第四部分

术语学、知识理论和知识技术的
重要概念与组成部分的描述

0. 概论

在这部书中,我们试图通过扩充了的术语学原则,去描述术语科学、知识理论和知识技术中的术语,在建造科学知识库的科学工作中我们需要运用这些术语。

下面是对这种术语学方法的简单描述:

迄今为止,在大多数情况下,在术语学工作中,在概念描述和组成部分描述(**Bestandsbeschreibung**)之间我们做了区别。但这也造成了这样的状况:组成部分描述中常见的因素给融合到概念描述中去了。

0.1 概念层次

概念是借助其特征而得以标明的,这些特征揭示了这个概念与其他概念之间的逻辑关系。或者它的内涵具有更丰富一些的特征,这就成了从属概念;或者具有更贫乏一些的特征,这就成了上级概念。一个理想的($ideal$)或者现实的($real$)对象客体由某个概念所代表,这个概念的特征对应于对象客体的特性。这些特征构成了这个概念的内涵,内涵叙述的是对这个概念的描述。

一个概念符号与这个概念相对应(通过〈 〉标明)。同一对象客体可以对应于不同的概念,这些概念是等效的(见Ⅰ 3.4.2.3 模型2)。

但是,不同的概念也可以对应于同一个对象客体,这些概念只对应于所考察对象客体的不同片段,即对应于所考察对象客体的不同形式对象客体。这里指的情况是:来自不同领域的专家为同一个对象客体形成一个与专家所从事的领域相关的概念(见Ⅰ3.4.2.3模型4)。所以,为对象客体«水»,物理学家、化学家、水文学家以及其他的专家,可以形成一个只描述对象客体«水»的某个片段的概念。这就是说,这些专家为对象客体«水»使用了不同的概念‹水›。

0.2 对象客体层次

对象客体符号(通过«»标明)对应于对象客体。

一个对象客体的组成部分(der Bestand eines Gegenstands)借助于它的部分及其分部分,确切地说,借助于整体与部分或者整体与部分的分部分的本体论关系,或者是通过部分在整体中的位置而得以描述。

有关整体的概念与有关整体的部分的概念之间,不存在着逻辑关系。说得确切些,在大多数情况下,整体和部分之间没有共同的特征,它们之间只存在着一种本体论(具体的)关系。一个对象客体可以有现实的部分,譬如,一幢具体房子的部分——门、窗户,等等,或者,这些部分也可以只是思想的(观念上的)(gedacht)(见Ⅰ3.1.3)。

概念及其特征处于概念层次,对象客体及其特性处于对象客体层次。

0.3 符号层次

符号是一个对象客体,它代表着一个概念或者概念要素(特征),或者代表着一个对象客体或者对象客体要素(特性)。一个符号句子(符号连接)代表着一种事态或者一个逻辑句子。

依据符号的功能,我们必须在符号层次上区分:

(1) 符号本身;

(2) 代表着一个概念的符号(概念符号,借助于‹ ›标明);

(3) 代表着一个对象客体的符号(对象客体符号,借助于« »标明)

符号可能是词语符号(依字母顺序)、每一种类型的图示符号、图形符号,等等。概念描述由概念符号组成,组成部分描述由对象客体符号组成。

1. 对象客体世界、思维世界或者符号世界

1.1 对象客体世界

（1）内涵描述

1 ‹**对象客体世界**›：对象客体构成物(4)的结构。

2 ‹**理想的对象客体世界**›：理想对象客体构成物(4)的结构。

3 ‹**现实的对象客体世界**›：现实对象客体构成物(4)的结构。

4 ‹**对象客体构成物**›：特性(47)或者对象客体(31)或者对象客体复合体(204)。

5 ‹**对象客体学**›：研究对象客体构成物(4)以及它与思维构成物(14)之间的关系。

（2）组成部分描述（Bestandsbeschreibung）

6 «**对象客体世界**»：对象客体构成物(4)的总体。

7 «**理想的对象客体世界**»：理想对象客体构成物(4)的总体。

8 «**现实的对象客体世界**»：现实对象客体构成物(4)的总体。

9 «**对象客体构成物**»：对象客体世界(1)的构成物，它由：特性(47)、对象客体(31)或者对象客体复合体(204)构成。

10 «**对象客体学**»：存在学说（Seinslehre）的分支。

1.1.1 存在

11 ‹**存在(Sein)**›:对象客体(31)最大的概念(59),它表现为两个方面:这样在(*Sosein*)和实在(*Dasein*)。

12 ‹**存在者(存在着的事物)(Seiendes)**›:存在(Sein)(11)的对象客体(31)。

1.2 思想世界

(1) 内涵描述

13 ‹**思想世界**›:思维构成物(14)的结构。

14 ‹**思维构成物**›:特征(88)或者概念(59)或者概念复合物(214)或者概念(59)或者概念复合体(214)或者概念关连体(215)。

15 ‹**思维学说**›:研究思维构成物(14)以及它与对象客体构成物(4)对应关系的学说。

(2) 组成部分描述

16 «**思想世界**»:思维构成物(14)的总体。

17 «**思维构成物**»:思想世界(13)的构成物,它由:特征(88),概念(59),或者一个概念复合体(214)或者一个概念关连体(215)组成。

18 «**思维学说**»:概念理论或者知识理论(194)。

1.3 符号世界

(1) 内涵描述

19 ‹**符号世界**›：符号构成物(20)的结构。

20 ‹**符号构成物**›：符号要素(152)，符号(123)或者符号复合体(231)，并且始终与符号形态(126)有关。

21 ‹**符号学**›：研究符号构成物(20)，以及它们与思维构成物(14)的对应。

(2) 组成部分描述

22 «**符号世界**»：符号构成物(20)的总体。

23 «**符 号 世 界**»：符号世界(19)构成物，它们由符号要素(152)、符号(123)或者一个符号复合体(231)组成。

24 «**符号学说**»：符号学(Die Semiotik)的分支。

2. 术语学

2.1 概论

25 ‹**术语学理论**›;‹**术语科学**›:研究术语(173)基本规则的科学,也就是研究概念(59)、概念系统(119)和概念符号(132)的科学。

26 ‹**普通术语学(die Allgemeine Terminologie)**›:术语学理论(25),是一门跨对象客体学(5)、概念理论、符号学(21)交叉学科,研究对象客体(31)—概念(59)—符号(123)对应关系的学说,是跨信息科学以及理想科学和现实科学各个分支,特别侧重于为普通术语学基本原则和方法以及为在术语工作中所应用的方法进行基础性研究。

27 ‹**特殊的术语学理论**›:术语学理论(25),它侧重于研究个别专业领域或者个别语言中的术语学的基本原则和方法。例如,有关医学或者英语语言的术语学理论。

28 ‹**术语学基本原则理论**›:术语学理论(25),它研究术语学基本原则和方法的制定。譬如,术语学基本原则标准。

29 ‹**普通术语学基本原则理论**›:术语学基本原则理论(28),它适用于所有的专业领域和多种语言。它以普通术语学(26)的基础为立足点。

30 ‹**特殊的术语学基本原则理论**›：术语学基本原则理论(28)，它适用于个别的专业领域或者个别语言。它立足于特殊的术语学理论(27)。例如，植物学、医学等等的术语学原则，或者英语或者德语等等语言的术语学基本原则。

2.2 对象客体

2.2.1 分叉链对象客体

（括号中的数字标明了序号）

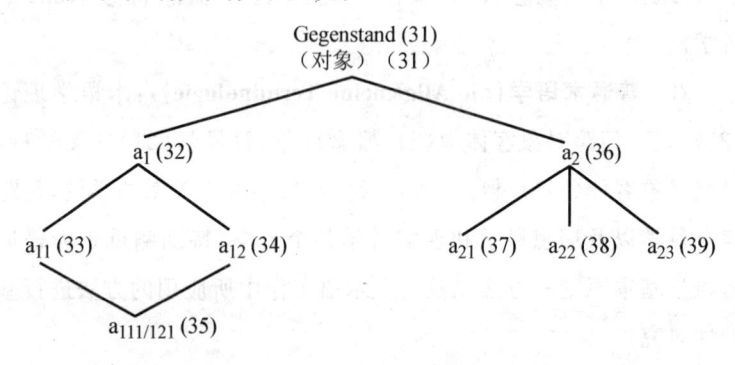

```
              Gegenstand (31)
               （对象）(31)
             /              \
        a₁ (32)             a₂ (36)
        /    \             /   |   \
   a₁₁(33)  a₁₂(34)   a₂₁(37) a₂₂(38) a₂₃(39)
        \    /
      a₁₁₁/₁₂₁ (35)
```

（1）内涵描述

31 ‹**对象客体**›：只要它对准一个正在认识着的意识，这个意识就与它面对面的构成物。它用一个概念(59)代表。

32 ‹**现实对象客体**›：借助于外部或者内部的感官可以把握的对象客体(31)。

33 ‹**具有意识现实性的对象客体**›‹**意识内在的对象客体**›：构成意识内涵（譬如，精神过程、想象、快乐感觉或者痛苦感觉的内涵）的对象客体(31)。

34 ‹**意识先验的对象客体**›:没有意识现实性表现的对象客体(31)。例如,康德的自在之物。

35 ‹**具有意识现实性同时又是非现实的对象客体**›;‹**内在的、先验的对象客体**›:能够引起一种意识现实性表现的、意识先验性的对象客体(34)。

注释:我感觉到的对象客体,对于我来说,作为感觉的内容是已经存在的。以这种状态它存在于我的意识之中。但是,它何时在我的意识里出现,则取决于外在条件。对象客体通过其影响唤起感觉。感觉的内涵存在于理解力(in mente)之中。例如,那个在我的花园里我所觉察到的苹果树。

相反,一个在梦里感受到的对象客体,具有无意识先验性的意识现实性,也就是说,它是非现实的。

36 ‹**理想对象客体**›:对象客体(31),它是无空间、无时间和无原因的。

注释:它在感官上是不能觉察的,而只能直接通过精神体验(直觉/灵感)得以领会。

37 ‹**逻辑对象客体**›:来自逻辑现实性的对象客体(31),例如,对象客体«概念»(59)。

38 ‹**数学对象客体**›:来自数学现实的对象客体(31)。例如,数字、几何形状等。

39 ‹**价值对象客体**›:来自道德世界的对象客体(31)。例如,合乎道德的信条戒律。

40 ‹**形式对象客体**›:一个确定对象客体(31)的观念部分,它通过一个与确定对象客体有区分的概念(59)所代表,并有别于这个确定对象客体(31)的概念(59);或者是一个对象客体(31)集合

301

里,每一个对象客体(31)中观念上相同的部分,一个概念与这个部分相对应,这个部分代表了这些对象客体(31)的集合。

注释:见Ⅰ3.1.1.2。

(2) 外延的描述

41 «**对象客体**»:来自理想或者现实对象客体世界(1)的片段,它由一个特性集合组成(47)。

42 «**具体的对象客体**»:对象客体(31),它由一个无限特性(47)集合组成。它由一个个体概念(60)代表。也叫作个体对象客体;个体。

43 «**抽象对象客体**»:对象客体(31),它由一个具体对象客体(42)的特性(47)部分集合组成,或者由一个具有相同特性(47)的部分集合组成,这些特性对于若干个具体对象客体来说是特有的。它可以由一个概念(59)代表。

44 «**一个单个对象客体的形式对象客体**»:

一个对象客体(31)特性(47)的部分集合,它可看成是独立的对象客体(31),同一符号与之对应,就像与所研究的对象客体(31)本身相对应一样。

45 «**一个对象客体集合的形式对象客体**»:

一个对象客体(31)集合的每一个对象客体(31)都具有特性(47)相同的部分集合,它可看成是独立的对象客体(31),代表着这个对象客体集合。

注释:见Ⅰ3.1.1.2。

46 «**整体**»:对象客体(31)的集合,集合中的这些对象客体是可感觉的或者是可设想的,并且共同构成了一个整体。这个整体同样可以是可感觉的或者是可设想的(gedacht)。

例如,

(1) 可设想的整体——可觉察的部分

可设想的星座 Cassiopea 由可觉察的恒星:Segin,Ksora, Cih,Schedir 和 Caph 组成。

(2) 可觉察的整体——可设想的部分

在主权领域(可设想的)中一块大陆的划分(大陆是可觉察的)。

(3) 可觉察的整体——可觉察的部分

带有(可觉察的)组成部分——长石、方石块和云母——的花岗岩方石块(可觉察的)。

2.2.2 特性

47 ‹**特性**›:一个对象客体(31)或者对象客体要素的这样在(*Sosein*)(性质)。

48 «**特性**»:对象客体(31)的一部分。

2.2.3 对象客体关系

49 ‹**本体论关系**›;‹**对象客体关系**›:理想的对象客体关系(50)或者现实的对象客体关系(51)。

50 ‹**理想的对象客体关系**›:整体(46)与部分或者部分与整体(46)之间的对立、相似、等同、一致的关系。

51 ‹**现实的对象客体关系**›:空间关系或者时间联系,质量、数量、相互作用(因果关系),起源等的关系或者联系。

2.2.4 组成部分描述

52 ‹组成部分描述›:对属于一个整体(46)(组成部分系统(57))的对象客体(31)的列举,这些对象客体是这个整体(46)的部分。

53 ‹组成部分确定›:带有对整体(46)与其部分以及与分部分之间关系说明的组成部分描述(52)。例如,丁烷和异丁烷具有相同的总分子式(C_4H_{10}),然而,具有不同的分子结构:丁烷 $CH_3.CH_2.CH_2.CH_3$;异丁烷$(CH_3)_3.CH$

2.2.5 对象客体系统

54 ‹**本体论系统**›;‹**对象客体系统**›:对象客体(31)的系统,这些对象客体在本体论关系(49)中彼此联系。

55 ‹**空间对象客体系统**›:对象客体系统(54),它的对象客体(31)在空间上可以采用不同的方式进行排列(并列、先后、上下重叠)。例如,太阳系:太阳——水星——金星——地球——火星——木星——土星——天王星——海王星——冥王星。

56 ‹**时间对象客体系统**›:对象客体系统(54),它的对象客体(31)在时间上是连续的。例如,铀的衰变状态。

57 ‹**组成部分系统**›:本体论系统(54),它的组成部分通过整体(46)—部分的关系而连接在一起。

2.3 概念

2.3.1 分叉链

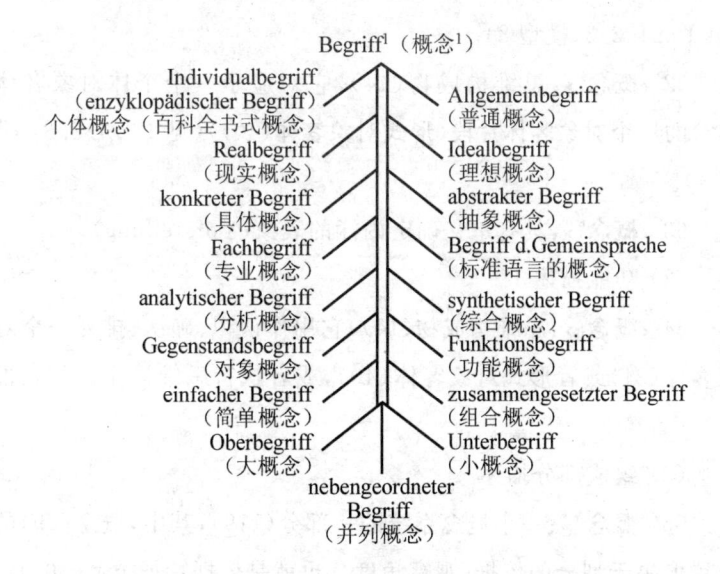

```
                    Begriff¹（概念¹）
   Individualbegriff              Allgemeinbegriff
（enzyklopädischer Begriff）         （普通概念）
 个体概念（百科全书式概念）
      Realbegriff                  Idealbegriff
      （现实概念）                    （理想概念）
    konkreter Begriff            abstrakter Begriff
     （具体概念）                    （抽象概念）
      Fachbegriff              Begriff d.Gemeinsprache
      （专业概念）                （标准语言的概念）
   analytischer Begriff         synthetischer Begriff
      （分析概念）                    （综合概念）
   Gegenstandsbegriff             Funktionsbegriff
      （对象概念）                    （功能概念）
    einfacher Begriff         zusammengesetzter Begriff
      （简单概念）                    （组合概念）
      Oberbegriff                   Unterbegriff
      （大概念）                      （小概念）
              nebengeordneter Begriff
                  （并列概念）
```

2.3.2 内涵（特性、功能）的描述以及概念的组成部分

（位于上角的数字用于区分概念，位于上角的字母用于区别对象客体组成，说得更确切些，用于区分对象客体的部分）。

(1) 特性描述

58 ‹**概念¹**›：‹思维单位›：思想世界(13)的基本思维构成物(14)，它与对象客体世界的一个对象客体相对应。

59 ‹**概念²**›：思维构成物(14)，它对应于一个对象客体(31)或者对象客体片段（形式对象客体(40)）或者对象客体世界的对象客

305

体要素(特性(47)),并且在思维当中,它是它们的代表。

60 ‹**概念³**›;‹**个体概念**›:思维构成物(14),它对应于一个个体对象客体(42)。

61 ‹**概念⁴**›;‹**普通概念**›:思维构成物(14),它对应于一个具体对象客体(31)集合的同一对象客体片段(形式对象客体(40))(见Ⅰ3.4.2.3,模型8)。

62 ‹**概念⁵**›:思维构成物(14),它对应于一个个体对象客体(42)的一个对象客体片段(形式对象客体(40))(见Ⅰ3.4.2.3,模型4)。

63 ‹**概念⁶**›:具有单义确定内涵的表象(Vorstellung)。

(2) 功能描述

64 ‹**概念⁷**›:思维构成物(14),它用作认识、确认、排列一个对象客体(31)或者形式对象客体(40),或者执行思维操作(判断、推论)。

(3) 组成部分描述

65 «**概念ᴬ**»:一个概念系统的一部分(119),其中,概念(59)的位置取决于划分的依据(观察角度),也就是依据特征类型(105)。

66 «**概念ᴮ**»:一种知识单位(241)的一部分。

67 «**概念ᶜ**»:在关系上相互分离或者相互联系着的特征(88)集合,它们对应于一个对象客体(31)的一个特性(47)集合,或者对应于一个特性集合,这些特性对于一组对象客体(31)中的每一个对象客体(31)而言都是共同的。

68 «**概念ᴰ**»:一个概念复合体(214)的要素。

69 «**概念ᴱ**»:一个概念(59)的要素,它对应于一个对象客体(31)的某个特性(47)。也叫作特征概念。

70 «**概念 F**»:某种陈述(238)的一部分。

2.3.3 概念小概念的进一步解释

71 ‹**等效概念**›:概念(59),它跟另一个概念(59)一样代表着同一个对象客体(59)。

72 ‹**基本概念**›:不能再从大概念(107)中派生出来的概念(59)。

73 ‹**现实概念**›:与一个现实对象客体(32)相对应的概念(59)。

注释:康德称其为经验论的概念。

74 ‹**理想概念**›:与一个理想对象客体(36)对应的概念(59)。

75 ‹**具体概念**›:与一个具体对象客体(42)对应的概念(59)。

注释:依据康德的观点,与内涵贫乏的概念相对的是具体概念。

76 ‹**抽象概念**›:与一个抽象对象客体(43)对应的概念(59)。

注释:依据康德的观点,与内涵丰富的概念相对的是抽象概念。

77 ‹**专业概念**›:界定了的概念(59),属于一个专业领域的概念系统(119)。也叫作定义了的概念。

78 ‹**标准语的概念**›:未界定的概念,在一个确定的符号情景里,它从符号含义中产生。也叫作未定义的概念。

注释:概念=封闭的特征复合体;符号含义=开放的特征复合体。

因此,一种符号含义描述了一个概念连续统一体,它在一个确定的符号环境下转化成了概念。

79 ‹**分析概念**›:在这种概念(59)中,未考虑内涵的确定特征(88),它通过抽象产生。

80 ‹**综合概念**›:在这种概念(59)的内涵中,补充添加进了其他的特征(88)。它通过限定产生。

81 ‹**对象客体概念**›:针对一个具体对象客体(42)的概念。

82 ‹**功能概念**›:针对一种概念间关系的概念(59),譬如,"与"、"或者"、"不"等。

83 ‹**简单概念**›:只由一个特征(88)组成的概念(59)。

注释:特征概念。

84 ‹**复合概念**›:由两个或者若干个特征(88)组成的概念。

85 ‹**概念内涵**›:对一个对象客体(31)的各种关系或者功能、特性的描述。

86 ‹**概念外延**›:借助于内涵丰富的概念(59)描述概念的界限范围。

87 «**概念外延**»:一个已经存在的概念(59)的更低抽象等级的小概念的总体(108)。

2.3.4 特征

2.3.4.1 分叉链特征
2.3.4.2 特性的描述

(1) 内涵的描述(特性)

88 ‹**特征^1**›:基本思维单位(58),它与一个对象客体(31)的一种特性(47)相对应。

(2) 内涵描述(功能)

89 ‹**特征^2**›:思维构成物(14),它用作概念描述(110)、概念系统(119)和陈述(238)的形成。

2.3.4.3 组成部分描述

90 «**特征**»：概念(59)的要素。

2.3.4.4 特征的几个小概念的内涵描述

91 ‹**性质特征**›：与附属于一个对象客体(31)的特性(47)相对应的特征(88)，它说明这个对象客体特性的详细内容。

92 ‹**关系特征**›：与附属于一个对象客体(31)的特性(47)相对应的特征(88)，它说明这个对象客体与另一个对象客体之间关系的详细内容。

93 ‹**应用特征**›：关系特征(92)，它涉及的是用途、排列等等。

94 ‹**来源特征**›：关系特征(92)，它涉及的是生产者、发明者、生产方法、生产地、发现地诸如此类。

95 ‹**基本特征**›：特征(88)，它属于所考虑的概念(59)的内涵。

96 ‹**相继特征**›：从基本特征(95)中派生出来的特征(88)。

97 ‹**简单特征**›：不能再进行抽象拆分的特征(88)。

98 ‹**复合特征**›：由两个或者若干个简单特征(97)组成的特征(88)。

99 ‹**依赖性特征**›：依赖于一个大概念(107)的特征(88)。例如，体育飞机首先是飞机。

100 ‹**独立特征(非依赖性特征)**›：未复合的特征(88)。

101 ‹**本质特征**›：说明一个对象客体(31)根本特性的特征(88)。

102 ‹**非本质特征**›：针对考察对象客体(31)的某种确定的思考方法而言，不是根本性的特征(88)。

103 ‹**顺序特征**›：用于对对象客体的顺序进行排列的特征

(88)。

104 ‹**区别特征**›：用于区别某个共同大概念(107)的并列概念(109)的特征(88)。

105 ‹**特征类型**›：某个特征(88)集合的大概念(107)。
也叫作划分依据。

2.3.5 概念关系

106 ‹**概念关系**›：与概念内涵各部分(共同特征(88)集合)的一致性相对应的概念内涵(85)间的类似关系。

107 ‹**大概念**›：在概念阶梯(117)中内涵最贫乏的概念(59)，它的概念内涵(85)与相比较的概念(59)相比，要少一个或者若干个特征(88)。

108 ‹**小概念**›：在一个概念阶梯(117)中邻近的内涵更丰富的概念(59)，它的概念内涵(85)与进行比较的概念(59)相比，要多一个或者若干个特征(88)。

109 ‹**并列概念**›：指的是这样的概念(59)，它与同一系列的一个、两个或者若干个概念(59)共同具有大概念(107)的概念内涵(85)，另外，它至少具有一个附加的特征(88)，这个特征属于同一特征类型(105)，同一概念系列的其他概念(59)的补充特征(88)同样属于这个特征类型(见Ⅰ3.2.2.7.1)。

2.3.6 概念描述

2.3.6.1 概念系统的概念描述

```
          1 Beschreibung bzw. wortlose Darstellung von Begriffen
                   （概念的描写或者无语词的描述）
                    ┌──────────────────┴──────────────────┐
         1.1 Inhaltsbeschreibung              1.2 Umfangsbeschreibung
              （内涵的描写）                        （外延的描写）
          ┌────────┴────────┐               ┌──────────┴──────────┐
  1.1.1 Begriffs-    1.1.2 Begriffs-   1.2.1 durch          1.2.2 durch enzyklo-
    bestimmung          erklärung       Begriffe, die         pädische Begriffe,
  （概念的确定）       （概念的解释）    Formal-               die Gegenstände
                                        gegenstände           vertreten (Klasse
                                        vertreten             von Gegenständen)
                                        借助于代表形式对      借助于代表对象的
                                        象的概念（进行的      百科全书式的概念
                                        描写）                （进行的描写）（对象等级）
```

2.3.6.2 概念描述的内涵描述

110 ‹概念描述›：借助于熟悉的概念(59)(特征(88))或者对象客体(31)(由个体概念(60)代表)，并借助于它们的名称(133)或者它们无语词的符号(123)而进行的关于概念内涵(85)和概念外延(86)的描述。

111 ‹概念的内涵描述›：借助于概念限定(112)或者概念解释(113)而进行的概念内涵(85)的描述。

112 ‹概念限定›：概念的内涵描述(111)，它通过对概念系统中这个概念的直接大概念(107)进行说明、通过对用于区分同一系列的相邻概念的某特征类型(105)中的一个或者若干个特征(88)进行陈述而实现的。

注释：概念的限定是概念分类(121)的基础要素。

113 ‹概念解释›：借助于特征(88)说明而进行的概念内涵的

描述(111),这些特征与概念系统(119)无关。

注释:特征概念相互之间不是协调一致的。因此,特征命名不是单义的。

114 ‹**概念的外延描述**›:借助于概念(59)或者对象客体(31)(由个体概念(60)代表)而进行的概念外延(86)的描述。

115 ‹**借助小概念而进行的外延描述**›:借助于对某概念(59)的小概念(108)的列举而进行的概念外延的描述(114)。

116 ‹**借助对象客体进行的外延描述**›:借助于对某概念(59)的个体概念(60)的列举,而进行的概念外延的描述(114),这些个体概念代表了整个对象客体(31),而不仅仅代表某个形式对象客体(40)。

注释:包含的概念称之为种类(Klasse)。对对象客体的外延描述是对对象客体进行分类的基础要素。

2.3.7 概念系统

117 ‹**概念阶梯**›:带有递减概念内涵(85)的概念(59)呈阶梯状从下往上排列,或者带有递增概念内涵(85)的概念(59)呈阶梯状从上向下排列。

118 ‹**概念序列**›:概念的相互并列(59),这些概念在并行排列的概念(109)的相似关系中依存。

119 ‹**概念系统**›:概念阶梯(117)和概念序列(118)汇编成一个系统,这个系统反映了概念关系(106)。

注释:概念系统描述了起始概念的概念外延(86)。

2.3.8 分类

120 «概念系统»:在一个专业领域(247)中彼此相关连的概念(59)的总和,它描述一个术语(173)的概念(抽象)部分。

121 ‹概念分类›:依据概念(59)的相似关系而进行的概念的分类,此处,概念(59)代表了所考察的对象客体(31),或者只代表所考察的对象客体(31)的一个片段(形式对象客体(40))。

122 ‹对象客体分类›:依据概念(59)的相似关系而对概念(59)所代表的对象客体(31)进行的分类,在这里,各个概念(59)分别代表的是某整个对象客体(31)。

2.4 符号

2.4.1 概念系统符号

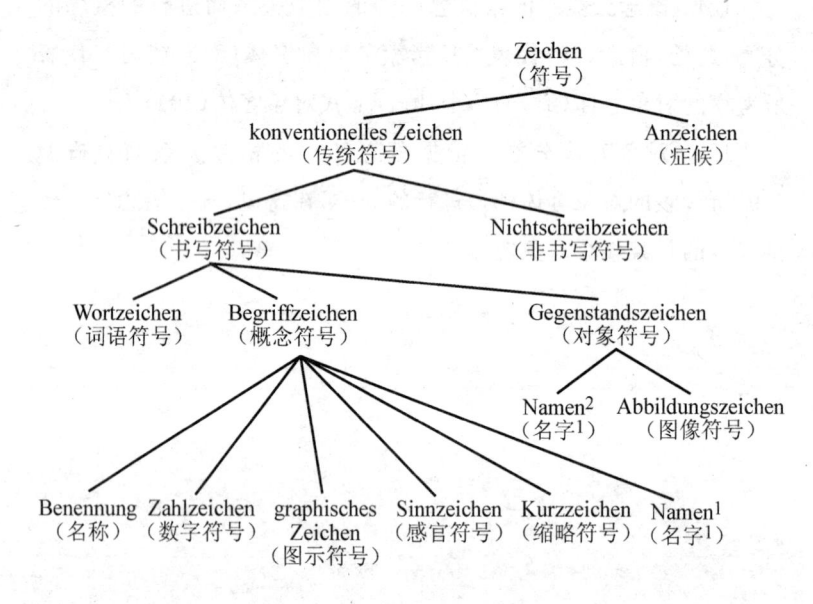

```
                            Zeichen
                            (符号)
                   ┌───────────┴──────────┐
         konventionelles Zeichen       Anzeichen
             (传统符号)                    (症候)
         ┌────────┴────────┐
   Schreibzeichen      Nichtschreibzeichen
    (书写符号)            (非书写符号)
   ┌──────┴──────┐              │
Wortzeichen  Begriffzeichen  Gegenstandszeichen
(词语符号)    (概念符号)        (对象符号)
                              ┌───┴───┐
                           Namen²  Abbildungszeichen
                           (名字1)   (图像符号)
   ┌───────┬───────┬───────┬───────┐
Benennung Zahlzeichen graphisches Sinnzeichen Kurzzeichen Namen¹
(名称)   (数字符号)    Zeichen    (感官符号)  (缩略符号)  (名字1)
                    (图示符号)
```

2.4.2 符号的组成部分及其功能、内涵的描述

（1）内涵的描述

123 ‹**符号**›：永久对应着另一个对象客体(31)或者概念(59)的对象客体,同时,它代表着这个对象客体(31)或者概念(59)。

124 ‹**符号概念**›：依此确定符号形态(126)、并充当重现这个形态模板的概念(59)。

125 ‹**符号内涵**›：一个符号(123)的含义(131)或者抽象对应物。

126 ‹符号形态›:一个符号概念(124)的具体对应物。

127 ‹习俗符号›:指的是它与概念或者对象客体的对应关系是约定了的符号(123)。

128 ‹书写符号›:习俗符号(127),它是借助最广泛意义上的书写形式、符号、刻痕、印刷、人所进行的分组等等而出现的。书写符号指的是:文字符号(144)、音乐中的音符、语词符号(130)、缩略符号(138)、名字(137、140)、感官符号、图像符号(141),等等。

129 ‹非书写符号›:习俗符号(127),它有别于书写符号(128),是通过光、声音或者身体姿势等等出现的。

130 ‹语词符号›;‹语词›:在大多数情况下,书写符号(128)由字母组成,这个字母与一个含义复合体一起构成了一个单位。

131 ‹含义›:模糊界定了的特征集合(88)。

注释:某语词符号的特征集合常常视一种交流活动参与者的不同而波动变化。

132 ‹概念符号›:书写符号(128),它代表着一个或者若干个概念(59)。

133 ‹名称›:概念符号(132),它由一个语词或者一个语词组组成。

134 ‹数字符号›:表示一个集合的概念符号(132)。

135 ‹感官符号›:图示符号(136),它通过概念借用而产生。

136 ‹图示符号›:概念符号(132),它既不是文字符号(144),也不是数字符号(134),它直接对应于没有语音符号的概念(59)。

137 ‹名字[1]›:概念符号(132),它代表着用作概念(59)的发明者、创造者或者科学家,譬如,作为单位使用的瓦特。

138 ‹缩略符号›:概念符号(132),它由带有或者不带有数字或者感官符号(135)的一个或者若干个文字符号(144)而构成的组合。

139 ‹**对象客体符号**›:书写符号(128),它代表着一个具体对象客体(42)。大多数情况下,它是一个语词符号(130)或者所指对象客体(31)的映像。它可能是一个名字[2](140)或者图像符号(141)。

注释:对象客体符号与概念符号的区别在于:它不表明对象客体的概念,而是表明对象客体本身。在大多数情况下,概念符号和对象客体符号在书写形式上是相同的,因此如果必要的话,我们应该用附加符号把它们加以标明,见部分IV的注释部分。

140 ‹**名字**[2]›:对象客体符号(139),它代表着一个个体概念(60)。

141 ‹**图像符号**›:对象客体符号(139),它或多或少精确地反映、同时也说明了一个现实对象客体(32)。

142 ‹**注释**[1]›:来自于一个符号系统(162)或者一个数字组合的缩略符号(138)。

143 ‹**符号系统**›;‹**注释**[2]›:符号系统(123),这些符号代表了一个概念系统(119)的概念(59)或者一个语音系统的语音。

144 ‹**文字符号**›:书写符号系统的最小单位,它可以排列成具有一定长度的通告。

145 ‹**编码**›:符号系统(143),它对应于另一个为了减少符号储存量或者为了保密而建立的符号系统。

146 ‹**文字符号系统**›:符号系统(143),它的要素由文字符号(144)组成。

147 ‹**符号句法**›:为符号(123)和符号句子(232)的构成而建

立的规则。

148 ‹**符号语义学**›:有关符号(123)含义(131)的学说。

149 ‹**名称系统**›:名称(133)系统,这些名称对应于一个概念系统(119)。

150 ‹**图形符号**›:图示符号(136),它可以是一个感官符号(135)或者图像符号(141),但是,它也可以是一种陈述(238),一种信条戒律或者一种禁令。

注释:只有感官符号(135)和图像符号(141)属于上述的"符号"概念分类。

(2) 组成部分描述

151 «**符号**»:符号要素(152)集合。

152 «**符号要素**»:符号(123)的一部分。

153 «**带有含义的符号要素**»:概念(59)与之对应的符号要素(152)。

154 «**语词符号**»:符号要素(152)集合,这些符号要素是一个文字符号系统(146)的文字符号(144)。

155 «**概念符号**»:符号要素(152)集合,这些符号要素是一个文字符号系统(146)的文字符号(144)或者是抽象的或者是具体的图形要素(Bildelemente)。

156 «**对象客体符号**»:符号要素(152)集合,这些符号要素是文字符号(144)或者所指对象客体(31)的映像要素。

157 «**名称**»:名称要素集合,也就是带有含义的文字符号(144)组。

158 «**感官符号**»:符号要素(152)集合,这些符号要素既不是文字符号(144)也不是数字符号(159)。

317

159 **«数字符号»**：数字或者数字序列。

160 **«名字[1]»**：符号要素(152)集合,这些符号要素是一种文字符号系统(146)的文字符号(144)。

161 **«缩略符号»**：文字符号(144)或者带有或者不带有数字、带有或者不带有感官符号(135)的文字符号序列。

162 **«符号系统»**；**«注释»**：系统化构成的符号(123)集合,这些符号代表一个概念系统(119)的概念(59)。

2.5 对象客体—概念—符号的对应

163 ‹**术语三体合一**›：对象客体(31)—概念(59)—符号(123)的对应关系。

164 ‹**带有相同形式对象客体的术语三体合一**›：术语三体合一(163),在此,对象客体(31)是一个形式对象客体(40),它对于一个对象客体(31)集合来说是相同的。

165 ‹**带有不同形式对象客体的术语三体合一**›：术语三体合一(163),在此,视不同的专业角度,一个对象客体(31)形成不同的形式对象客体(40)。

166 ‹**带有等效概念的术语三体合一**›：术语三体合一(163),在此,不同的概念(59)对应于一个对象客体(31),这些概念是等效的。

注释：概念间的差别可以追溯到对不同特征的选择上,譬如,对性质特征或者关系特征的选择。

167 ‹**带有不同概念的术语三体合一**›：术语三体合一(163),在此,不同的概念(59)对应于根据一个确定的角度挑选出来的某个对象客体(31)的形式对象客体(40)。

168 ‹**同义术语三体合一**›：术语三合一(163)，在其中不同的符号(123)对应于同一个概念(59)。

169 ‹**单单义术语三体合一**›：术语三体合一(163)，在此，符号(123)对应于一个概念(59)，这个概念(59)只对应于这个符号(123)。

170 ‹**单义术语三体合一**›：术语三体合一(163)，符号对应的只是这个术语三体合一(163)的概念(59)。

171 ‹**同音异义术语三体合一**›：术语三体合一(163)，在此，相同的符号(123)对应于不同的概念(59)。

172 ‹**多义术语三体合一**›：同音异义术语三体合一(171)，在此，符号(123)对应于不同的概念(59)，这些概念在关系上相互联系。

173 ‹**术语**›：人类的思维和语言工具，为的是借助于与单义的符号(123)对应的概念(59)系统描述对象客体(31)的网络化结构。

174 «**术语**»：一个专业领域或者分支领域的概念总体(59)，这些概念共同建立了一个系统，概念符号(132)与这些概念相对应。

175 ‹**术语表**›：术语(174)，它们的概念符号(132)是系统化建立起来的，以这种方式，它们使得概念系统(119)变得清晰易懂。

2.6 主题

176 ‹**主题**›：思维构成物(14)，它由一系列逻辑句子(217)组成，这些逻辑句子只在一部分上有联系，它们与事态相对应(205)。

177 «**主题**»：事态(205)集合，其逻辑句子(217)在一部分上相联系。

178 ‹**主题符号**›：书写符号(128)，它对应于一个主题(176)。

179 ‹**主题关系**›：主题(176)的相似关系。例如，电力经济——电站建设

180 ‹**主题系统**›；‹**主题分类**›：主题(176)系统，用于文献资料内容的编排。

181 «**主题系统**»；«**主题分类**»：主题(176)集合，这些主题由主题关系(179)联系起来，并且构成了一个系统的一部分。

182 ‹**叙词**›：主题符号(178)，它用作建立索引和进行信息查询。

2.7 术语编纂

（1）内涵描述

183 ‹**术语编纂**›：有关术语编纂资料(184)的收集、理解、储存和描述及其实际应用的学说。

184 ‹**术语编纂资料**›：与术语(174)及其管理有关的资料。

185 ‹**术语资料**›：有关概念(59)或者对象客体(31)的资料。

186 ‹**术语编纂资料汇编**›：有关一个专业领域(247)或者分支领域的、用一种或者若干种语言编写的、带有根据字母顺序或者依据概念(59)的相似性顺序或者依据对象客体关系(49)而进行的有关概念符号编排的、规定或者确定的术语资料(185)的工具参考书。也叫作专业词典

187 ‹**系统化的专业词典**›：以概念顺序排列的术语编纂汇编(186)。

188 ‹**按字母顺序编排的专业词典**›:以概念符号(132)的字母顺序编排的术语编纂汇编(186)(在多语言的专业词典中,是以主导语言的概念符号(132)的字母顺序编排的)。

189 ‹**文献资料汇编**›:用于描述和重新找到文献资料单位的术语编纂汇编(186)。

(2) 组成部分描述

190 «**术语编纂资料**»:术语编纂资料(185)及其伴随信息。

191 «**术语资料**»:概念符号(132),对象客体符号(139),概念描述(110),组成部分描述(52),概念关系(106)以及对象客体关系(49)。

192 «**术语编纂资料汇编**»:术语编纂资料(190)的总体,由概念设计或者组成部分设计、带有概念描述(110)的概念符号(132)或者带有组成部分描述(52)的对象客体符号(139)、按字母编排的目录(单语的情况),或者为每一种语言(多语的情况)设计的按字母顺序编排的目录(在依据概念系统(119)或者组成部分系统(57)编排的情况下)所组成。

193 «**文献资料汇编**»:有关主题符号(178)和主题关系(179)的资料总和。

3. 知识理论

194 ‹**知识理论**›:研究知识构成物(202)和对象客体构成物(4)——思维构成物(14)——符号构成物(20)之间对应关系的学说。

195 «**知识理论**»:科学学说(198)的一部分。

3.1 知识和科学

196 ‹**知识**›(主体):指某个人的状态,通过受教育(借助于对对象客体世界真实的陈述(239)和正确的陈述(240))而变得有学识。

注释:不存在知识本身,而只存在存在于个体人心灵内部的知识。

197 ‹**知识**›(客体):知识(196)的内涵。

198 ‹**科学学说**›:研究思维构成物(14)、知识(197)以及科学的学说。

199 «**科学学说**»:来自逻辑和认识理论(200)的知识领域。

200 ‹**认识理论**›:研究思维构成物(14)和对象客体构成物(4)之间关系的学说。

201 «**认识理论**»:由思维学说(逻辑(18))和存在学说(本体

论)组成的知识领域。

3.2 知识构成物

202 ‹**知识构成物**›：概念复合体(214)，它与一个对象客体复合体(204)相对应，并借助于一个符号复合体(231)得以表达。

203 «**知识构成物**»：由对象客体构成物(4)、思维构成物(14)和符号构成物(20)组成的复合物。

3.3 对象客体复合体

(1) 内涵描述

204 ‹**对象客体复合体**›：对象客体构成物(4)，它或者是一种事态(205)或者是一种事态复合体(206)。

205 ‹**事态**›：由对象客体(31)和特性(47)组成的对象客体复合体(204)，在概念层次上，一个逻辑句子(217)与之对应。

206 ‹**事态复合体**›：事态链(207)或者事态系统(208)或者事态模型(209)。

207 ‹**事态链**›：事态复合体(206)，这些事态在主语概念线形关系的基础上构成了一个锁链——这些主语概念对应于对象客体(31)或者特性(47)。

208 ‹**事态系统**›：事态复合体(206)，这些事态在主语或者谓语概念系统的基础上彼此联系，这些主语或者谓语概念与对象客体(31)或者特性(47)相对应。

209 ‹**事态模型**›：对象客体复合体(204)，它通过事态结构模仿对象客体构型的形态。

（2）组成部分描述

210 «**事态**»：由连接起来的对象客体（31）或者由与对象客体要素相连接的对象客体（31）所组成的复合体。

211 «**事态链**»：由连接的事态（205）组合成的复合体。

212 «**事态系统**»：以事态（205）又长又复杂的系统形式出现的。

213 «**事态模型**»：由事态（205）、事态链（211）、事态系统（212）。

3.4 概念复合体

（1）内涵描述

214 ‹**概念复合体**›：思维构成物（14），它或者可能是一个逻辑句子（217）或者是一种逻辑句子的复合体（218）。

215 ‹**关连体**›：概念（59）集合，这些概念借助于相互关联的对象客体（31）而属于一个整体。

216 ‹**基本逻辑句子**›；‹**基本概念句子**›：由主语概念和与一个概念纽带相连接的谓语概念而组成的概念复合体（214）。

217 ‹**逻辑句子**›；‹**概念句子**›：由概念（抽象）句子组成部分组成的概念复合体（214）。

218 ‹**逻辑句子的复合体**›：逻辑句子链（219）或者逻辑句子（220）系统或者逻辑句子模型（221）。

219 ‹**逻辑句子链**›：逻辑句子复合体（218），其逻辑句子（217）在其主语概念关系的基础上——这些主语概念对应于事态（205），建立起一个链条。

220 ‹**逻辑句子系统**›：逻辑句子复合体(218)，这些逻辑句子在其主语概念或者谓语概念的基础上——这些概念对应于事态，建立起了一个系统。

221 ‹**逻辑句子模型**›：逻辑句子复合体(218)，它反映了一种事态构造的逻辑结构。

222 ‹**主观逻辑句子**›：一个个体的逻辑句子(217)。

223 ‹**客观逻辑句子**›：一个逻辑句子的内涵(213)。

224 ‹**等效的逻辑句子**›：逻辑句子(217)，它跟另一个逻辑句子(217)一样，代表着相同的事态(205)。

225 ‹**基本句子**›：逻辑句子(217)，它不再能从其他逻辑句子(217)中派生出来了。

226 ‹**逻辑定义**›：逻辑句子(217)，它肯定一种事态(205)。

227 ‹**本体论定义**›：概念关连体(215)，其概念(59)肯定那些在时间、空间上相继出现并与之对应的对象客体(31)，或者对与之对应的对象客体(31)与一个总体对象客体所形成的关连体进行肯定。

（2）组成部分描述

228 «**基本逻辑句子**»；«**基本概念句子**»：主语概念、逻辑概念纽带、谓语概念。

229 «**逻辑句子**»；«**概念句子**»：概念(抽象)句子组成部分的总体。

230 «**逻辑句子模型**»：逻辑句子(217)和/或者逻辑句子链(219)的总体和/或者逻辑句子系统(220)。

3.5 符号复合体

231 ‹**符号复合体**›:符号构成物(20),它或者是一个符号句子(232)或者是一个符号句子复合体(233)。

232 ‹**符号句子**›:符号复合体(231),它对应于一个逻辑句子(217)。

233 ‹**符号句子复合体**›:符号句子链(234)或者符号句子系统(235),或者符号句子(236)模型或者专业文本(237)。

234 ‹**符号句子链**›:符号句子复合体(233),这些符号句子对应于一个由逻辑句子形成的链条(219)。

235 ‹**符号句子系统**›:符号句子复合体(233),这些符号句子对应于一个由逻辑句子组成的系统(220)。

236 ‹**符号句子模型**›:符号句子复合体(233),这些符号句子对应于一个由逻辑句子(221)组成的模型。

237 ‹**专业文本**›:符号构成物(20)集合,这些符号构成物对应于逻辑句子(217)。

3.6 对象客体复合体——概念复合体——符号复合体的对应

238 ‹**陈述**›:一个逻辑句子(217)与事态(205)的对应,一个符号句子(232)与这个逻辑句子(217)的对应,它描述一种论断。

239 ‹**真实的陈述**›:陈述(238),在其中,逻辑句子(217)对应于对象客体世界的一个相关事态(205)。

240 ‹**正确的陈述**›:陈述(238),在其中,逻辑句子(217)对应于一个与一个规则相关的事态。

241 ‹**知识单位**›:基本的逻辑句子(216),它对应于一个相关的事态(205),并且,它借助于一个符号句子(232)而得以表达。它也叫作基本陈述。

242 ‹**知识要素**›:知识单位(241)的概念(59)。

243 ‹**事实**›:一个证实了的真实陈述(239)的谓语概念,或者一个证实了的正确陈述(240)的谓语概念。

244 ‹**知识链**›:以这种陈述(238)的逻辑句子(217)的主语概念的连接形式出现的,证实了的真实陈述(239)的复合体和/或者证实了的正确陈述(240)的复合体。

245 ‹**知识系统**›:以这个陈述(238)的逻辑句子系统(220)为基础的,证实了的真实陈述(239)的复合体,和/或者证实了的正确陈述(240)的复合体。

246 ‹**知识模型**›:以一个逻辑句子模型(221)为基础的,证实了的真实陈述(239)的复合体和/或者证实了的正确陈述(240)的复合体。

247 ‹**知识领域**›;‹**专业领域**›:知识构成物(202)系统,这些知识构成物在概念上具有同属性。

248 ‹**专业领域**›:以应用为导向的知识构成物(202)系统,这些知识构成物在概念上具有同属性。

4. 知识技术

249 ‹知识技术›:应用知识理论(194),它借助于计算机研究知识分析(250)、知识描述(251)、知识资料(253)的理解、知识储存(254)、知识搜寻(255)以及知识获取(256)。

250 ‹知识分析›:对象客体世界(1)的拆分,以及其在知识构成物(202)和知识单位(241)中所占的部分。

251 ‹知识描述›:借助于符号构成物(20)所进行的知识构成物(202)的记录。

252 ‹知识理解›:借助于计算机、依据一种旨在加工处理知识的知识格式而进行的知识资料(253)的记录。

253 ‹知识资料›:与资料构成物(202)有关的资料。

254 ‹知识储存›:为了在计算机中进行知识搜寻(255)和知识获取(256)而进行的知识资料(253)记录。

255 ‹知识搜寻›:借助于计算机而进行的知识资料(253)的检索。

256 ‹知识获取›:借助于知识系统(245)或者知识库(257)而完成的新知识(197)的形成。

257 ‹知识库›:为减轻专业性工作和搜寻新知识(197)的难度,而对知识构成物进行的储存。

258 **«知识库»**：系统排列的知识构成物总体，这些知识构成物借助于资料加工而储存起来。

259 **«知识库系统»**：由术语资料库、事实库、知识库(257)、方法库和图书目录资料库组成的系统。

作者介绍

赫尔穆特·费尔伯(HELMUT FELBER)

1925 年 4 月生于格拉茨(奥地利)。

学习经历：

建筑工程(格拉茨技术大学,1946—1949),数学、物理、哲学(格拉茨大学,1950—1952)。

职业活动：

维也纳技术大学 TVFA 研究图书馆管理员(1955—1959)。在艾恩德霍芬(荷兰)(Eindhoven)(1959—1964)的飞利浦(Philips)公司担任专业技术翻译。维斯特教授科学研究的合作者(1964—1970)。

国际术语情报中心(Infoterm)(维也纳)负责人(1971—1985)。国际标准化组织第 37 分委员会"术语(原则和协调)"(*ISO/TC37*)的秘书(1964—1985)。维也纳大学语言科学学院担任术语学教授(1975—1985)。奥地利标准化研究所(*ON*)有关术语、分类以及图书馆专业和文献汇编方面的负责人(1964—1985)。奥地利文献汇编和信息社团(ÖGDI)的理事(1975—1985)。

术语国际协会(TERMIA)的副会长(1983—1985)。联合国教科文组织术语学方面的顾问(1970—1985)。

杂志《专业语言》的合作出版者(1979—1988),《术语网新闻》

的合作出版者(1981—1985)。《国际术语情报中心新闻通信》(*Infoterm Newsletter*)(1976—1985)的出版者。《国际术语情报中心系列丛书》(*Infoterm Series*)(1975—1985)的撰稿负责人。《国际分类学》(*International Classification*)的撰稿小组成员(1977—1985)。